[美] 戴维·P.琼斯 著　肖静　王权　等 译

百万招聘

如何让招聘的回报最大化

图书在版编目（CIP）数据

百万招聘：如何让招聘的回报最大化 /（美）琼斯 (Jones，D.P.) 著 ；肖静等译 . —北京：中国电力出版社，2014.5

书名原文：Million-dollar hire:build your bottom line,one employee at a time

ISBN 978-7-5123-5570-5

Ⅰ.①百… Ⅱ.①琼… ②肖… Ⅲ.①企业管理－招聘 Ⅳ.① F272.92

中国版本图书馆 CIP 数据核字 (2014) 第 035185 号

Million-Dollar Hire: Build Your Bottom Line, One Employee at a Time（978-0-470-92842-4）

京权图字：01-2012-7429

中国电力出版社出版、发行

北京市东城区北京站西街 19 号 100005 http://www.cepp.sgcc.com.cn

责任编辑：高竞男

责任校对：王开云 责任印制：邹树群

航远印刷有限公司印刷 · 各地新华书店经售

2014 年 5 月第 1 版 · 2014 年 5 月北京第 1 次印刷

700 mm × 1000mm 16 开本 · 19 印张 · 208 千字

定价：39.00 元

前言

在此书付梓之时，美国就业市场每天缩减数千个岗位的步伐才刚刚停下，与此同时，也有经济学家预言，后阶段的就业增长微乎其微、步履艰难。因此，在这个时候推出这样一本有关招聘和录用的书，似乎充满了风险。不过，即使是面临这样的就业困局，招聘和录用仍在继续，超过90%的劳动力获得了录用。在很多公司，每年都有10% ~ 20%的员工辞去现有的工作，去寻找新的工作，有些公司的员工跳槽、离职率甚至更高。每天都有新的公司成立，各公司也在继续选拔任用员工，这意味着企业需要作出很多关于内部招聘的决策。

公司每作出一次招聘决策，其重要性都比从前更大，这是当前的经济周期中已经出现改变的一个方面。公司的决策，再也容不得犯下任何错误，同时，他们再也不能寄希望于用加强培训或延长员工的任职时间来弥补自己招聘时犯的错误。如今，每一次招聘决策，都必须是明智的决策、正确的决策。这正是我选择在这个时候推出本书的原因。

今天的我们，已经非常习惯于谈论数以亿计的财富了，而这本书探讨的“百万美元的招聘”，和我们经常谈论的动辄数千万、数亿美元的巨额财富相比，只能算是区区小数目了。假如你需用十亿美元才能继续使公司生存下去，那么区区百万美元顶什么用？但答案是：有用。如果你经营一家公司，并且希望在激烈的竞争中站稳脚跟、迈向成功，那么，百万美元依然是一大笔资金。

很多让公司遭受了数亿美元以上损失的错误，起初的价值都只有百万美元。而造成大多数这样错误的原因，要么是把错误的人放到了错误的岗位上，要么是对人员录用作出了错误的决策。到后来，这些错误的决策通常会让公司遭受经济上的重创。这便是本书要传达的信息。股东和投资者经常质问公司的管理者，公司的效益到底哪儿去了？对于每一位遭到类似质疑的管理者，这本书的信息是有益的，是专门指导他们的。是赚得上亿美元还是损失百万美元，通常只是作出一次招聘决策的事情。

几年前，有位客户告诉我，经济正在逐步企稳，他的公司可能要在接下来的几年里招聘数千名制造工人。他请我的公司制定一个全新的招聘和录用计划，以利于作出正确的招聘决策。客户说，招聘计划最好作得周详完备，因为每录用一位新员工，意味着公司要为其负责支付工资、福利、培训、管理等各项费用，把这些费用算起来，足足超过百万美元，而且，还要考虑新员工能在公司待多久。

这位客户对我说，如果他的公司要采购一款价值百万美元的软件，他可以仔细地察看供货商的评价、听听别人的建议、看看厂家的演示，还会花很多时间去选择一家最好的供货商。而在招聘和录用员工的时候，虽然这些决策和别的决策具有同样的经济价值，有的甚至比别的决策价值高出数千倍，但它们所依据的信息，往往不及购买一套软件。

同样的情形在今天的很多公司中依然存在。可以毫不含糊地说，同样是花费百万美元，大多数公司花在选购一款软件上的工夫明显多于招聘一位会计师。到底是因为软件之间的差别太大呢，还是因为会计师之间的差距太小呢？所有的管理者都明白，应聘者之间的差异要远远大于软件之间的差异。采购一款软件，公司会进行详尽的评估；招聘一位拿着高薪的会计师，公司却通常只是审核一下应聘者的简历，举行几次面试，进行几次推荐人审核而已。

将招聘活动贴上“百万美元决策”的标签，并非夸大其辞。之所以说招聘的决策价值百万美元，原因在于员工入职之后，组织要向其支付巨额的费用，包括招聘成本、工资报酬、奖金福利、培训费用、管理费用、增加的日常支出费用等，另外，还有随着任职时间延长而正常地加薪，等等。可以看出，招聘任何一位年薪百万的员工，实实在在就是一项价值百万美元的投资。在那些任职期望更长的行业里，如公共部门的职位、统一发放工资和福利的岗位、注重内部晋升的公司中的职位、几乎不存在竞争者的地区的职位等，招聘一位年薪 40 万 ~50 万美元的员工，也可以算得上是百万美元的投资。

此外，从百万美元的角度来说，就算不考虑那名员工会耗费公司多少资金，只要想一想公司期望应聘者做些什么事情，招聘决策也价值百万美元。公司往往期望，拿着基本工资的销售员每年完成数十万美元的销售任务，而且通常希望他们销售得越多越好。在医疗保健、安全保卫服务、金融机构或运输业中，那些员工虽然工资拿得不高，但如果他们犯下一个错误、疏于一次监管，或者干一些不正当的事情，就有可能给企业和组织带来数百万美元的损失。在这些方面，即使不考虑他们拿多少工资报酬，你最初的招聘决策，也能成为价值百万美元的决策。这便是公司在作出招聘录用决策之时承担的风险。

一段时间以来，业内人士已经开始从财务价值的角度来思考怎样作招聘决策了。与此同时，我的一家从事制造行业的客户提出了上述的观点，而商界和招聘业务的研究界正在紧密联系起来。一些研究成果已转化成预测招聘和录用结果的财务建模工具，并且为这一领域的各种替代方法计算了经济价值。这些复杂程度和先进程度各不相同的新工具和新技术，开始提供种种方法来分析不同的招聘策略的成本、风险和回报。

遗憾的是，有关这些工具、工具的用法及其带来的经济回报等方面的大多数信息，依然只停留在学术界和咨询界。那些在各组织的招聘流程中发挥重要作用的人，从一线的管理人员到公司最高的领导层，完全不熟悉、不了解这些工具及其背后的思维模式。我会在本书中努力改变这种现状。

如今，不只是公司高管的决策具有百万美元的价值，所以公司和组织里的数千名被招聘的工作人员，也可以运用这些工具来获取经济回报。百万美元招聘决策的理念，适用于很多的职位和工种，它不限于招聘数量庞大的职位，还包括软件设计师、专业销售人员、会计师、工程师，以及几乎任何一种职业群体，比如 CEO。

在本书的 13 章内容里，我们将会广泛地观察如今的招聘和录用工具是怎样促使我们作出更好的、价值百万美元的决策。我不会很深入地探讨数学和心理学问题，只要读者能够理解就够了。本书的重点是解释什么事情可能在招聘和录用过程中发生，展示招聘和录用工具如何发挥作用，并告诉读者，当这些理论都已经具备的时候我们该做些什么。简单地讲，我会告诉大家怎样将世界级的招聘和录用计划中各个组成部分综合起来，创建一些在初创公司、中小型企业中能和大型招聘相媲美的招聘计划。

本书的结构

我喜欢简单明了。本书的结构安排，简单地讲，就是出于这样的目的——在招聘各类员工的时候作出更明智的决策。本书的 13 章内容，都遵循一个直接而清晰的模式：提出观点，用图形来加以解释说明，并且提供一些真实的例子来表明观点的正确性。尽管这背后有大量的理论来作为支撑，但没有必要详细阐述那些理论。读者大多数的注意力，只要集中到这些理论在现实中是如何成立的，就可以了。

有几章内容涉及一些数学和统计学知识，这是无法避免的。如果你想通过寻找百万美元的招聘决策为公司的效益添砖加瓦，那么，你得学会跟数字打交道。这样的话，你会更频繁地采用与我的“观点＋图解＋例子”一致的方法。

本书开篇就介绍了几个基本的概念，它们是从研究、实践和简单的常识中提取的观点，指导我们制定、管理和持续优化招聘和录用的流程，以便获得投资回报，换句话讲，就是获取经济效益。

第 1 章介绍的观点是：人，也就是应聘者，是各不相同的；而且，他们之间的差异很大，那些差异会跟随他们进入职场之中；同时，在我们作出招聘决策之前，既有能力，也有义务去衡量那些差异。这一章简要介绍了人们之间的这些差异，并描述了招聘和录用流程是如何利用这些差异来提高经济回报的。

第 2 章想告诉读者，一些从质量控制理念、概率论，以及风险管理理论中提取出来的概念，是如何指导我们设计招聘流程的。这些概念帮助我们确定获取最大经济回报的优先目标，以及避免招聘流程中的固有风险，使我们可以更精准地运用人与人之间的差异来预测工作绩效的差异。

第 3 章将前两章的内容结合在一起，并引入了招聘计划有效性的概念。对于一个确定能产生可测量的经济回报的招聘计划而言，有效性是一个至关重要的概念。这一章结合图表阐述了该概念，为思考招聘和录用的价值提供了一种基本方法论，并且开始提供和解释一些贯穿全书其他章节的例子。

有了这样的基础，我会稍稍跳过一些内容而向读者展示一些例子。在这些例子中，企业采用了我在随后几章中描述的方法，更新了他们的招聘和录用计划，结果，收获了实实在在的经济回报。我会简明扼要地介绍一些可以实现的不同类型的回报，无论它们是通过提高员工整体绩效、降低员工流失率、减少事故和伤害率、增大销售量来实现，还是通过其他方式来实现。

第 4 章展示了一些例子来证明更好的招聘流程如何产生可以用指标来

计算的经济回报，这些指标包括提高销售量、降低员工流失率、提高生产率、降低事故和伤害率。我们会考察一些既能降低成本，又能增加收益的特定工具和方法。

第 5 章主要阐述两个概念。首先，它引入了一种方法论，用来评估那些难以用指标衡量工作绩效的职位的招聘录用，能为企业带来多大的经济回报。在这些职位上，"做什么"和"怎么做"都很重要。有了这一评估方法，我会告诉读者，怎样用它来预测招聘和录用计划可能带来的经济回报。这套模型，我在整本书中会不时提到。

我会用一些例子来告诉大家到底可以实现多大的经济回报，接下来探讨实现那些回报的两个基本要素：一是现代技术如何在提高招聘质量的同时降低成本和风险，二是制定明确而详尽的招聘策略和实施方案可以怎样指导我们的招聘活动。

第 6 章向大家展示现代技术如何全方位地渗透到招聘和录用流程的几乎所有方面，以及它怎样为公司的招聘部门和其他部门带来更快、更好、更划算的结果。我会探讨某些特定的技术怎样降低成本，或怎样增大回报，同时探讨随着百万美元决策而产生的风险。

第 7 章分析了制定以经济回报为导向的招聘和录用策略为什么需要公司其他部门同样的规划、执行及测量手段。我会例证那些在战略层面上，以及在综合招聘和录用实施方案时作出的选择，如何真正地推动公司的效益再上一层楼。

接下来，我转而分析公司怎样实施那些策略和方案，以及怎样实现第 4 章和第 5 章中简要介绍的经济回报。你会慢慢地熟悉一个招聘和录用流程，该流程始于对待申请的职位产生兴趣的应聘者，进而缩小待考虑的应聘者的范围，最终作出百万美元的决策。整个过程有大量的工作要做。

第 8 章解释了如何运用胜任力模型来确定你在寻求什么，怎样应用当代的技术和社交网络工具来建立一个与应聘者沟通的渠道，如何通过多种技巧把最符合招聘要求的应聘者送入面试的流程。本章还重点介绍了一些工具，它们能将最初的大量应聘者筛选到可控数量范围内，同时还避开这一过程中的种种法律风险。

第 9 章描述了预筛选的结果，并告诉大家如何使用应聘者评估工具和技术来进一步过滤应聘者。我们将观察一系列工具，这些工具有助于评估应聘者是否具备履行岗位职责所需的胜任力。接着，我们会回顾有效性的概念和第 5 章中介绍过的建模工具，帮大家确定如何最有效地评估应聘者，以及对应聘者进行何种程度的评估才算得当。

第 10 章会提供一些策略，来评审、综合和衡量招聘流程的预筛选及评估环节上产生的所有信息。本章还重点介绍了一些个性评估方面的最新研究成果，并展示一些为中高级管理职位的招聘而引入的工具。在作出最终的百万美元决策之前，这些工具旨在观察应聘者个性的阴暗面，也就是说，那些经常导致领导者“败事”的个性特点。

当然，对任何一件事情，总会有人说“没错，这些都很好，但是……”之类的话。在探讨了推动百万美元招聘的策略、方法、工具和技术后，我转而探讨法律方面的问题。尽管在之前的十章内容中经常提到这一主题，但在这一章中，我则更加详细地探讨并告诉大家一些该做和不该做的事情。如果你们的目标不仅在于通过招聘获取经济回报，还在于降低招聘活动的风险的话，这些事情是十分重要的。

第 11 章阐述了一些法律、法规、法庭裁决的基本情况，并介绍了一些负责监管企业招聘的政府执法机构。它回顾了招聘和录用流程中的每一个环节，并就怎样在降低百万美元招聘的法律风险的同时获取经济回报，给出了一些建议。

在这一章的最后，我没有拘泥于百万美元的决策，而是跟大家探讨如何让公司的投资不断增长并继续带来回报。我讨论了怎样与新录用员工建立良好的关系，采取措施辨别招聘决策中的错误，并为招聘和录用流程持续优化奠定了一个坚实的基础。

第 12 章利用了一些现场研究的成果，这些成果涉及新员工怎样以最佳的面貌融入新的工作环境，并和上司建立良好关系。我分析了“员工辞去的不是工作，而是企业”这一概念，并建议各公司从新录用员工到公司来上班的第一天起，就应当做好哪些事情。我还研究了一些追踪新员工工作绩效的方法，在整个过程中引入了持续优化的理念。

第 13 章圆满地结束了这本书。在这一章中，我给那些有兴趣了解更多详情的读者提供了一些资源。我还从节约成本的角度告诉大家如何将本书前面章节中介绍的理念付诸实践。

写这本书，我的目的很简单：提出一些观点，用数据和事实来论证支撑，并告诉大家别人取得了怎样的成绩。更为重要的是，我指出了当公司管理者们像对待公司内部其他高价值的决策一样，在招聘和录用过程中也同样制定策略、确定方案、运用技术、持续优化的时候，会给公司带来怎样的惊喜和价值。

也许你们还有一些问题要问，那正是我把 www.million-dollarhire.com 这个网站提供给你们的原因。该网站列举了更多的例子和本书中参考的一些工具。我甚至还采用了一些方法，让大家能够向我提问和交换看法。

有了这些，让我们开始努力工作吧。

目录

第1章 关于人的三个事实

不论是创办、经营还是投资一家新企业，我通常只考虑两件事：一是好好地开创一番事业，二是获得满意的经济回报。然而，同时达到这两个目标，着实困难。美国政府的小型企业总署的统计数据表明，在每10家初创企业中，有一半会在创办后的一年之内倒闭。还有些统计报告认为，这一数字甚至接近90%或100%，其原因包括投资失利、市场开拓不力、创业和管理团队缺乏能力，等等。在很多初创企业里，根本谈不上开创一番事业，也看不到任何令人满意的回报。

这样的问题，不只初创企业才有。研究表明，在有的组织中，至少50%的高管和经理会在担任新职务的两年之内失败。通常情况下，这样的组织暂时不会倒闭，但结果是一样的：开创事业成了泡影，经济回报无从谈起。

我们在分析这些数据时发现，绝大多数是因为负责招聘工作的员工犯下了错误：他们错误地选择了公司寄希望于开创事业和获取利润的人员。他们在招聘和录用公司目前所倚仗的员工时作出了错误的决定。而且，不只初创企业或高速发展的公司会犯这种错误，甚至处于快速增长阶段的公司同样也会犯这种错误。

关于招聘，有两个方面应当引起企业的注意：首先，这是一件发生频率很高的事（招聘）；其次，它会产生相对较高的错误率，也就是说，公司很多时候录用了不合格的员工。这些错误，往往会造成经济损失。打个比方，快餐店的一线员工往往处在职业阶梯的底层，即使录用了不适合的员工，看起来似乎也只是小事一桩。没错，这些员工的收入微薄，企业给他们的薪水本来就少，就算招错了人，能坏到哪里去？但是，如果去问一家录用了数十万名一线员工的快餐连锁店企业，你就知道答案了。我们发现，设计更加注重决策正确率的招聘和录用流程，可以在连锁店所有店面的利润上提高好几个百分点。

招聘到的不适合的员工的级别越高，并且在选择专业人员或经理时作出了错误的决策，更容易给公司带来严重经济损失。而要纠正一个错误的招聘决策所付出的平均代价约是该岗位年薪的两倍。在这个层面上，只要出现一个错误的决策，就可能带来严重的后果。一个极端的例子是巴林银行驻新加坡巴林期货公司那位 28 岁的期货交易员。他未经授权在日本市场进行了一番倒腾后，最终使巴林银行不得不关门大吉。我们可以说，当初招聘这位仁兄的人，犯下了价值数十亿美元的错误。

从另一个角度看，不管什么时候，只要存在那些可能造成巨额经济损失的高频率事件，就应该有商机可寻。那些帮助企业寻找最优秀人才的服务提供商，有机会制定出种种减少招聘错误、提高新录用员工素质的解决方案。而企业则有机会从根本上改变决策方式，从而减少失误、降低风险并改善成果，包括经济成果。

在接下来的几章里，我会描述当代招聘专家制定的很多解决方案，告诉大家如何提高招聘决策的质量。更重要的是，我侧重于这些工具付诸实际运用时能给企业和组织带来的经济回报，无论是涉及初创企业招聘员工，还是为满足企业目前的发展需要而招聘员工。你们会发现，如果在制定招聘和录用流程的时候像别的业务领域那样来严格要求、认真对待，那么为公司带来的经济效益，甚至超出了大多数经理和高管的想象。事实上，随后几章的中心议题，就是告诉大家如何估算提高招聘决策水平所带来的经济效益。

由于这些问题取决于人，因此，我首先从我们对人的了解开始。这里的“人”，既指那些应聘者，也指那些已经在公司和组织中工作的人。

1.1　人与人在很多方面都不同

人与人是不同的。从哲学、社会学和政治的角度来看，这一论断未必正确，但从开创事业、获取回报这两个方面来说，这句话绝对正确。

想想那些在制造业企业中找工作的人。有的人看得懂并且用得上那些技术服务指南；有的人则连“警告！危险物品”之类的标记都不认识；有些应聘客服岗位的人总能耐心地对待客户的投诉，与客户构建和谐融洽的氛围，让客户最终满意；有些人则完全相反，对客户的投诉敷衍了事，而且通常把它们转交给自己的上司。

有人说，培训可以消除人与人之间的这些差别，也就是说，人们只要能拥有一次公平的机会来接受足够的、适当的培训，就可以了。事实上，研究表明，人们在学习能力上，在对成功的渴望上，也是千差万别的。从商业的角度看，这些问题很简单。你愿意花钱对新招来的员工进行培训，还是干脆招聘那些已经受过培训的人？你是不是以为，培训可以缩小甚至消除人们在责任心、工作热情或求知欲等方面的差别？

很多企业宁愿在选拔招聘的时候认真考虑应聘者之间的差别，也不愿等到正式招聘进来以后再去应对这些差别。大多数企业除了为员工提供必要的培训，再不想对他们进行任何别的培训。

不久前，我的一位客户（一家造纸公司的企业）对我说，他的公司的招聘部门的运营，看起来跟一扇旋转门没什么区别。他说，招聘部门为公司招来的人，无非就是两类，一类是“愚蠢的傻瓜”，一类是“聪明的傻瓜”。他描述的，恰好是人力资源专家无时无刻都要面对的人与人之间的两个基本差异。通过更细致的观察，我们可以把这些差异视为两个方面的素质，一种是“能力”，一种是“态度”。

1.1.1 能力

我们知道，人与人之间在知识、技能等方面存在着诸多差别，这决定着他们是否有做某项工作的能力。所谓的“能力”，是通过教育、培训和工作经验而得来的素质。有些素质需要花数年时间才能培养；有些素质则能简单养成，比如具有某种爱好或者在某种特定的环境中长大等。马尔科姆·格拉德威尔（Malcolm Gladwell）曾在一本深刻分析成功人士的书中总结说，某些能力，其实涉及人们在某件事情上花多长时间去钻研，甚至涉及人们什么时候工作、在什么地点工作、他们的出身如何，等等。

一个人的能力，可能像这个人能够学会某项工作那样，对最终的结果产生根本影响。这些素质，可以促使人们成功地解决问题、创造发明，或者采用与众不同的角度来看穿复杂的局面。如果一个人不具备这些素质，无论你采用怎样的激励措施，基本上都无济于事。

20 世纪 90 年代，美国一家最大的半导体制造厂商就面临过员工缺乏能力的困境。这家制造厂的工人，大多数既不会阅读也不会做小学阶段的数学题。然而，公司的质量提升计划和日益尖端的制造技术，要求员工必须具备这些基本能力。由于来自亚洲制造厂商的激烈竞争，该公司的管理人员不得不作出这样的决策：要么提高美国工人的技能，要么将制造业务外包。后来，该公司制定了一个全新的招聘和录用计划，确保新录用的员工在加入公司之前就拥有这些必需的基本技能。与此同时，公司在美国的各个业务部门开始致力于提升员工的业务素质，内部的培训学校也在全公司范围内展开培训，以应对员工素质低下的挑战。没错，员工的能力，的确非常重要。

1.1.2　态度

员工在态度方面的素质，是一种不同的素质。通常我们说，态度决定了员工的个性。这些素质可以区分应聘者是否会努力工作，能否和别人形成良好合作，能否严肃对待企业期望的事情，会不会表现出一些帮助自身发挥能力的行为，或者，表现一些至少不妨碍他们在工作中发挥自身能力的行为。

同样在20世纪90年代，美国一些制造业公司开始引入了团队和协作的概念。质量改进团队、客户服务团队、工会–管理层团队以及其他一些团队，一夜之间成了时代潮流。然而，这些概念的执行也遇到了种种问题，这说明，很多员工就是无法真正融入团队。招聘部门在招聘这些员工时候，没有注意他们是不是具备态度方面的素质，比如社交本领、外向性格或者善于接受新观点等。结果，这些员工往往成了团队合作的障碍。因此，很多公司开始在招聘的时候特别留意那些具备态度方面的素质、善于在团队中合作的员工。但目前，据我们了解，态度方面的素质，也并不总是好的，有些也会阻碍公司迈向成功。

1.1.3 越多越好与过犹不及

多年来，我们对员工进行个性评估，总是采用一种“越多越好”的视角。在很多类别的工种中，员工拥有越强的社交能力和责任心，或者越能够接受新观点，往往预示着其日后的成功。人们认为，如果应聘者能将这些特性更多地融入到工作中，那么其成功的机会往往更大。

不过，最近有人发现，很多“过犹不及”的性格特点如果被带入工作中，往往预示着员工的失败，比如易冲动、怀疑、过于谨慎、不信任，以及其他一些性格特点。领导者在这些方面的差别，常常表现在他们能不能充分调动下属的工作积极性、提高下属的责任心并留住优秀的人才。从与职业相关的事故和伤害的角度来看，有的员工愿意承担不可接受的风险，有些则与之相反。他们在这些方面的差异，预示着他们将来卷入这些事件的可能性的高低。因此，在职场中，某些性格特点反而是过犹不及。

那些设计了当代最佳招聘和录用流程的专家，理解了这一点：人们在能力和态度两个方面的素质是有差别的。招聘专家不是简单地考察应聘者的能力，而是对低级职位的应聘者，着重考察他们的学习能力；对中级职位的应聘者，着重考察他们解决问题的技能；对高级职位的应聘者，着重考察他们整合与解释数据的能力。对于领导岗位，诸如商业敏锐性、战略思维及分配资源的技巧等，都纳入考察之列。

同样，招聘专家不是简单地考察应聘者的态度，而是对低级岗位的应聘者，着重考察他们的责任心；对中级岗位的应聘者，着重考察他们是否接受新观点；对高级职位的应聘者，着重考察他们稳定情绪的能力。还有很多其他的态度方面的素质，也要纳入考虑的范畴。对于管理和领导岗位，性格的某些“积极面”和“消极面”，要么能让自己一帆风顺，让公司繁荣发展，要么让自己走向失败，让公司趋于没落。

稍后，我会探讨更多详细的例子，来表明应聘者在能力和态度两方面的差别给公司带来的差异，并且介绍一些在特定职业中简要概括能力和态度两个方面素质的方法。当然，这也为对比应聘者具有的素质与岗位要求的素质打下了基础，而这，恰好是作出价值百万美元招聘决策的关键所在。不过现在，我们所要了解的关于人的第一个事实是：人与人之间，也就是应聘者之间，是各不相同的；他们在很多方面，包括一些重要的方面，都是千差万别的。

1.2 人与人之间的差异转化为绩效的差异

即使公司录用了某位应聘者，他和别人之间的差异依然存在，而现在，这些差异在工作绩效中得到了体现。比方说，假设你的公司聘用了50位销售代表。那50位销售代表在拓展销售市场的能力上各有千秋，既不会为你的公司带来同样的销量，完成他们自身目标任务的比例也各不相同，而且，更不会以同样的边际利润来完成所有的销售业务。50位销售员在这些指标中任何一项上的平均绩效，在某种程度上也代表了销售队伍的整体效能。但是，50位销售代表，有的要耗费管理人员大量的时间来管理，有的则不会。

员工的工作绩效各不相同，而且，这样的差异还很大。任何一位管理着超过1名员工的经理，每天都能发现这样的差异。但这些差异，并没有体现在公司的绩效评估结果之中。在绩效评估的结果中，大多数员工不是优秀就是卓越，如果被评为“称职”，那实际上意味着糟透了。在任何一个职位中，人与人的工作绩效，总是存在可测量的差异。

在有些岗位上，员工几乎毫无机会影响他们的工作成果，这样一来，工作绩效之间的差别可能被缩小了，但并没有完全消除。例如，在一个已经实现高度自动化的产品组装车间中，员工的工作绩效图可能如图1-1所示。在这样的工作岗位上，自动化、机械化和现代组装技术，使任务完成得井井有条，没有什么偷懒的机会和思考的余地（有的人可能会说，甚至会令人头脑麻木）。不过，即使工作任务得到很大程度的简化，员工与员工之间在工作绩效上依然存在着可测量的差别。

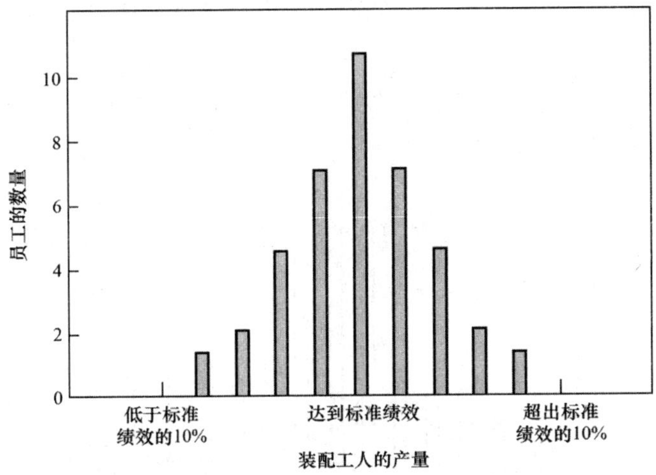

图 1–1　在高度自动化的岗位上，工作绩效的差异一般较小，但依然关系重大

图 1-1 表明，工作绩效的测量图，通常表现为一种钟形的分布图。图的顶端代表工作绩效极为优异的员工，底部则代表工作绩效极为低下的员工，大多数员工的绩效处在中间范围内。在现实中，员工之间的差别不会总是形成这样一条完美的钟形曲线，但通常很接近，甚至在工作绩效的差别出现了些许扩大的时候依然如此。在图 1-1 中，从长远看，工作绩效达到标准绩效 103% 的产品组装工人，比工作绩效达到标准绩效 100% 的工人，能让公司获得更大的效益，尤其当公司拥有数百名这样的超高绩效员工时，效益更加明显。员工工作绩效之间的差别虽然很小，但从长远来看，意义也十分重大。

在很多职位中，工作绩效中的差别不可能被准确计算出。在那些需要运用判断力、谨慎性和创造力的职业中，工作绩效的差别甚至更大。想想我们前面提到的 50 位销售代表各自完成的销售目标任务的百分比。其结果可能如图 1-2 所示。在这里，尽管公司对销售代表提供培训、指导和激励等，个人之间工作绩效的差别还是非常明显。

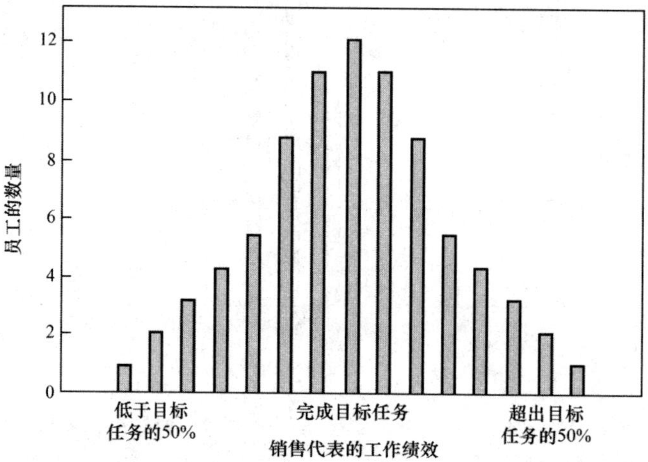

图 1-2　在更为复杂的职位中，工作绩效的差异更加值得关注

通常说来，当职位变得越来越复杂时，单个员工之间的工作绩效的差别也越来越大。90% 的初创企业之所以归于失败，很大程度上是由于公司创始人的工作绩效存在差别。有些初创公司不断发展壮大，给股东带来丰厚回报，但大多数没法做到这一点。所有的私有股本投资者都很确定，新任 CEO 在工作绩效上的差别，对整个初创公司的发展前景产生巨大的影响。

只有一名在职人员的高级职位，也存在着工作绩效的差异。不过，到了这个级别，观察问题的角度稍稍有所改变。如果你想缩小公司中 20 位财务总监（CFO）的工作绩效差异，无疑有点可笑，除非你的公司是一家大型跨国公司，的确聘用了 20 位分公司级别的财务总监。不过，如果你想着怎样将公司财务总监的工作绩效，与另外19位竞争对手的财务总监的工作绩效进行对比，进而缩小他们之间的差距，就很正常了。在这种情况下，难办的不是如何在公司内部缩小工作绩效的差别，而是怎样确保你公司中这样的高级管理人员和别的公司相比，工作绩效处于上等水平。

工作绩效的差别，使得公司要制定各类人力资源计划来消除它们，包括培训计划、激励机制、各种人事制度，等等。但你想过没有，所有这些“纠正”计划，是要花费巨额成本的。所有这些计划，都侧重于缩小甚至消除员工工作绩效的差别，特别是设法让那些绩效低下的员工的绩效得到提高。不过，如果你一开始就能招聘和录用到高素质的员工，那么，这些计划都不是必需的。

在较低级别的职位中，工作绩效的差别较小，公司通常会招聘和录用大批员工。这时，小幅度提高大量员工的工作绩效，可以提高员工整体的工作绩效水平。在较高级别的职位中，工作绩效的差别更大，此时，需要大幅度提高少数几位员工的工作绩效。简单地讲，招聘和录用更优秀的人才，会在不同的层次上、以不同的方式获得回报，但两者主要都是通过缩小员工工作绩效的差异而获得的。

因此，关于人的第二个事实是，不管职位或工作绩效的测量指标是什么，人们的工作绩效的数量和质量，都是不同的。这些差别究竟会不会总像一根钟形曲线那样分布，不值得争论。重要的是了解这些差别，因为它们在随后的分析中起着关键作用。员工工作绩效的差异是真实存在的，如果岗位要求运用更多的判断力和创造力，这种差异会逐渐增大，而且在经济上产生重大后果。

1.3 人与人之间的差异可以测量

测量人与人之间的差异，已经有很长一段历史了，特别是当这些差异涉及人们的心理能力和个性的时候。在人类的两次世界大战中，每次大战都产生了很多测量工具和筛查系统，用来给数百万军事人员分配任务，以便他们接手的任务与他们的技能和能力相匹配。结果，一系列简要分析员工之间的差异的测量工具应运而生。

从20世纪50年代开始，随着企业引入职业测试、面试、工作模拟、高管评估计划等，这些工具开始转入职场。心理学家将心理测试和个性评估拓展到高管这一级。那些旨在更好地筛选应聘者的企业，鼓励人力资源顾问想出了很多新办法来制定和管理招聘流程。最新的技术方案和外包解决方案的引入，使这些流程变得更加复杂。

招聘和录用行业（测试发布者、评估专家、猎头公司及其他人员）注重使用那些测量人与人之间差别的工具。此行业每年的销售额高达数十亿美元。如果把那些支持招聘和录用的软件技术公司加进来，如今，此行业已成为世界上发展最快的行业之一。

现如今，用来测量应聘者之间差别的方法不胜枚举。有一种测试，可以评估人类几乎任何一种可感知的，在职场中培养、测试和证实的素质。而被誉为“测量学科中的圣经”的布罗斯学院的《第17份心理测量年鉴》（The Seventeenth Mental Measurements Yearbook）及《纸质测试》（Tests in Print），推荐了近4000种工具，它们全都应用于在研究和就业的背景下测量人与人之间的差异。

企业已经使用了很多种这样的工具，其中的一些工具运用了数十年之久，目的是将职场中能力和态度的要求结合起来，引导招聘和录用决策。

但是，可以用来测量与职位相关的人与人之间差异的方法，远不是测试那么简单。很多方法注重提高面试的一致性。有些公司运用现实模拟和实际操作的工具，真实地再现了职位的特点，即工作模拟。还有些公司用电脑软件来进行复杂的测量，包括对照岗位职责来匹配应聘者的简历，并且为简历打分。还有些测量方法，可以测量应聘者的兴趣、动机、熟练程度、心理能力、个性特点、身体条件、通过培训获得的知识，以及你可以想得到的几乎任何技能。

当这些工具用来测量应聘者之间的差别时，会出现怎样的情况？某家消费品公司的维修岗位，引来了数千名应聘者申请。他们在完成了一项机械理解能力的测试（用于衡量应聘者能力的测量法）之后的情形，如图 1-3 所示。应聘者的得分，最低的几乎零分，最高的达到满分。除去这两个极端，这一案例中的大多数应聘者，正确地回答了 40%~80% 的测试问题，这说明他们对所测知识的熟练程度有着较大的差异。没错，这个图形看起来也像是一个钟形曲线图。

应聘者在我们评估的几乎所有的知识、技能、能力或个性特点上，都各不相同。对某些指标来说，分数的分布并没有固定规律可循，但通常比较接近固定模式。还有很多的测量结果跟图 1-3 一样，包括：在筛选软件程序员岗位应聘者的时候采用的演绎逻辑测量方法，在筛选销售助理的时候采用的外向型性格测量方法，在筛选数据分析师时采用的定量推理测试，或者在筛选控制员的时候采用的风险承受倾向测试。

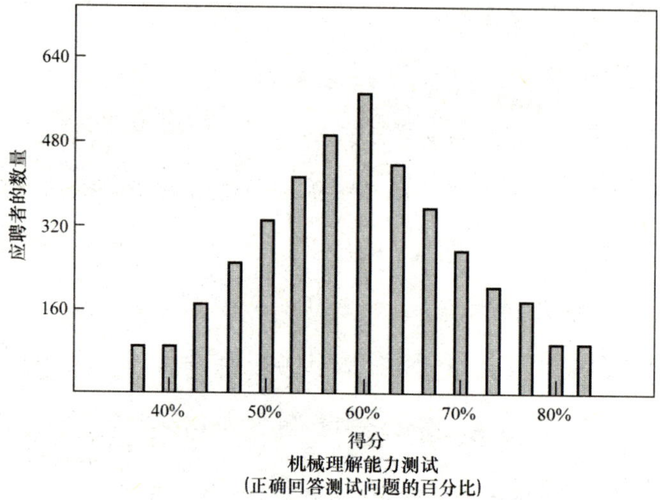

图 1–3　人们在拥有的工作资质上也有所差别

而且，产生那些结果的测试还不只是这些。图 1-4 展示了 300 多名销售员职位的应聘者参加我最近为客户设计的结构化面试时的结果。在面试过程中，面试官团队评估了应聘者在很多方面的技能。这些结果只展示了其中一个方面的技能：销售。在图 1-4 中，应聘者接受了面试官的评估，其结果有时是不可接受，有时是十分优异。整个评估的结果接近一条钟形曲线。不过，由于这些数据是真实的，因此出现了下面这些问题：那些评估结果最差的应聘者，究竟是怎样进入到这一费时费力费钱的面试过程中的？难道没有一个预筛选环节吗？是不是面试官对应聘者的技能要求太苛刻了？解决这些问题，都是要付出经济代价的，这也是我们随后将会讨论的。在这一案例中，正是由于上面这些问题，我才会在面试过程中插入一组预筛选的测试。

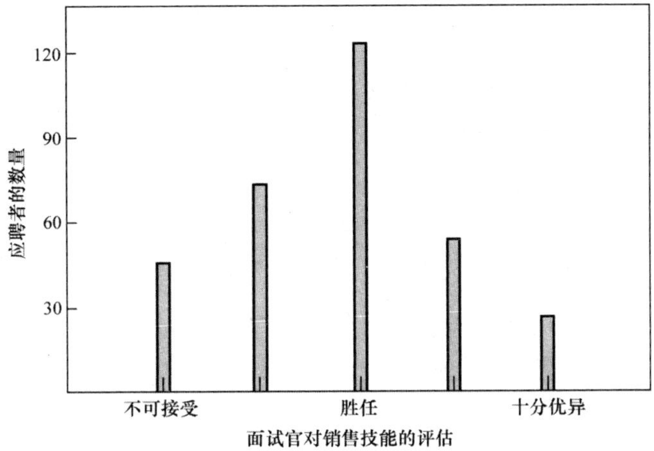

图 1-4　用工具而不是测试来进行测量时，人们在资质上也各不相同

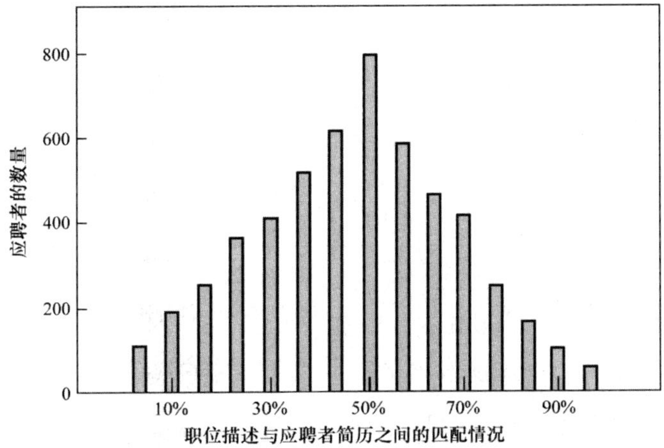

图 1-5　在应聘者的简历与职位描述的匹配程度方面，人们各不相同

图 1-5 显示的是，当企业不得不面对一大堆应聘者简历的时候，可以怎样来测量他们之间的差别。该图表明，采用一种基于现代技术的简历搜索软件来读取应聘者简历和公司的职位描述时，这种简历搜索软件能够测量每一份简历与职位描述相匹配的程度。电脑只需几秒钟时间，就读取了

2000 多份申请客户经理职位的应聘者简历，并将它们与公司的职位描述进行匹配，产生了一张类似图 1-5 的图。实际上，在筛选过程的早期使用这样一种工具，可能有助于避免像图 1-4 那样，让不符合要求的应聘者进入到价格昂贵的面试过程。

这样，我们确定了在作出百万美元的招聘决策时的第三重要事实：应聘者带入到职场中的值得注意的差别，可以准确、可靠、公平地测量，而且，每一个招聘决策，在经济价值上都是十分重要。

1.4 本章的三个事实

我们要阐述的三个基本事实是如下。

1．人与人是不相同的。他们在很多方面不相同，有些还是重要的方面。他们之间的差别，与“能力”和“态度”方面的素质相关，这些差别决定了应聘者在将来的工作中是否能够成功。

2．一旦应聘者被录用，人与人之间的差别依然存在，而且体现在他们的工作绩效当中。工作绩效的差别，早在他们被录用之前就已经存在了。

3．负责招聘和录用的专业人士，可以准确、可靠、公平地，并且以一种能给组织带来效益的方式，测量应聘者之间的差别。

除了太空探索项目，几乎所有的组织，都会把更多的财力用在人的身上，而不是用在别的任何方面。每增加一名新员工，公司就对其在经济上负起了重大的责任，同时也承担了明显的经济风险。从理论上讲，每次新录用一名员工，都意味着公司的资产负债表上增加了一个条目，但只有在作出了招聘决策以后，公司才会知道，这次增加的条目究竟是一笔资产还是一笔债务。如果增加的是一笔债务，那么，负责招聘的人要到很久之后才能知道，他们招聘进来的人究竟给公司带来了一笔短期债务，还是长期债务。

接下来，我们转而探讨一些有助于优化招聘流程的信息，它们有助于在作出百万美元的招聘决策时降低债务与风险。

第2章
关于招聘流程的四个事实

理解人与人之间的差异，知道这些差异可以测量，而且了解了进入职场后人们之间的差异依然存在并转化成工作绩效的差异，仅仅是个开始。我们得有一种方法来阐述这些事实，并从中获得价值。为了做到这一点，我收集了另外一组事实：有关流程优化的事实。

有关流程优化的事实及优化的方法，并不是什么新鲜事。20世纪80年代后期和90年代，作为制造业的质量改进运动的一部分，大多数公司开始对生产流程进行优化。所以，流程优化方法的名字，很多都与质量有关，比如统计流程控制、全质量管理（TQM）、六西格玛、DMAIC（定义—测量—分析—改进—控制），以及其他一些现代人熟悉的有商标权的标志。大部分的方法将数据收集和统计数据分析的工具融入到产品或服务的质量改进之中。很多方法致力于消除产品质量、服务交付或其他绩效标准中的差别。所有的方法都注重将质量问题的来源隔离起来、解决问题，并使整个系统在合适的位置能够持续优化。不过，本章描述的流程是招聘，其产品是新录用的员工。至于质量，则代表新招聘员工的素质。

2.1　工作绩效可以预测

每次招聘工作人员审阅应聘者的简历并决定继续和应聘者接触的时候，就作出了一次预测。人力资源（HR）部门在给应聘者的测试打分时，也作出了一次预测，并且会确定接下来采取的措施，面试的安排，等等。部门经理在对应聘者进行面试的时候作出了预测，并决定是否正式录用。所有这些预测，对象都是相同的：应聘者未来的工作绩效。

如果预测准确，那我们就活学活用了上一章阐述的内容。假如我们在招聘之前就预测应聘者的工作绩效，那么，在录用他们之后，可以缩小他们之间工作绩效的差异。如果我们的预测准确，那就降低了招聘那些业绩最低下员工的风险。

对应聘者的预测，可以采用多种形式。比如，这位销售员岗位的应聘者，能按进度完成目标任务，还是只能拿到基本的保底工资？这位电话销售代表，能在公司里待上半年时间，还是只要有更好的地方便会立马走人？这位警察岗位的应聘者，能通过学业培训并顺利地到街上维持秩序，还是当上警察之后老是违抗命令？这位咨询师岗位的应聘者，能给客户带来专业的咨询服务，还是只能提供人云亦云的咨询服务？这位创业公司的CEO，能有效地管理资金，还是让客户所有的资金都蒸发掉，把他们推入万劫不复的深渊？

有时候，我们需要作出决定：是，还是不是。有时我们要作出选择，因为可能有两名或更多的应聘者似乎符合要求。接下来我们要预测哪一位更合格，哪一位该录用。有时，这些预测并不只有一个方面的考虑。比如，我们也许希望确切地知道，制造业岗位的某位应聘者能不能较快地学会岗位技能，稳步达到生产标准，按时上下班，并在很长的时间里保持优异的工作绩效。

毕竟，对于我们自己购买的软件，我们总是期望它们能够按计划安装，运行起来不出错，提供一个响应的帮助平台，而且可以定期更新。既然如此，为什么我们的招聘和录用流程要满足于一般化呢？事实上，我们可以在每一次招聘决策中作出多个角度的预测，只不过有些预测是暗中进行的。但是，话说回来，多角度预测人们将来的行为，是一个挑战。

幸运的是，研究表明，工作绩效的很多方面是可以预测的，通常是用不同种类的招聘和录用工具来预测。不同的工具，其准确性也各异。有些工具可能有效，但也会带来一些风险，比如说应聘者不接受、成本较高，或者存在法律上的问题。简单来说，数十年的研究成果，使我们了解了很多有关预测人们的工作绩效方面的信息。

一直有人请我做出一些非常详细的预测。比如，专职财务顾问岗位的应聘者，哪些人可能非常善于和富豪家族中的好几位不同成员结为朋友？设在土耳其的工厂中生产工人岗位的应聘者，能不能在一家香烟生产厂里表现出最优异的绩效？汽车组装岗位的应聘者，哪些人不会经常无故旷工，让上司不可接受？香肠制作岗位的应聘者，哪些人在工作中受到伤害最少？销售高管岗位的应聘者，谁会很好地管理他们的销售团队，完成销售目标任务并继续获得客户的订单？ CEO 岗位的应聘者，哪些人会让风险资本公司实现预定的发展和利润目标？不同的职位，不同的绩效目标，就会有不同的预测。怎么来预测？需要运用不同类型的工具。

只要我们能够保证作出的预测尽可能准确，就可以带来较大的回报。谈到准确性，我引入了一个概念，招聘专家称之为有效性。这一术语表达了一系列的定义——那些定义，有时候即使业内人士去看，也觉得有点错综复杂。但是，当它最简化的时候，有效性的概念也许如图 2-1 中所示的那么简单。

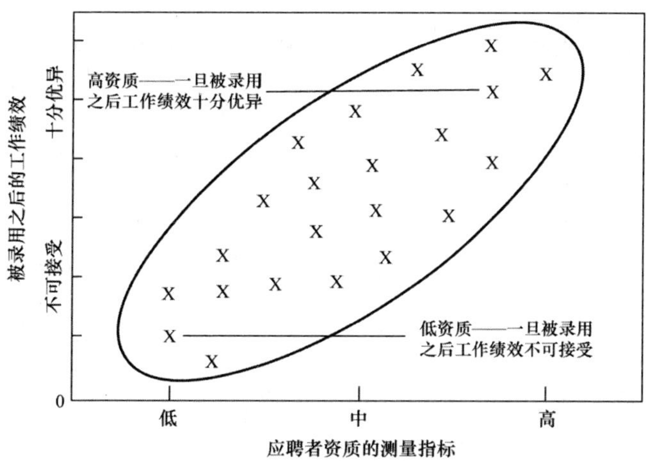

图 2–1　一个有效的应聘者筛选过程可以预测应聘者被录用之后的工作绩效

请注意观察，我们在此图中如何将第 1 章中引入的两个概念（人与人之间的差异及绩效的差异）联系起来。有效性就是将它们联系起来的纽带。在这一案例中，有效性将图中的 X 连接起来。

任何针对应聘者资质的测量指标（经验是否丰富、在预筛选时对一系列问题的回答、面试之后的结果、在某项测试上的得分，等等），都可能使得应聘者的分析结果，在图中从低到高伸展开来（在图中的横轴上）。如果应聘者在资质测量指标上伸展的方式，与他们被录用之时的工作绩效的伸展方式一致，那么，我们认为，那一资质指标有效地预测了未来的工作绩效。简单讲，有效的招聘或录用工具，可以用来预测那些得分较高的应聘者是不是在真正获得录用之后也同样能取得优异的工作绩效。

在图 2-1 中，椭圆形中的 X 代表着在测量应聘者资质的时候，以及应聘者随后加入公司的时候，有效的招聘或录用是怎样进行的。每一个 X 的位置，确定了指定应聘者在招聘之前的资质（在横轴上）以及获得录用后的工作绩效（在纵轴上）之间的联系。这种描述有效性或价值的方法，取决于几十年来一直在招聘体系的设计时得以运用的应聘者的信息。

图 2-1 展示了一个有效的招聘流程，在该流程中，了解到的有关应聘者的信息，可以预见他将来在工作中的绩效。不过，如图 2-1 所示，有些应聘者在资质测量的时候表现相对较好，但在实际工作中绩效相对较差，或者相反。这并没什么可惊讶的。有效性和完美是两回事。有效性指的是通过提高录用正确应聘者的可能性，或者提高拒绝不合格应聘者的可能性，从长远看来，作出更明智的招聘决策。

把图 2-1 作为心理影像，可以引导你考虑招聘或录用工具的方式。某些特定的信息，如能否预见应聘者将来的工作绩效，在多大的程度上预测他们将来的工作绩效，思考这些问题的时候，你得把这个图记在脑海之中。否则，为何还要使用应聘者的信息呢？那它们就没有任何价值。

图 2-2 显示了这样一种情形：应聘者的信息，与他们进入职场后工作绩效会多么优异，不存在任何关联。这个图表明，由于运用了错误的招聘

或录用工具，无论应聘者的资质如何，这些工具都只是测量了错误的经验、错误的知识或技能、错误的个性，或者运用了面试官错误的印象。这样的招聘和录用工具，是无效的、不相关的。

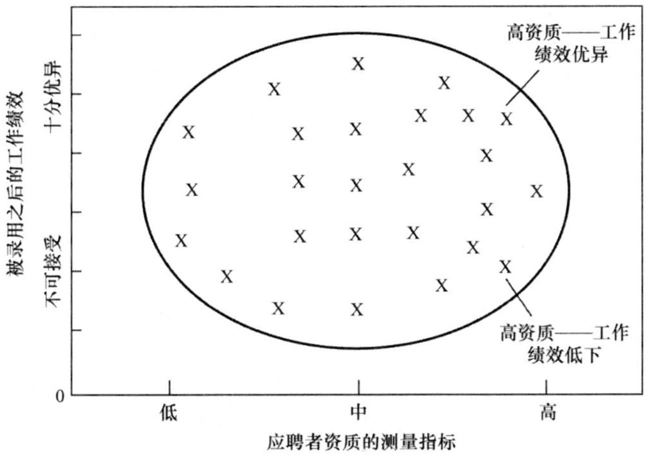

图 2–2　不具有有效性的筛选过程无法预测应聘者被录用之后的工作绩效

遗憾的是，许多招聘和录用专业人员使用的信息，确实产生了类似于图 2-2 的结果。在评审了某家公司沿用多年的招聘计划之后，我发现，如果向管理层出示一张类似于图 2-2 的数据图，我和他们之间的对话，就变得不愉快了。如果这家公司向类似这样的招聘计划投入了数十万美元，或者有人已经提起了法律诉讼，再加上公司之所以让我来评审招聘计划，目的是评估面临多大的风险时，和高管们的对话，尤其变得不愉快。

例如，传统的非结构化的应聘者面试计划，往往会产生与图 2-2 高度相似的结果。格拉德威尔说，一些职业足球队运用的以智商为导向的测试，无论他们期望的分布是怎样的，都得出了类似于图 2-2 的图形。我最近参加的一项专家证人任务，是一个更为复杂的例子。在那一任务中，我们运用普通心理能力的测试，对消防员职位的应聘者进行了评估，结果，这项测试与他们工作绩效之间的关系，看起来和图 2-2 类似，而不是和图 2-1 类似。但有证据表明，如果在消防员的测试中添加一个机械理解能力的部分，那么，得到的结果则更像图 2-1。

这便是矛盾所在。有些类型的招聘和录用工具，会得到类似于图 2-1 的图形；另外一些工具产生的图形，与图 2-2 颇为相似。这通常取决于职业的类型、目标绩效的种类、考虑中的应聘者资质的类型，或者应聘者团体。换句话说，情况变得复杂了。

不过，我们的确可以预测员工的工作绩效，这是事实。人们在一系列工作中的绩效，都可以合理准确地进行预测。尽管有时候总是存在一些特殊情况，但最近几十年来，以六西格玛和与 TQM 过程优化技术相同的方式来提高招聘和录用的预测准确性，已经对公司其他部门的绩效产生了影响。目的在于优化结果——多数情况下指的是提高经济效益。我会在第 4 章和第 5 章探讨一系列的例子，并展示与预测结果相关的经济效益情况。

2.2　准确预测绩效，可以产生经济回报

在过程优化的科学中，一般的目标是消除某个过程所有的绩效差异，或者是尽可能消除它们的绩效差异（对我们来说，指的是招聘流程）。通常情况下，优化的目的在于缩小因为特定过程而产生的绩效变化范围，使得绩效分布的钟形图案的左侧和右侧朝着更加统一、更加可预测的方向拉伸。过程的优化包括消除差异，使结果更可预见。

消除员工绩效差异的目标，则稍微显得更加复杂一些。钟形曲线顶端的差异，实际上对组织是有益的。这一部分的曲线，代表着员工的销售量超额、生产率超额、客户对员工的服务非常满意。没人会提议消除曲线顶端的绩效差异。事实上，钟形曲线的顶部，辨别了哪些人是职场中的赢家。

但钟形曲线底部的差异，则总是不利于组织的。消除这一部分曲线中体现出的差异，可以提高整个员工队伍的平均绩效。在分布图的底部砍掉一个小小的百分点，就能解决很多公司面临的问题。比如，一家汽车运输公司最近发现，80% 的事故是由 20% 的绩效最差的司机造成的。而另外 80% 的司机，则几乎没有出过事故。其他的绩效指标也是一样。少部分员工，通常会给公司带来大多数的问题，如旷工、伤害、偷窃、浪费、蓄意破坏，等等。那也正是为什么将过程优化的对象集中在绩效分布图底部的原因。

但在招聘和录用活动中，我们永远不可能消除员工绩效的全部差异。收集到的关于应聘者的信息，以及用来寻找和筛选应聘者的工具，不可能 100% 准确。在某位应聘者被录用以后，工作场所和家庭中发生的事情，也会对其工作绩效产生影响。但不管怎样，我们可以从一定程度上砍掉绩效分布图的底部，从而提高录用员工的平均工作绩效。

本书后面的几章，我们描述了一些招聘计划的例子，这些计划侧重于降低员工流失率、增加销售额、减少事故、提高生产率、提升客户满意度。很多例子直接计算了采用某一招聘或录用工具去实现效益目标时，能给公司带来多少经济效益。这些例子的来源不仅包括那些拥有复杂招聘流程的大公司，而且也包括一些中小公司及初创公司。它们充分证明，直接追踪观察招聘数据和绩效数据，可以创建一个持续优化的环。在这个持续优化环中，公司的人力资源和运营部门可以追踪最终的结果，而这些结果，是他们通过调整和优化所使用的不同种类应聘者的信息而得来的。

然而，如果要某位经理用财务术语来表示他手下绩效优秀和绩效低下员工之间的差别，他可能说："这很难用金额来表达。"大多数经理都难以用具体金额来描述第 1 章中介绍过的员工工作绩效的差异。只在极少数的情况下，金额的标准才非常直观，比如说销售职业。大多数的职业，很难将工作绩效的差异直接计算成金额。比如，我们很难确切地说，员工乔依一定比玛丽的价值多出 3.7 万美元。

在医疗保健、教育、客户服务，甚至政府部门和公司部门（比如营销、财会或人力资源）的职业中，通过消除绩效范围中较低一端的差异而获得的经济效益，很难用具体金额计算。对某些职业来说（如销售员或产业工人），则很容易计算。而另一些职业（如会计师、营销经理或专家型员工），很难用金额来体现他们之间在工作绩效上的差别。

但研究人员已经开始提供一些基本的经验法则，将这类职业的工作绩效的差异用财务术语来表达。这些经验法则，提供了一种为不同的工作绩效对应不同金额的简便方法。令人感到更加振奋的是，即使是对那些难以找到硬指标来衡量工作绩效的职业，在采用了更好的招聘计划来缩小绩效差异时，这些法则也可以估算因此而获得的经济回报。

支持这些经验法则的统计数据及经济回报建模工具也许十分复杂，但它们也可以通过图例说明得到简化。我会在第 3 章做这部分内容的介绍。在那一章中，我们会探讨一条经验法则，它可以用来估算，当招聘了更多工作绩效处于钟形曲线顶部的员工，而同时又避免招聘绩效处于钟形曲线底部的员工时，能够获得多少经济效益，即使那些工作绩效难以用硬指标来测量，也同样可以估算出来。这些工具突显了关于招聘过程的第二个事实：可量化的经济回报，取决于好的招聘决策。它可以被简化为数字，但其意义要比人们想象的大得多。

2.3　招聘中的法律风险

当你试图区分人与人之间的差别时，总是有风险的，但招聘体系的目标正是区分。到底有什么风险呢？一方面，有可能面临非法歧视的指控；另一方面，在确定谁应当加入公司、谁不应当加入公司之后，有可能面临诉讼。这些指控和诉讼的原告，也许是个人、团体或整个阶层，以及政府机构。

让我们首先介绍一些背景知识。1964 年通过的《民权法案》中的部分内容，将政府的注意力转向招聘活动。立法者担心，某些企业可能利用招聘计划来掩盖职场中的非法歧视行为。为了帮助防止那样的歧视，美国专门成立了一些联邦机构和州政府机构，并草拟了一些法规制度。当然，这些机构和法规制度出台后，诉讼也随之而至。

美国平等就业机会委员会（EEOC）、联邦合同遵循项目办公室（OFCCP）、美国司法部（DOJ）等部门，开始成为强制执行与招聘和录用活动相关法案的主要联邦机构。EEOC 监管私营部门，OFCCP 监管与联邦政府订约的企业，DOJ 则监管政府部门。

美国还成立了州一级的机构，在地方政府的层面强制执行有关平等就业的法令。州与州有所不同，有些州在监管制度上非常严格，有些则不那么严格。与此同时，法庭开始用大量具有重大影响的裁决来解释平等就业机会法规。诉讼开始涉及那些技术性越来越强的事务。即使是美国最高法院也着手干预。比如，2009 年里奇的案例，最高法院最终宣判康涅狄格州纽黑文市的白人消防员在晋升考试种族歧视案中受到了不公正待遇。

《民权法案》颁布十多年后，上述三个联邦机构连同美国财政部，针对各组织的招聘或录用活动发布了规则，即 1978 年的《员工选择程序统一指南》。该准则建议企业，一旦他们的招聘活动受到质疑，应当遵守联邦法案。由于这些准则的出台，法庭也把它们视作评估企业招聘计划的基准。

在接下来的 30 年里，新的法律法规不断出台。1991 年，美国修订了《民权法案》。1990 年，《美国残疾人法案》颁布实施，并于 2008 年重新修订，该法案也涉及了企业的招聘标准。涉及就业的诉讼不断增多，这些诉讼以种族、性别、年龄、残障状况及其他特点等方面的不公平为由，其原告包含了很多广泛定义的群体。

如今，遵守众多的平等就业机会法律并采取反歧视行动，已经成为招聘和录用活动的核心。企业始终担心自己的招聘和录用活动是否违反法律。事实上，人力资源专业人士对他们的招聘计划有没有违反法律的关注，丝毫不亚于对招聘计划运行得多么好的关注，而且，他们这样做，也有着很好的理由。对于与政府发生业务往来或者和其他政府承包商合作的联邦承包商来说，是否遵守法律，可能决定着公司当前的现金流。如果某家公司的招聘和录用活动没有达到政府的要求，OFCCP 可能取消该公司与政府发生业务往来的资格。违反法律还会增加一些别的成本和代价，比如，政府加大审核力度、公司的公众形象受损、私人集团的挑战等，也是令人担忧的事情。很多公司的最高管理者对人力资源部门主管发出明确的信息：绝不能让我们陷入麻烦之中，成为报纸负面新闻的主角。

事实上，根据《员工选择程序统一指南》制定的针对招聘和录用体系的各项法规，加上由众多专业组织出台的其他标准，如今已成为企业定期对照检查的政策法规依据。目前，我们会把这些规则和准则作为招聘和录用流程的另一个事实来加以关注，因为，遵守法律，需要各公司在提升招聘质量的时候对流程进行监控，并且控制已录用员工的素质。这方面的一个好消息是，如果某个企业的招聘和录用计划产生了如图 2-1 所示的结果，那么，该计划可能成功地接受了所有的外部审核，或者说，严格遵守了所有法律。当所有的证据都经过外部的严格审核时，那么，该招聘和录用计划在内容和监管上面的有效性程度，便决定了企业是否能赢得别人提起的诉讼。

2.4　持续优化的原则适用于招聘

避免法律风险的一种主要方法，是把招聘或录用活动看成是和公司其他部门的产品生产或服务提供一样的活动，对其进行持续优化。在招聘中，我们所说的产品指的是人，即新录用的员工。其流程，就是构成公司的招聘和录用计划的任何一种做法。跟其他任何的持续优化措施一样，公司的招聘计划，要将数据收集、分析和优化计划等诸多的环节结合起来，那些环节类似于用来控制公司产品或服务质量差别的环节。

在招聘中，持续优化的效果，是用那些被录用员工给公司带来的工作绩效来衡量的。在这里，绩效分布图的底部，就是优化的对象。持续优化，是指不断提高企业的招聘或录用活动的有效性或检验。提高新录用人员的素质和降低招聘成本或法律风险，是招聘流程优化的目标。

如今，即使是中小型企业用得起的技术平台，也为持续优化所需的数据追踪和分析任务提供了方便，这些平台，以前只有大型企业才用得起。运用这些技术平台的成本，低于一次招聘错误给企业造成的损失。有些解决方案可以持续地测试系统，并且判断招聘和录用可以在哪些方面提高效率。

因此，关于招聘流程的最后一个事实，就是持续流程优化，而所有围绕公司其他领域而不断发展的技术，也适用于招聘和录用。事实上，那正是本书余下的内容中将要阐述的主题：将这些工具付诸应用，并测量招聘和录用的结果。

2.5 本章的四个事实

到这个时候，我们已经了解了四个有关招聘流程的基本事实，所有的事实，都体现了过程优化的概念，并充分利用了在第 1 章中描述的关于人的事实。这些事实包括一些技术工具和降低风险的环节，它们预测了应聘者在工作中绩效的差别。有关招聘流程的这些事实告诉我们如下信息。

1. 运用有效的招聘和录用计划，我们可以预见哪些应聘者的工作绩效最有可能达到或低于我们的期望。随着时间的推移，我们作出的这些预测，有助于从整体上提高全体员工队伍的绩效水平。

2．改进我们对员工绩效水平的预测，在财务上是有体现的。改进后的结果不但可以测量，还可以用来估算招聘流程的经济回报，无论是通过提高员工的工作绩效来实现，还是通过降低招聘成本来实现。而这些都是随着公司对其招聘和录用计划的运行方式的改变而来的。

3．招聘和录用活动要考虑法律的因素。有些措施可以降低法律风险和因此而产生的成本。尽管我们有时候用有效性之类的术语来描述这些措施，但归根结底，它们遵循的逻辑，与公司在质量控制和质量改进活动中所采取的措施的逻辑，是相同的。

4．如果把公司的招聘和录用视为跟制造、物流、运营、财务或其他方面相同的可以持续优化的领域，那么，公司面临的风险会降低，效益会提升。

熟悉了关于人的三个事实以及关于招聘流程的四个事实，是时候将这些知识付诸实际运用了。我首先将介绍几种思维模式，也就是指导怎样将这些事实付诸运用的一些工具箱。

第3章
基本的思维模式

现在，是时候来运用前两章中研究过的七个事实了。不过首先要警告大家的是，这一章包含些许数学知识。我发现，如果用图形来解释数学公式和统计数据的话，人们更容易理解，因此，我在这里会采用那样的叙述方式。大多数观点都以图形和图表的形式来阐述。如果读者希望了解更多的知识，可以在本书余下的部分里找到大量更为详尽的参考资料。

在这里，我保证，只要熟练掌握这些思维模式，那么本书余下的内容就很容易掌握了。掌握了这些思维模式，你便可以用它们来考虑自己的招聘或录用活动。掌握这些思维模式，其真正的好处在于，让你在思考招聘和录用计划的时候，从降低风险和增大回报的角度，都拥有更好的思想框架。

3.1 思维模式1：考虑招聘和录用决策的实质性

从学校毕业后，我找的第一份工作是在一家大型公共会计事务所工作。这家事务所跟它的竞争者一样，分为审计、税务和管理服务等多个部门。其中，管理服务部门的业务包括人力资源咨询。像我这样的人，就在那里经营着我们的业务。

我们有很多的机会去参加一些跨部门的会议。在那些会议上，来自某一部门的员工（比如审计部门），会向别的部门员工解释他们都做了些什么工作，以及这些工作为什么很重要。有一次，我去参加这样的会议，便从审核团队那里学到了“实质性”的概念。他们解释说，在开展财务审计的时候，对于哪些业务足够重要、值得密切关注，他们需要一些标准来界定。对于足够重要、需要密切监视的业务，他们称之为“实质业务”。审核团队还告诉大家，对于一家中等规模的公司来说，一笔价值2.5万美元的业务，可以认为是“实质业务”。

顺便插一句，我的工作，同样也包括帮客户办理“实质业务”。毕竟，设计一些招聘工具来聘用年薪高达10万美元的经理，也是“实质业务”。同样，筹集10万美元来招聘、筛选和选定一名部门运营主管，并确保客户的招聘计划遵循平等就业机会的法律，降低客户输掉官司的可能性，也算得上是“实质业务”。

后来，我又去开了一次会，在会上描述了人力资源咨询部门是如何引导客户做好这些“实质业务”的。我告诉大家，我们有机会将自己的服务介绍给某些重要的审计客户，并将“实质性”的概念引入到招聘和录用活动中。之后不久，我离开了这家事务所，创办了自己的公司。

不过，直到如今，我依然坚持这些理念。如果招聘和录用一位经理算不上“实质业务”，那么什么才算“实质业务”？如果录用一位高管级的管理人员不是“实质业务”，那么什么才是“实质业务”？但是，没有哪些外部机构对这些活动进行审核，同时向股东报告公司是不是遵循了普遍接受的做法，运用了适当的工具，或者制定了一些纠正方案，来避免招聘和录用员工的时候犯同样的错误。虽然我们这些从事人力资源工作的人在使用资金和资源的时候不需要接受财务部门的许可和审计，但我们无时无刻不在办理和评估“实质业务”。

比如，曾有人描述了工作偏离正轨的经理是怎样的情形。他们指出，如果某位经理在履行职责的过程中与公司目标“南辕北辙”，给公司带来的损失包括“要耗费时间和资源去招聘、选择和培训新人的成本，向这位经理支付高级人员去职补偿费，以及公司丧失智力和社会资本、无法实现商业目标、破坏员工士气等方面的隐性成本。”这取决于职位级别的高低，这些损失介于75万美元到2000万美元之间。如果招聘了这样一位失败的经理，那招聘和录用计划会对公司产生怎样的实质影响？如果聘用了最终令整个公司彻底崩溃的高管，又会是怎样的情形？负责招聘的工作人员，难道不是在办理一项项的“实质业务”吗？

当然，在这些例子中，涉及的经理和高管的人数较少，有时甚至只有一个人。但是，如果录用了50位销售员，他们全都只能完成年度销售目标任务的70%，怎么办？如果录用了25位维修工，他们比工厂里其余的维修工的停工时间多出 20%，又怎么办？这些人，难道不是对他们的公司产生了实质影响吗？让这些人得以录用的那些招聘和录用工具，难道没有对公司造成实质影响吗？如果一个拥有 200 名员工的呼叫中心，能够比公司其他部门多留住 25% 的客户，会是怎样的情形？所有这些例子，都涉及一大群人，而且，这一大群人的工作绩效，会对整个公司产生实质影响。

从最严格的财务审计的角度来看，在招聘中作出的决策，哪怕只是录用了一名员工，只要他领走了足够的薪水，招聘决策就完全算得上是“实质业务”。没有什么规则或制度来考核公司作出的招聘决策是不是优秀。没人审核它们，也几乎没有哪个股东质疑它们。对政府而言，只要不违反法律上的平等就业机会，就不会关注它们。

“实质性”的概念，也许看起来是表达某一观点的巧妙方法。不过，事实是，为了正确地招聘和录用员工，存在很多普遍接受的原则。也有一些研究成果（不是管制措施）表明，招聘和录用活动能给公司、股东及相关人员（既包括应聘者，也包括员工）带来更多好处。在财务的框架中表达招聘和录用决策的实质性，方法也有很多。但是，大多数公司还没有做到那一步，只有少部分的公司已经做到了。

3.2　思维模式 2：提高正确决策的概率

在纸牌游戏“21 点”中，要想长期赢下去，该怎么做？康奈尔大学数学系的那些人告诉我们，即使根据最为有利的规则，赌场的胜率也不会低于 0.16%。在更为常见的情况下，玩家的赔率约为 6%。因此，如果你在接下来的一个月里，每天玩 8 个小时的 21 点游戏，可以预见，每 1 美元赌金中，你会输掉 6 美分。没错，有时候你的确会赢几把；甚至不时赢几把大的。但从长期看来，你会输掉大笔的钱。

如果你能做一些事情，将你赢的机会只提高 10%，会怎样？那可能意味着，从长远看，你带去的每 1 美元赌金，最终回到你手里会变成 1.03 美元。如果连续玩一个月，每天玩 8 个小时，你将赢到一笔数目不小的钱。那只是小幅度地提高了赢钱的概率，但却能给你带来巨大的回报。你改进的时间越长，赚得也就越多。

当我们着手通过优化招聘决策来赚取回报时，要将这种提高正确决策概率的视角，作为另一种思考模式。提高正确决策的概率，与招聘是相符的，因为招聘活动本身，也是一场不断改进的游戏。在这样的游戏中，招聘和录用专家可以做得更好，但也总是犯下错误。不论我们添加到这一活动中的策略或工具是什么，也不论我们进行了多么详细的尽职调查，我们还是会犯错误。在寻找最优秀人才方面通过纠正和提高平均成功率的方法，我们可以增大作出正确招聘决策的概率。虽然我们还是会继续犯错，但不那么多了。

3.3　思维模式 3：提高有效性

形象地观察提高正确招聘决策概率的一种方法，涉及我们在第 2 章中介绍的有效性概念。在那一章中，我详细展示了有效的招聘计划是如何真正地预见了应聘者未来的工作绩效的。图 3-1 解释了这一概念。

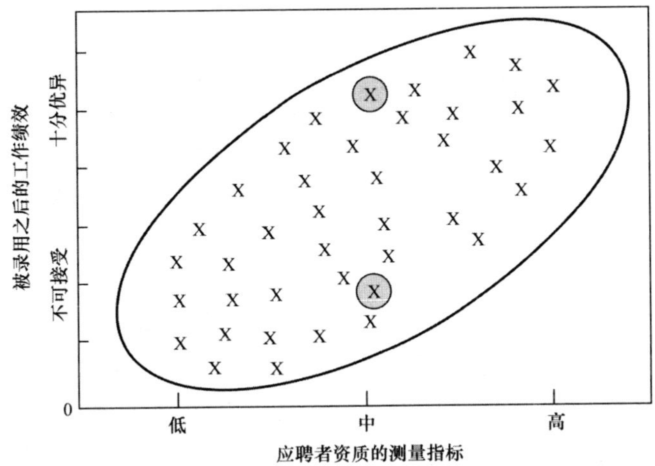

图 3–1　相对较低的有效性也可以提高作出正确招聘决策的概率

注：把面试官对应聘者销售技能的评价作为资质测量指标的例子

在这张图中，将有关应聘者的信息（面试评估结果）与他的工作绩效联系起来的模式，并不是十分严谨，但从总体上看，还是有一个固定模式可寻。在这一例子中，获得了最佳面试评估结果的应聘者，一旦正式录用，往往工作绩效优秀得多；事实上，最合格的应聘者，其工作绩效也通常为人们所接受。而获得最差面试评估结果的应聘者，一旦正式录用，往往工作绩效差得多；面试评估得分最低的应聘者，一般也是工作绩效最差的员工。

尽管如此，在面试中被评为某个特定等级的应聘者，一旦获得正式录用，他们的工作绩效也大不相同。图中两个加了圆圈的 X 表明，两位在面试评估结果中相差不大的应聘者，工作绩效却大相径庭。将这个图放到现实中考虑，如果企业将面试官对应聘者的评价与录用的员工随后的工作绩效联系起来，实际上能够判断得更准确一些。

如图 3-2 所示，应聘者的资质（一组技能）与他们在被录用之后的工作绩效之间的联系更紧密一些。这个招聘计划的有效性更高。最重要的是，准确预测那些在测试中显示同等资质的应聘者工作绩效的概率，大了很多。图中两个加了圆圈的 X 表明，两个在测试中得分相同的应聘者的工作绩效，比起图 3-1 中所展示的情形，处在一个更窄的区间之内（也就是说，可预见性更强）。

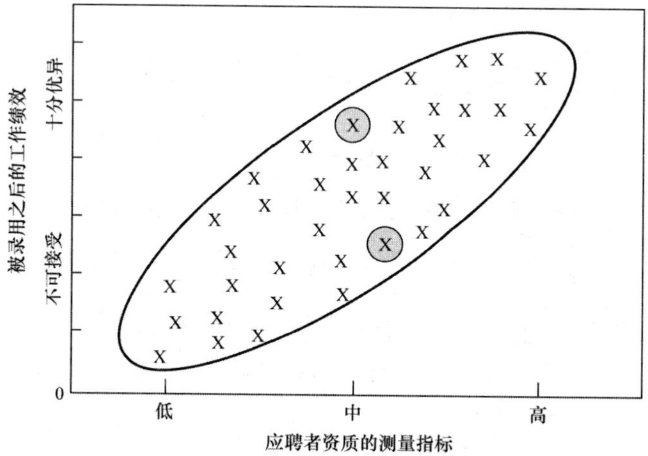

图 3–2　有效性更高意味着能够更准确地预测应聘者被录用之后的工作绩效

注：针对新手进行一系列技能测试的例子

在这一例子中，可以说，技能测试比面试过程更为有效。作为参考，使用精心设计的就业前测试来预测技术人员的工作绩效时，我们可以观察到的规律，跟图 3-2 中的情况类似。

展示这两张图，目的是为我们所追求的目标设定一幅心理图像。我们追求的目标有两个：一是使我们录用那些工作绩效达到期望值的员工的概率更大，二是使我们更准确判断哪位应聘者在正式录用之后工作绩效更优异的概率更大。提高了招聘计划的有效性，也增大了准确判断谁的工作绩效会达到我们的期望的概率。

随后，我会将这两个简单的图与一些稍稍复杂的数学公式结合起来，该公式有助于我们估算某个特定的招聘和录用计划可能为公司带来的经济效益。不过眼下，重要的是描述这一心理图像，它使招聘和录用计划考虑的内容与新录用员工的工作绩效之间的联系更加紧密。

关于这种思考模式，还有一个观点很重要。图 3-1 和图 3-2 展示了针对以下这一情形的模型：应聘者资质的测量指标，在一个从低到高的范围中变化，如测试得分、面试评估结果，或者受教育程度等。在员工获得录用之后对其工作绩效的测量结果，同样也从低到高变化，如完成销售任务的百分比、生产率、上司给出的工作绩效评价等。

测量结果并没有如此精心排列时，这种思维模式依然正确。例如，倘若你想预测新录用员工会不会在刚上班的头一个季度就离职。这可是一件让很多呼叫中心经理头疼的事情。打个比方，你打算用一种测量应聘者资质的方法来做这件事情，这种测量法考察应聘者以前的工作经验。这样的话，它只能简单地测量应聘者有无经验。如图 3-3 所示为这种简单的二维测量方法的结果。

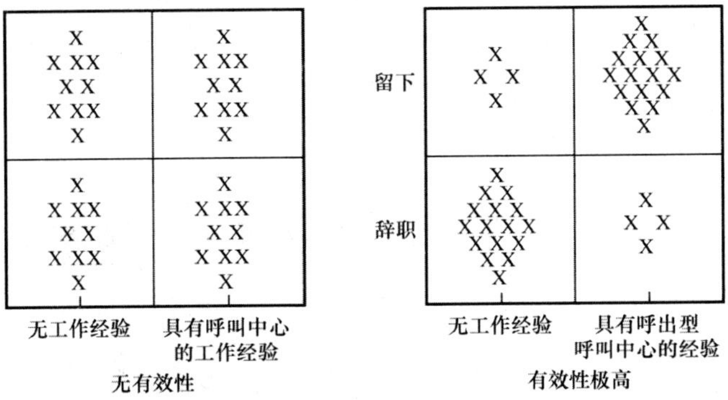

图 3–3　将有效性的概念应用到更加简单的“录用还是拒绝”的标准之中

图 3-3 的左侧展示了一个招聘计划，其中，曾在呼叫中心工作过的应聘者与不具备这一经验的应聘者形成对比，来表明他们过去的工作经验。图中的结果显示，这样的测量结果并没有告诉我们，新录用的员工会不会在到岗后的头一个季度内就辞职走人。不管他们具备还是不具备这样的经验，X 所代表的“辞职”和“留下”的员工数量，是完全相同的。这种简单的 2×2 展示法，实际上看上去像一个圆，很像我们在第 2 章中介绍过的不具备有效性的流程。

图 3-3 的右侧则展示了一种完全不同的经验测量方法的结果：拥有在呼出型呼叫中心工作经验的应聘者，与不具备这一经验的应聘者形成对比。在这里可以明显看出，拥有那种工作经验的应聘者，不会在刚刚工作的头一个季度内辞职走人的概率大为提高。这种简单的 2×2 展示法，有点儿像一个椭圆——有效流程的定义。

在图 3-3 中，一种对应聘者资质的测量是有效的，另一种是无效的。使用有效的测量方法，提高了控制新录用员工流失率的可能性，而使用无效的测量方法，则做不到这一点。鉴于每一次员工流失会给公司带来巨大的成本，包括招聘成本、培训成本、工资支出、奖金福利等，那么，其中那个减少了员工流失率的有效的招聘计划，其效益是可以测量的；另一个招聘计划则做不到。

提高某种招聘工具有效性的理念，涉及对应聘者被录用后工作绩效的测量，无论这一工具是得到了精心的调整，还是只产生了简单的“录用还是拒绝”的标准。图 3-4 更详细地进行了图解。这个新的概念其实很简单。有效的招聘工具产生的信息，可以用来作出对拥有各个层次特定资质的应聘者未来工作绩效的最佳预测。根据一种称为回归分析的简单的统计学方法，这种最佳预测，在图中是一条穿过 X 的直线。

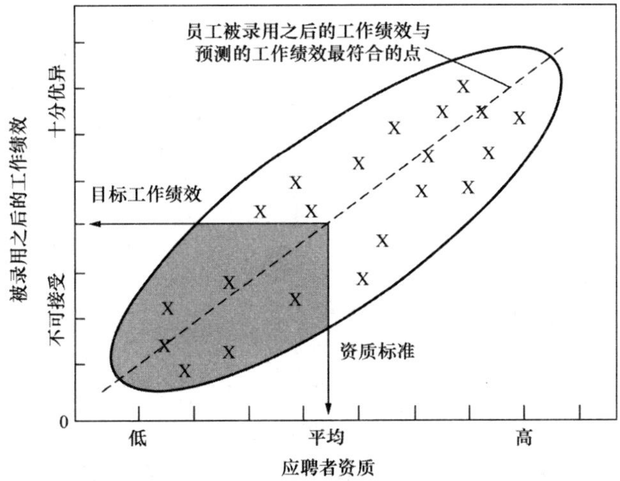

图 3–4　有效的筛选过程有助于设定一个资质标准用来确定哪些应聘者的工作绩效能达到目标水平

希望招聘和录用到工作绩效达到或高于目标绩效水平的员工的企业，可以运用这种最佳预测来确定某个应聘者的资质标准，该标准能够预测他们将来的工作绩效能不能达到或高于目标水平。

如图 3-4 所示，确定最终目标绩效水平的统计数据处在纵轴上哪个位置，将其与横轴上的资质标准结合起来。而结合了这两个指标的方式，就是最佳的预测方式。低于这一资质标准的应聘者就拒绝录用，因为图中的数据预测了他们将来的工作绩效低于目标绩效水平。

如图 3-5 所示，上述简要介绍的程序，也会犯下一些错误。要记住，我们的意图是提高录用工作绩效达到或超过目标绩效水平员工的概率。尽管有效的流程提高了这样的概率，但它并非完美无缺。

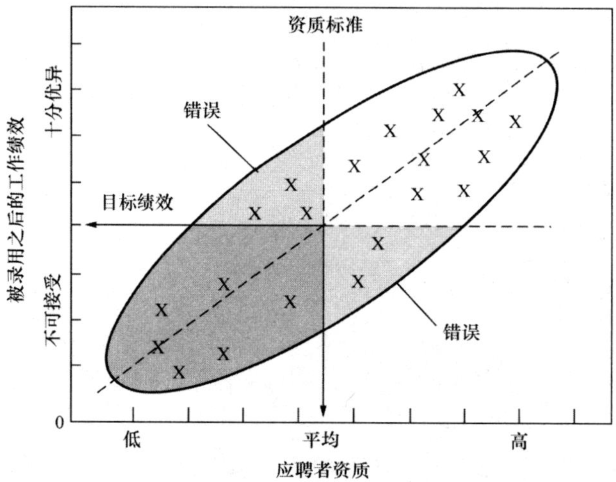

图 3–5　有效的招聘和录用计划也可能犯错误

如图 3-5 所示，有些在资质测量中存在不足的应聘者，其工作绩效也许是可以接受的。而有些通过了资质测量的应聘者，其工作绩效却不可接受。类似这样的错误无法避免，因为资质测量方法绝不可能完美地预测应聘者的工作绩效。影响人类行为的因素实在太多了，无论是在他们被公司录用之前还是之后，因此，我们不能指望哪个招聘流程能够作出完美的预测。

几年前，我们录用了一位电脑“神童”。那年他才 20 岁，就帮我们公司为客户制定了一系列极为先进的技术解决方案，给客户留下了深刻的印象，也让我们在众多的竞争者中脱颖而出。在我们公司内部，这个人被尊为年轻的电脑天才。但是，一年后我们发现，这位神童在以某种特殊的方式来发挥他的才能。他一直在收取客户的佣金，并且将这些钱存入一个名字与我们公司的名字非常接近的公司中。后来，他一到周末就用这些钱飞到欧洲，去里维埃拉的赌场中玩，并在东欧找了一位女朋友！如今看来，那次招聘这位电脑天才的决策，成了一次损失惨重的错误！

因此，错误总是难以避免的。不过，图3-5中图解的概念表明，准确地预测哪些应聘者将来的工作绩效可以接受、哪些不可接受的可能性，远远超过犯错误的可能性。如果在一段时间之内运用一种有效的做法，你可以通过提高作出正确决策的概率，来大幅度地增加因此带来的经济效益。当招聘录用的员工数量庞大时，即使是小幅度的改进，也能明显提升公司的收益。

3.4 三种思维模式的共性

每位人力资源专家和招聘经理，每天都在运用刚刚探讨过的三种思维模式——实质性、提高概率和有效性，只是以一种常识的方式在运用罢了。这些思维模式中的创新，在于评估方法的创新，用以评估运用它们给公司带来的经济影响。现场研究和技术将各种统计建模工具结合起来，这些工具预测了替代的招聘和录用方法的经济效益，并且有助于指导公司作出投资回报的决策。我们在接下来的几章里会讨论这一主题。

不过，概括地讲，我介绍的三种思维模式，有几个共同的特点。

- 它们依靠数十年的研究，这些研究表明，在招聘和录用流程中收集的信息，可以用来预测应聘者未来的工作绩效。

- 它们都承认，对录用应聘者之后的工作绩效的预测，不可能百分之百准确，总会出现一些错误。只要降低出现错误的可能性，并提高作出正确预测的可能性，就可以增加经济回报。
- 它们提供了一整套方法来分析任何招聘流程的好坏，表明招聘流程在多大程度上提高了作出正确预测的可能性。这些方法，能够将提高正确决策的概率，转变为真正的经济效益。

在接下来的几章里，我将着重阐述如何改进招聘和录用计划，如使用一些工具、技术和支持系统等。不过，在接下来的两章里，我们首先要跳过这些内容，转而讨论使用了这些计划的企业已经收获的经济回报。我会把刚刚探讨过的思维模式紧密结合起来，并且向大家演示各组织如何将它们付诸于应用，从而带来了真正的经济效益。第 4 章将列举一些例子，来证实某些职位的应聘者的确能给组织带来经济效益。在这些职位中，我们可以运用定量的硬标准很容易地测量员工的工作绩效，同时，这些职位所录用人员的工作绩效，既可以通过改进招聘流程来提高，也可以非常精确地被追踪和记录。

第 4 章 用硬指标衡量回报

第 1 章和第 2 章简要介绍了关于人的三个事实以及关于招聘流程的四个事实，它们是制定招聘和录用计划的基础。接着，第 3 章介绍了在观察招聘和录用计划的经济回报时使用的一些思维模式。你也许希望本章会解决怎么做的问题，换句话说，告诉你怎样制定一个能够经常作出百万美元决策的招聘和录用计划。

但相反，在本章中，我将设法激起你们更大的兴趣。介绍怎样设计这样的招聘和录用计划，得花上好几章的篇幅，比如，要详细介绍从简历筛选到评估推荐人的环节，从测试到技术等各种要素。还要用一章的篇幅来观察它们在法律上的缺陷（即怎么避免去做），并更多地讨论真正带来经济回报的持续优化的思维模式。不过在这里，我直接跳过所有这些，转而向大家介绍，当企业真正作出了正确的招聘决策时，会获得怎样的回报。

我的动机其实很简单——想抓住你们的兴趣，让你们知道，采用了本书介绍的精心设计的招聘和录用计划后，的确能够带来效益，而且是看得见、摸得着、靠得住的效益。如果在本章中能成功地说服了你们，那么，你们会对后面的内容非常感兴趣。

4.1 从何入手

要衡量作出更明智招聘决策的经济回报，有两种方法。首先，其结果是可以用客观的标准来追踪的。我已经扼要地介绍过了其中一些结果，比如计算销售额的指标、产出单位的数量、犯错的次数，以及招聘流程中产生的成本，等等。有些客观的指标更注重管理方面的特点，而不是以工作绩效为导向，比如员工流失率、旷工现象、办事效率及出事故的概率。不过，这些负面的指标，跟那些正面的指标一样，也可以用硬数据来追踪。

当招聘的结果能够以这样的方式测量的时候，那么，追踪观察更明智的招聘决策带来的经济回报，也就更加直接明了。不过，对很多工作岗位来说，人们很难提出客观的绩效测量标准，如会计师、软件工程师、空中小姐，甚至是政治家。事实上，对大多数的岗位而言，工作绩效的硬指标，并不像评估这个人能够怎样履行岗位的核心职责那样重要。比方说，对于老师这一职业，的确可以通过一些硬数据来测量其工作绩效，如他们的学生在标准测试中的得分等，但是，提高学生的分数，难道就是老师的核心职责吗？在大多数的职业里，评估你做了什么以及你怎样做，并不一定符合用数字来体现的标准。

对那些职业来说，要测量更好的招聘和录用活动可以带来的回报，难度更大，而且，需要采用一种不同的思维模式。由于太多的职业都纳入这一类别，因此，我将专门用一章的篇幅（第5章）来介绍那些不可能用定量的硬标准来测量经济回报的情形。

在这里我将介绍的情形，既可以用硬指标来追踪的，又可以用硬数据来记录更高效的招聘和录用活动会给公司带来的积极影响。最常用到的标准有：

- 销售额——商业追求的最高目标，通常根据销售量、完成目标任务的百分比、留住的客户的比率，以及其他指标来追踪。
- 员工流失率——这是呼叫中心、零售业、餐饮业和其他看起来流动性很强的职业中经常面临的问题。
- 生产率——这不仅仅对于制造业中的职位非常关键，还包括其他的职位，其中，员工努力的结果，不仅可以根据数量来计数，还可以根据质量、成本、速度和其他标准来计算。
- 事故和伤害率——这些是发生频率较低但成本很高的事件，通常对汽车驾驶员、建筑工人、熟练的交易员工，以及从事体力劳动的员工等进行追踪观察。

其他定量的绩效指标也符合这一大类，但大多数情况下，往往归入两个大类中的一个：测量工作成果的数量或质量的指标，以及测量管理成果（如员工流失率、偷盗或终止劳动合同等）的指标。在这两种情况中，关键问题是：更好的招聘和录用计划能够从多大程度上提高那些指标。企业可以看到什么样的回报？让我们一个一个地介绍这四类指标，并举出一些真正获得经济回报的例子。

4.2 提高销售额

在私营企业里，大家往往更加关注如何网罗那些才华出众的销售人员，而不太关注招聘和录用别的岗位的员工。这是有道理的，因为销售员是将企业的产品或服务与客户联系起来的纽带，而客户可以说是企业的“衣食父母”，决定着企业的生死存亡。即使是最好的产品，也不会自己开口说自己好；这些事情要留给销售员去做。建设一支强大的销售员队伍，即使公司的产品普普通通，属于“大路货”，公司也能取得成功。而如果销售员队伍组织涣散，能力不强，即使公司的产品是业内最佳，公司也无法维持下去。如果你招聘和录用的销售员工作效率比竞争对手的销售员高出 10%，那你就是公司的英雄。

2009 年年底的时候，美国劳工统计局的数据显示，近 1600 万名美国在职人员，或者说，占到美国所有劳动力 11% 左右的人，都在从事销售业。预计到 2018 年，那一数字将会上升到 1700 万左右。大约 220 万人担任管理或监管职务，870 万人在零售业工作，200 万人在批发业工作，160 万人在从事服务的推销。这些人数，比全美国在生产岗位上工作的员工（约 1000 万）多出了 50%，而且比全美国的管理、商业、财务岗位的所有人数（1570 万）还多。

与其他岗位的专业人员相比，招聘销售员所需作出的决策往往要承担更大风险。销售员不仅要面对领导、客户和潜在客户，还要全力为客户承担义务、作出承诺，有时候甚至要稍稍自夸一下，而公司的其他员工几乎没什么机会这样做。差劲的销售员，可能在他们自己还没有察觉到的时候，就给公司带来了大麻烦。

如果说招聘和录用更优秀的人才有可能给公司带来更大经济效益的话，那主要是指招聘和录用更优秀的销售员。因此，大家看到如此众多的服务提供商，专门围绕销售人员的招聘、筛选、测试和面试提供服务，大可不必吃惊。同样不必大惊小怪的是，各组织都在努力提高招聘到优秀销售员的机会，并且限制在这方面的风险。因此，让我们来研究一下那些有效的招聘计划给公司带来的经济效益。

表 4-1 展示了五种情形。其中，更好的招聘和录用工具，可以通过销售业绩来测量其经济回报。这五种情形涵盖了一系列的职业类别和行业。它们还提供了不同级别的销售员的例子，从金融服务到害虫防治工作。我并没有试图把所有的情形都包括进来，否则的话，还可以增加数百个这样的例子。不过，在这里我的目的是向大家展示招聘和录用工作的重要性，并且例证能够带来真正效益的一系列招聘和录用工具。

表 4–1　用来提高销售额的招聘解决方案及其取得的经济回报

职　位	新的招聘解决方案	取得的经济回报
金融服务公司经理	引入一个评估工具，使得应聘者与该职位理想的职位简介相匹配	达到职位简介要求的经理每年的销售额，比那些未达到职位简介要求的经理每年的销售额，平均多出 17.5 万美元

续表

职　位	新的招聘解决方案	取得的经济回报
计算机系统公司专业销售人员	引入一种基于网络的工具，以便评估应聘者的销售观念、可靠性和后续措施、适应能力，以及解决实际问题的技能	在完成季度的营业收入目标任务方面，得分高的应聘者比普通应聘者的绩效高出14%，平均算起来，每名销售代表每季度增加150万美元
财务顾问	引入了两项针对个性和职业爱好的调查，以便对照工作的总体最低要求来描述应聘者	在管理的资产规模上，达到职位简介要求的顾问比其他顾问多出约100万美元
化妆品公司销售代表	引入了评估个性的积极面和阴暗面的工具，以判断应聘者是否具有很强的销售素质	达到素质要求的应聘者，每年的销售额平均约为400万美元；达不到素质要求的应聘者，每年的销售额平均为87.5万美元
害虫防控技师	增加了一个基于网络的评估工具，以便将应聘者与职位简介相匹配	与职位简介相匹配的技师，比那些不匹配的技师，创造了多达两倍的销售收入

对招聘和录用流程的优化，无论是增加了“能力”方面的素质指标，还是增加了“态度”方面的素质指标，其结果都表明，新录用人员达到和超过了他们的销售目标任务。新的程序带来了显著的回报。有些例子的销售额翻了一番；另一些例子则显示，每位销售员的销售额增长了数百万美元。

大多数例子，都是在应聘者筛选过程的早期就开始进行流程优化——很多优化，等到最初的筛选一结束就马上开始，并且在应聘者来公司实地参观，由招聘主管进行面试，以及其他一些花费更大的环节开始之前，就着手优化。其中，某些额外的回报还无法以硬数字来显示，比如说，避免了浪费时间和金钱去和那些资质不符合要求的应聘者当面会谈等。

还要注意的一个事实是，在所有的例子中，要么出现了基本能力的测试工具，要么出现了个性测试工具。这并不意味着别的方法都不值得添加进来，而只是表明，大多数对提升销售额的研究，侧重于使用这类工具。每次采用这些新工具的成本，折算起来每名应聘者不超过 100 美元，这个数额与它们能带来的经济效益相比，实在不值一提。

还有一个重点并没有在表 4-1 中直接体现出来。针对提高招聘和录用流程有效性的大量研究表明，所带来的经济效益是累加的。换句话说，假如将一种精心设计的预筛选的面试，添加到能力和态度等方面素质的测试之中，其经济回报还会增加。如果在预筛选和测试的计划中还增加一个根据行为来评判个性的面试过程，经济回报甚至会进一步增加。在后面的内容中，我会探讨这类可以用这种方式结合起来使用的工具，以便为某一特定职位的招聘产生最大的经济回报，甚至显现出累加的价值。不过现在，我将继续阐述这一概念：在整个流程中添加更多的招聘和录用要素，可以增加经济回报。

经济回报也有减少的时候，但研究表明，只要每一种添加到招聘和录用流程中的工具充分运用了带入到工作中的其他相关的胜任力。[“胜任力”（competency）这个概念最早由哈佛大学教授戴维·麦克利兰（David McClelland）于 1973 年正式提出，是指能将某一工作中的卓越成就者与普通者区分开来的个人的深层次特征，它可以是动机、特质、自我形象、态度或价值观、某领域知识、认知或行为技能等任何可以被可靠测量或计数的并且能显著区分优秀与一般绩效的个体特征——译者注。] 那么，招聘和录用流程的经济回报就会增加。在销售员的招聘中，这一概念格外重要。

4.3　降低流失率

每年，美国接近 20% 的在职员工会辞去他们的工作。也就是说，每年大约有 3000 万名员工流失。在某些公司，比如休闲和医疗类、零售、建筑业的公司，员工平均的流失率约为 50%。只有少数几种职业的员工流失率低于 15%。大家可以想象一下沃尔玛面临的挑战，该公司每年要更新 40% 以上的员工，而它在全世界范围内的员工总数接近 200 万人。

当劳动力市场比较火热时，企业不得不全力以赴地降低员工流失率。当失业率上升时，自愿流出的员工就会减少，这是理所当然的。你想预测一下你的组织可能面临的员工流失率吗？过去 30 多年来收集的数据显示，全美国总体的失业率，与整个国家平均的员工流失率的关联系数，达到 0.86（也就是说，预测接近完美）。解释这一点的另一种方法是，在所有行业中，失业率和平均员工流失率是一同变化的。失业率下降，员工流失率就会上升。

但即使是在高失业率时期，员工流失也伴随着巨额的经济损失。员工离开之时给公司带来的损失，大多数体现在招聘广告、筛选应聘者、应聘者入职、培训，以及弥补由于员工离职造成的机会损失等方面的巨额费用上。

当一位任职时间相当长、工作绩效低下的员工离开，公司用一名工作绩效更优异、工资待遇最低的员工来取代前者的时候，实际上对公司来说是有益的。但当一位工作绩效优异的员工离开，取而代之的是一位绩效低下的员工，那么，这样的流失是有害的。有害的员工流失是最令企业头疼的，但不管是什么类型的流失，都会花费一定的成本。

当企业打算为员工更替、培训和因此而造成的生产率下降而买单时，研究表明，每次的总成本，介于该员工年薪的 1~2 倍之间，专业技术人员和管理人员的岗位，尤其如此。有些成本并不能直接测量，因为从外部招聘新手后，还要耗费资金对其进行培训，或者支付给新任高管的安家费，也得要企业来承担。所以说，降低员工流失率，明显有利于公司节约成本。

当前人们普遍认为，员工流失是某位员工在被公司录用之后发生的事情。“员工辞去的不是工作，而是企业”这种流行说法，促使人力资源部门努力确保员工的上司能够清楚地认识员工的需要和理想，并且提供建设性的支持，而不是在没有调动员工积极性的情况下就赶走他们。

如果这一观点站得住脚，那么，更好的招聘和录用计划能够减少员工流失吗？答案是肯定的。有证据表明，员工和上司的关系，对流失现象是有影响的。但很多证据还显示，简明直接的招聘和录用方法，也可以显著降低员工流失率。这两种观点着眼于两个根本不同的因素。接受其中一种观点，并不排除另一种观点存在的可能性。

从方式方法上来说，我们可以运用招聘和录用工具来判断，哪些员工不论面对怎样的上司，都不太可能流失。这些方法侧重于将那些要么缺乏能力方面的素质，要么缺乏态度方面的素质的应聘者排除在外，因为这些应聘者，不论他们的上司怎样对待他们，都会影响公司获得成功的可能性。让我们看一些例子。表 4-2 总结了降低员工流失率的真正结果，同时也收集了一系列的资料，包括很多不同的职业，并且将企业改进招聘和录用流程的不同成果结合起来考虑。

表 4–2　用来降低员工流失率的招聘解决方案及其取得的经济回报

职　位	新的招聘解决方案	取得的经济回报
国际临时服务公司办公室主管	对照历史数据评审了应聘者申请表上的得分信息，以预测短期内流失的可能性	使用应聘者的申请表作为预筛选的剔除因子时，第一年内流失的比率下降得多于 25%
金融服务销售代表	在招聘流程中添加了一个基于网络的评估工具，以便将应聘者的价值观与职位要求联系起来	员工的流失率从 48% 下降到 18%。在第 1 个年头，不到 300 名员工流失，节约了招聘费用 450 万元
电信公司销售岗位	将一个测量工作场所个性因素的测试，添加到一场结构化面试和角色扮演的评估练习中，并且在一场特定的“使用和不用”的试验研究中评估了应聘者的个性	在没有使用新工具的人中，流失率为 27%，已经使用了新工具的人中，流失率只有 14%。在使用了新工具的最初 14 周里，人员补充的成本节约了近 67.5 万美元
家居饰品零售店的一线员工	增加了一个测试，以评估应聘者的工作理念、执行指令的能力、判断力，以及应聘者的兴趣与工作环境是否匹配	年度的流失率降低了 10%~30%，其结果因地理位置的变化而不同
汽车维修技师	用有针对性地在网上发布海报来替代招聘流程，并且将自动化的预筛选程序、基于应聘者行为的面试和胜任力模式结合起来	在第一年里，员工在头一个月流失的比率从 50% 以上下降到近 5%。招聘经理从以前每 8 个人中只能招聘 1 个人，提高到现在的每 2 个人中招聘 1 个人

在表 4-2 里的一些例子中，单个工具便产生了经济效益，如增加了一个新的评估测试，采用了一个个性观察工具，或是引入了一种用来筛选应

聘者简历的更加正规的方法。在其他例子中，改变了搜寻人才的总体方法，从而得到了表中的结果。

表 4-1 中临时服务办公室主管的例子，只是对应聘者简历中提取的信息进行一次简单的审核，就能将第一年的员工流失率降低 25% 以上。在金融服务销售代表的例子中，招聘和录用流程唯一的变化，就是添加了一个用网络管理的评估工具，该工具目的是将应聘者的价值观和偏好与职位要求匹配起来。其结果是，每年的员工流失率降低得多于 60%，而且生产率出现了明显增长，而每名应聘者的招聘成本不到 100 美元。

电信公司销售岗位和家居饰品零售店一线员工的两个例子，都将衡量应聘者的能力和态度两方面素质的指标添加到应聘者筛选过程之中。同样，员工流失率都明显下降。在汽车维修技师的例子中，尽管该职位是个低级职位，但该例子证实了维修店企业的招聘和录用流程出现了更大范围的改变。在这里，应聘者被维修店录用后，只待了一个月，就有超过 50% 的人离开。一直以来，招聘和筛选的流程，只接受那些前来应聘的应聘者的申请，然后核实其是否拥有汽车维修的经验，再进行一次面试，最后作出招聘决策。大家注意到，超过一半的被录用员工，会在不到一个月的时间里跳槽，通常是跳槽到竞争者的旗下。

维修店急于关上这扇员工流出的大门，于是对岗位职责进行了审核，那些职责包括：更换机油，给汽车加润滑油，检查电池、轮胎、减震器及消声器等。审核之后发现，该职位确实不需要进行汽车维修技术的培训。事实上，只要热爱汽车或有这种爱好的人，通常可以在短期培训后，很快适应这一岗位的要求。

于是，维修店采用了一种在网络上发布招聘海报的方法，并且要求应聘者对汽车维修有一定的兴趣。接下来，服务中心经理运用一种观察应聘者行为的面试方法，不看应聘者的技术能力，而只看胜任力，比如对职业领域的学习有着浓厚的兴趣，有着强烈的动机在工作中边干边学，渴望成功等。

整个程序开始包含预筛选和更有针对性的面试等环节，但正是这些全新的招聘和录用工具，产生了经济回报。令人惊奇的是，员工在第一个月内流失的比率，下降了 90%。

如今，有些类型的工具和程序重新设计的环节，可以降低员工流失率，这一点，已经有清晰的证据来证明。从表 4-2 中可以看出，公司获得的经济回报是丰厚的，相比之下，运用这些工具和程序的成本则非常低。同时，谈到改进，很多时候技术也可以替代管理。

如我们在提高销售额的讨论中曾探讨的那样，研究表明，将一系列互补的工具有机结合起来，而不是简单地叠加在一起，能为企业带来更大的经济效益。研究结果还表明，这样做甚至还有一些额外的益处。多数情况下，那些有着强烈的跳槽倾向的人，也正是那些在公司中工作绩效不太优秀的人。在实际运用中，降低了员工流失率的招聘和录用工具，往往也能招聘到工作绩效更优秀的员工。

4.4 提高生产率

很多组织追踪一系列以生产率为导向的测量指标，以评估是否取得了成功。通常情况下，他们用这些指标来观察单个员工的情况，比如，每小时接电话的次数，每天处理客户的投诉数量，每周的宣传时长，每个班生产的产品件数，启动一次生产时需要的时间，等等。在有些职业中，计件系统通常将工资与这些生产率指标结合起来。

在关注产量的岗位上，招聘和录用解决方案，往往侧重于判断应聘者在上述指标中的任何一项上有没有表现更为优秀的工作绩效。有时，这意味着要招聘那些拥有工作经验的人。有时，则意味着要对应聘者进行筛选，筛选的门槛是他们具不具备学习这一工作所需的技能，以及是否能迅速达到生产率标准等。如果生产过程中需要承受一定的压力，那意味着还需要评估应聘者的软技能，如毅力、动力或适应能力。

要了解更好的招聘和录用计划怎样为以生产率为导向的职位招聘到工作绩效更优秀的员工，见表 4-3。

在表 4-3 的例子中，生产率的概念以不同的形式来表现：产生额外的营业收入和利润、学会某一工作并更迅速地达到标准、留住当前客户。不论是哪种情况，一系列测量应聘者能力和态度两方面素质的工具，能给公司带来经济回报。

特别是在制造业中，很显然，基本的学习能力加上良好的工作习惯和团队协作技能，是达到较高生产率标准的关键。人们发明了很多的工具，在招聘流程的早期就用来评估应聘者的能力和态度。鉴于在以生产率为导向的公司里，初级员工的数量十分庞大，因此，即使是在招聘和录用流程的这一环节上作出微小的改进，也能产生极大的回报。

表 4–3　用于提高生产率的招聘解决计划及其取得的经济回报

职　位	新的招聘解决方案	取得的经济回报
航运经理	引入了一个测试应聘者是否与职位相符的工具，来根据职位分析结果判断航运经理是否与职位简介相符	依照新的流程招聘的经理，在营业收入上增加了近 25%，同时使客户关于破损货物的投诉减少了近 50%
食品零售店员工	在以前的招聘流程上对应聘者增加了一个逼真的职业预演、一项测量应聘者与职位相符程度的评估，以及一个结构化面试	在采用这一招聘计划 1 年后，这家组织发现其利润增长了 2100 万美元
电子设备公司生产组装工人	为了观察应聘者与职位要求描述是否相匹配，在面试和药物测试的程序中设计了一组基本能力的测试	选择新程序招聘的员工，比那些采纳了绩效提高建议的员工，生产率提高了三倍多
消费品公司中的生产工人	在招聘面试程序上增加了一组基本的能力测试	一线管理人员报告说，70% 的新录用员工学会了做这项工作，并且比以前招聘的员工更快地达到了生产率标准
账户经理	引入了两组职场个性的测试，以确定哪些账户经理更能留住客户	那些达到了职位简介要求的应聘者，平均每年损失近 6000 美元的业务。那些没有达到职位简介要求的应聘者，平均每年损失近 10000 美元的业务

4.5　降低事故和伤亡率

随着我们的经济专业性越来越强，以及服务业越来越兴盛，工作中的事故和伤害也在各职业中越来越少。然而，对某些职业来说，员工依然担心事故或伤害的出现，那些职业包括：挖掘和建筑工人、石油和天然气生产工人、公用事业工人、森林和木制品生产工人、矿工等。对其他一些职业，事故或伤害则是承包商的心头大患，如驾驶人员、重型设备操作工，以及消防人员。

虽然在总体上出现事故或伤害的员工数量相对较低，但美国劳工统计局的数据显示，2007年，有5657名工人出现人身伤亡事故。每100名全职工人中，约有4人受到伤害。与此同时，每100名员工中，超过2名员工由于工伤而失去继续工作的能力。同年，数据表明，约有53000次的运输相关岗位出现了伤害。即使是今天，与保险、善后处理、误工时间及诉讼相关的巨额费用，意味着工作场所的事故和伤害，依然是很多企业担心的一个方面。

减少事故和伤害的努力，很大程度上着眼于培训、工作场所的改造、使用安全和保护设备，以及其他措施。在这里，招聘和录用计划也可以在两种情况下带来回报。首先，在某些情况下，应聘者往往会过度冒险，忽视制度和程序，作出错误的决定，这些都增大了应聘者进入工作场所之后出现事故和伤害的可能性。在另一些情况下，应聘者的身体状况不仅决定了应聘者能够完成工作任务的可能性，也决定了在完成任务过程中受到伤害的可能性。

不同类型的招聘和录用工具，可以用来应对这两种情况。所有的工具都考虑了这样一个事实：事故和伤害有一个重要的特点，即发生的频率很低，但损失却十分巨大。因此，旨在通过降低事故或伤害率给公司带来经济回报的招聘工具，需要在这样的情形中运营：大多数应聘者能够在被录用之后，在工作中不出现事故，但是，仍然有相当少的员工会出现事故或伤害，因而给企业带来巨大损失，所以，事故和伤害的挑战，依然是存在的。

表 4-4 例证了招聘和录用流程通过减少事故或伤害而产生经济回报的情形。这些职业涵盖的面非常广泛，从铁路机车工程师到州政府职员。在引入了一些几乎无须花时间去管理的工具之后，这些招聘和录用解决方案，大大地减少了不希望看到的后果。

表 4–4　用于降低事故和伤害率的招聘解决方案及其取得的经济回报

职　位	新的招聘解决方案	取得的经济回报
货运汽车驾驶员	在招聘流程上增加了一个职场个性测试，以评估应聘者违反规则的可能性	通过这一新测试的货运汽车驾驶员，事故率为 12%，之前为 28%
食品加工厂的生产工人	在一整套的能力测试、团队面试和心理测试之中增加了一个实际动手操作的测试，对工作中的托举和搬运重物进行模拟	一次为期三年的后续研究的结果表明，通过了这一新测试的生产工人，可能平均每 1624 天出现一次事故。而在采用这一测试之前，事故发生的频率是每 307 天出现一次。在伤害率方面出现了五倍的下降
机车工程师	增加了一个职场个性测试，以判断应聘者是否符合针对该职位的基于职业分析的简介	该测试的试点效果评价表明，测试正确地识别了 69% 的可能出事故的人员；这些人出事故的概率降低了 38%

续表

职　位	新的招聘解决方案	取得的经济回报
州政府职员	增加了一个职场个性测试，既预测事故的发生率，也预测由于工伤而产生的赔偿的金额	一项后续调查显示，新招聘的员工中，每年与减少病假、缩短误工时间和降低工人的伤害补偿金等相关联的成本，节约了约1000美元
仓库货物搬运工	增加了一个职场个性测试，既预测事故的发生率，也预测由于工伤而产生的赔偿的金额	一项后续调查显示，伤害事故发生率降低了近20%，每次索赔的费用降低了57%

有一个案例向我们展示了一种让应聘者实际动手的评估方法，该方法目的是评估应聘者在不出现伤害的前提下进行工作的能力。后者的数据表明，伤害率出现了显著下降。但正如近30年来大多数警察和消防机构提醒大家注意的那样，采用身体能力测试的程序，不但费用高昂，而且可能会带来法律上的麻烦，因为这些测试，让女性应聘者更难通过。

对于其他例子，测量个性因子的指标，既预测了事故和伤害的发生率，也预测了每一次事故和伤害发生时相关联的成本。显然，员工特定的行事方式，决定了他们出现事故和受到伤害的频率。简单来说，即使是具备更强的态度方面素质的员工，也容易出现一些事故和伤害。这种可能性，使得我们将焦点转向其他招聘和选取工具来解决问题，比如测试员工行为的面试，或者有计划地审核应聘者的推荐人。

很明显，通过优化招聘和录用活动而获得经济回报的可能性，的确是存在的。这也证实了我们在第3章中提出的观点：削减工作绩效分布图的底部，可以产生明显的经济回报。在事故和伤害的方面，研究表明，大多数的事故和伤害事件，是由小部分员工造成的。这些例子表明，将测试应聘者的能力与态度的工具结合起来，还有助于极其有效地判断这些案例，并压缩那些人给公司带来的成本支出。

4.6 超高经济回报

本章中介绍了20个真实的例子，它们表明，引入新的招聘工具并优化整个招聘流程，可以使得招聘决策更加明智，在这些决策中，客观的绩效评估指标是优化的对象。取决于职业的类型及绩效标准的种类，招聘和录用流程的不同环节，不同程度地增加了公司的经济效益。最为重要的是，不同类别的工具，也以不同的方式显示了公司的收益，而且，产生的经济回报，远远超过采用新计划所带来的成本。

在我们研究的案例中，优化后的招聘和录用计划给企业带来的经济回报，还包括公司不必在员工被录用之后以某种方式培训、激发或物质形式鼓励员工。从某种意义上，这些计划体现了在招聘之后纠正错误的努力：在正式录用员工之前作出的不太明智的决策，可以通过组织的努力来弥补。关键在于，那些经济回报还有可能来自于这个方面：降低了由于录用了那些企业最不想要的员工而造成的纠正错误的费用。

不过，你们还记得吗，在某些情形中，销售额、生产率、员工流失率或其他指标，无法用清晰的尺度来衡量，因而也难以测量员工的工作绩效。那正是我们接下来要展开的内容：当公司难以将员工的工作绩效用定量的标准来计算，而是需要用软指标来衡量的时候，探讨更好的招聘和录用活动能够给企业带来怎样的回报。

第5章 用软指标衡量回报

我们可以为大多数职业的工作绩效开发出硬指标。不过有时候，单靠硬指标，会让我们抓不住工作绩效的最重要方面。在很多职业中，有多少名工人在干活其实并不重要，重要的是他们怎样干活。例如，医疗保健、教育、会计、公共关系、科学研究或其他研究工作，或者政府部门的职业。这就产生了一个问题：当这些职业无法用硬指标来追踪员工是否成功时，怎样去评估更好的招聘和录用决策带来的经济回报?

我们以一家会员服务公司的账户经理的职业作为例子。账户留存率和账户推销比率也许是有用的硬指标，但账户经理的工作绩效，很大程度上与一些更灵活的概念相关，如预料可能出现的问题，应对客户的投诉，就解决问题的方法进行协商，确保客户满意度，等等。以这样一些指标来作为工作绩效的目标，你怎样确定，制定更好的招聘账户经理的计划是否会给你带来经济回报？这一答案，取决于对一些统计数据进行的研究。

对统计数据进行细致的观察和研究，是值得一做的。对于任意职位的优秀招聘计划，观察和研究的结果，可以用来估算其产生的经济回报，无论该职位的工作绩效是用硬指标还是用软指标来测量。这种方法，有助于我们以简单的方式来思考，通过对招聘流程作出微小的改进或是整体重新设计，我们会得出怎样的结果。让我们用一些例图，一次对一个环节上的数据进行研究。

5.1　换种思考方式

回到第 1 章中我们探讨过的关于人的几个事实：在任何职业中，员工的工作绩效是不同的，这一结果，导致了他们的工作效率也产生了很大的差别。我用生产组装工人和销售员等职业的例子来阐述了这一观点，在那些职业中，员工的工作绩效可以用硬数字来测量。但是，当工作绩效不容易转换成硬数字的时候，同样也符合上面这个事实。为求证明，让我们继续运用账户经理的例子。

让我们假设，图 5-1 中的数据，是从账户经理的上司提交的一份绩效评估（一种典型的测量绩效的软指标）报告中摘取来的。图中，上司认为有些账户经理的工作绩效非常优秀，有些则很差。他觉得大多数人的工作绩效处于中间水平。绩效分布图表明了该部门账户经理的上司的评价是如何分布的。

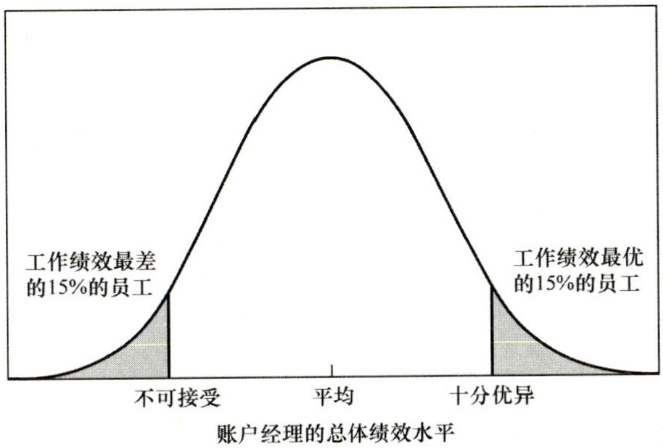

图 5–1　账户经理之间在总体绩效效能上是不同的

对于接下来的讨论，有个基本的前提非常重要：图 5-1 中体现的工作绩效的区间，在经济上是有意义的。这个前提之所以成立，既是因为那些工作绩效非常优秀的员工创造的效益，比那些工作绩效不太优秀的员工更大，又是因为这个钟形分布图，代表了一个经济价值的范围，即使这一数据是从上司的评估中得出的。

这个前提，不仅适用于由上司的评价来产生工作绩效指标的情形。若把个别账户经理通过客户调查手段而收集到的反馈作为工作绩效指标，那么这个前提也适用。绩效指标也许是由某位神秘的购物者提供的评估结果，或者是某项练习的结果，该练习着重评估账户经理对这一职业了解情况和人际关系技能。所有这些，都是用来衡量工作绩效的软指标。这一前提之所以成立，是因为这些衡量工作绩效的软指标体现了经济价值，而且这一价值，可以用来估算录用工作绩效最优异的员工所能带来的经济回报。

现在，我会从工作绩效的概念转到员工的工资报酬上来。假设按照你公司的工资报酬制度，每位账户经理的年薪为 8 万美元。通常情况下，这一平均工资水平是根据外部劳动力市场数据的评审结果来确定的。你的公司也调查了其他公司的情况，并且运用劳动力市场的平均水平来确定有竞争力的工资。

这种典型的工资报酬制度，基于这样一种理念：一位胜任的账户经理，值得拿 8 万美元的报酬，因为类似的别的公司，也给同等条件的员工支付同样水平的报酬，而那些公司正在跟你争夺人才，如果你的工资水平低于这一水平，人才就会流失，被那些公司挖去。为了清晰地阐述，让我们假设你以那些工作绩效中等的员工为标准，选择了市场平均水平作为工资报酬水平。

现在，我们会用到组织心理学这一学科中的某些研究成果。该研究由不同组织和职业的人员来完成，目前，研究人员已经想出一些办法，以便用实际的金额来计算员工的工作绩效，尤其是当我们只能使用诸如上司评价之类的软指标的时候。这些方法利用了关于员工平均工资水平的信息，以估算处在钟形曲线顶部、中部和底部的工作绩效可以折算成多少金额。

要进行这样的估算，可以采用不同的方法。有些方法需要做大量的分析，但在现实中却几乎毫无用处。不过，有些方法非常简单直接，而且符合日常工作中的情形。在这里，我们借助一种称之为“40% 的经验法则”的简单技巧，如图 5-2 所示。

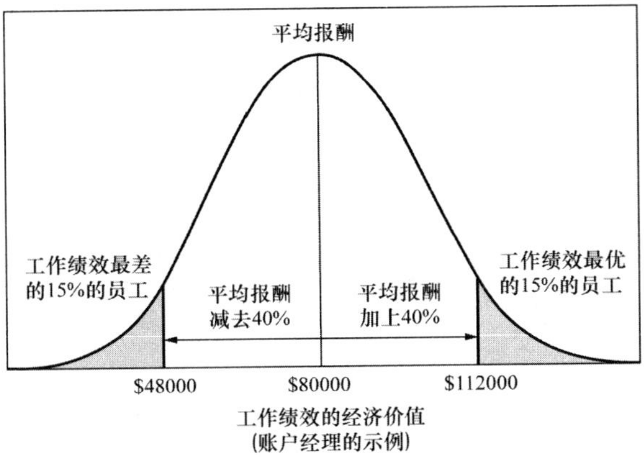

图 5–2　经验法则：工作绩效最优和最差的员工的经济价值，至少分别比员工的平均报酬高出和低了 40%

40% 的经验法则假设公司的工资报酬制度是以一种逻辑的、系统的方式来确定的，平均工资率旨在吸引和激励公司中胜任的员工。不过，接下来发生的事情更加有趣，而且更有利于估算优秀招聘决策所带来的经济回报。提出这一经验法则的研究表明，在某一特定的职业中，工作绩效最优的 15% 的员工所创造的经济价值，比那些工作绩效居中的员工创造的经济价值多出近 40%。从统计学上讲，工作绩效最优的 15% 的员工的工作绩效，高于平均绩效约一个标准差。相反，对于工作绩效最差的 15% 的员工，这个道理也成立。也就是说，工作绩效最差的 15% 的员工所创造的经济价值，比绩效居中的员工创造的经济价值，低了近 40%。

我用图 5-2 中的数据来进一步解释。40% 的经验法则认为，绩效分布图中绩效最优的 15% 的账户经理，有望比那些绩效居中的同事多创造 40% 的经济价值。工资报酬制度已经确定，绩效居中的员工价值 8 万美元，这也是劳动力市场上对胜任员工的现行工资率。因此，绩效最优的

15% 的员工，至少价值 11.2 万美元，或者说，比普通的 8 万美元多出 40%。不管这些员工所在的组织实际上支付给他们多少工资，绩效最优的 15% 的员工，确实值这个价钱。这是一个非常重要的概念，因为它正是计算招聘更优秀账户经理能带来的经济回报的起点。

得出这一经验法则的研究表明，绩效最差的 15% 的员工创造的价值，比那些绩效居中的员工低了 40%。如果绩效居中的员工价值年薪 8 万美元，那么这些绩效最差的 15% 的员工，价值不超过 4.8 万美元，而且，如果他们的工作绩效真的极差，那么价值就更少了。

40% 的经验法则，不仅是统计学家提出的观点。这一概念源自一项研究，在该研究中，研究人员为同一职业既收集和整理了工作绩效的硬指标（如销量、生产率、错误率等），也收集和整理了工作绩效的软指标（如上司的评价和客户的意见等）。例如，研究人员审核了 58 个单项研究的结果，发现绩效最优的 15% 的销售员，创造了比别人多出 39% 的销售额。尽管各项研究的结果不尽相同，但研究表明，在可以用硬指标来测试这一概念的情况下，根据这一经验法则作出的估算，与实际情况很相符；除此之外，有时候人们事实上还低估了最优和最差的绩效之间的区别。

在请经理们给这条经验法则进行常识性检验时，它也同样显示出正确性。假如请一位手下有 100 名员工的账户管理部门的经理来评价，他或她手下绩效最优的 15% 的员工，是不是比普通员工创造的价值多出 40%，或者，绩效最差的 15% 的员工，是不是比普通员工创造的价值少了 40%。经理很可能这样回答："说得很对，但你也许低估了那样的差别。最优秀的员工创造的价值还要多一些，而最差的员工创造的还要少一些，甚至到了一文不值的地步。”

想一想，当你用硬指标来追踪员工的绩效并将结果与“40% 的经验法则”对照的时候，你自己公司中的各个职位是怎样的一番情形。以销售员为例，你公司里绩效最优的 15% 的销售员带来的利润，难道不是比普通销售员多出 40% 吗？绩效最差的 15% 的销售员给你带来的利润，难道不是比普通销售员要少 40% 吗？大多数经理会说：“是的，但是他们之间真正的差别，比你说的要大得多。”

这条经验法则，让我们像客户评价或上司评价那样，将工作绩效的软指标转换成一个经济价值的量表，否则的话，它可能不容易被人们察觉。这是重要的一步。有了这一步，通过招聘和录用绩效最优的员工并避免招聘和录用绩效最差的员工，我们可以估算其带来的经济回报。

5.2　绩效优异的员工更“值钱”

进一步分析，我们发现，通过采用更好的招聘和录用计划避免录用一位价值 4.8 万美元的账户经理，而是录用了一位价值达到 11.2 万美元的账户经理，那么，组织的经济效益就增加了 6.4 万美元，这几乎相当于再额外招聘一名员工的费用。这样一来，还提高了整个账户经理团队的总体价值。

当然，我们很难做到只录用那些绩效最优的 15% 的员工。公司需要一个高度准确（有效）的招聘和录用计划。除此之外，寻找并留住绩效特别优秀的员工，也要付出很多的人力、物力和财力。除非组织有着竞争优势，否则，在劳动力市场上，组织不可能只招聘绩效最优秀的人才。

虽然只招聘和录用绩效最优的15%的员工是一项艰难的挑战，但任何一个企业，都可以通过提高这类员工的招聘比例来优化员工队伍。每招聘到一位绩效优异的员工，员工队伍平均的绩效水平就会提高，同时，该岗位的人才储备库的价值也出现了增长。所有的经理都知道，通过这种方式来提高员工队伍的平均绩效水平，是会带来回报的。这就好比复合利率那样，绩效最优秀的员工给公司带来的回报，每年都会增加。

5.3 绩效低下的员工更“费钱”

如果说只招聘和录用绩效最优的15%的员工并不那么现实，那么，排除那些绩效最差的员工，则一定是可能的。招聘绩效最差的人，公司真的不划算。从工资报酬的角度来看，招聘和录用这类员工毫无意义。如果说胜任员工的平均薪水与劳动力市场的工资率还相匹配的话，那么，绩效最差员工则明显拿了过高的工资。同时，这类员工还让企业不得不考虑人力资源体系的方方面面：绩效改进计划、惩罚制度、辞退计划，等等。

让我们采用一种综合了招聘和工资概念的视角来观察这类员工。通常情况下，企业会为每名员工确定一个工资报酬区间。新录用员工的工资往往较低，处在这个区间较低的位置；资历较老、绩效稳定、为公司增值的员工，工资也越高，处在这个区间较高的位置。这一区间的中间位置，往往与和公司争夺同类人才的竞争对手的平均工资水平大致相当。大家注意到，工资报酬区间的中间位置，也就是中点，通常就是其他公司的平均工资率。

对于账户经理这一级别的职位，企业通常确定的工资报酬区间是，最低水平比中点低 20% 左右，最高水平比中点高 20% 左右。将这些工资报酬融入到图 5-2 中，就形成了图 5-3。

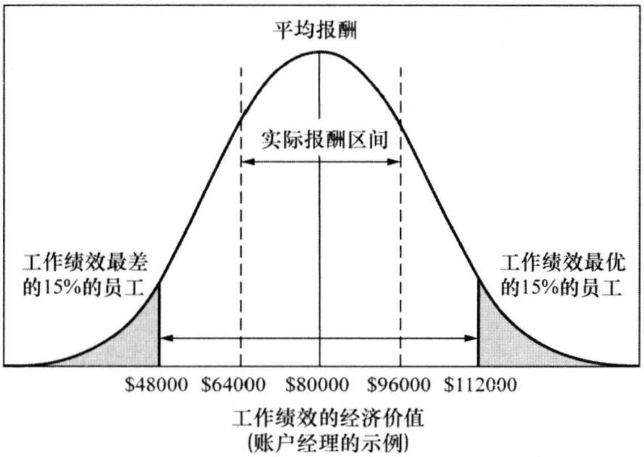

图 5–3 企业既有绩效优异员工，又有绩效低下员工

图 5-3 和图 5-2 的唯一区别是，图 5-2 中没有那一对垂直的虚线，而图 5-3 中有。这对虚线体现了账户经理这一职业的一般工资报酬区间。该区间表明，最低的工资水平（新录用人员、正在学习这一岗位技能的人员）为 6.4 万美元，最高的工资水平（资深员工、绩效非常稳定的员工）为 9.6 万美元，两者之间的中点，恰好是劳动力市场建议的 8 万美元。用专业术语来说，这是一个 50% 的工资报酬区间；其最高点的 9.6 万美元，比最低点的 6.4 万美元多出了 50%。在实际中，所有公司的账户经理的基本工资水平，大致处在这样一个区间内。

要记住，图 5-3 中的钟形曲线部分，显示了所有账户经理的工作绩效分布情况。现在重点关注该分布图的底部。根据40%的经验法则，绩效最差的15%的员工，其价值低于公司支付给任何一位账户经理的最低工资水平。有这样一些员工的存在，公司也就无法从他们身上获得高于其工资报酬的经济效益。如果说，他们的工作绩效差是由于目前还是个新手，正在学习阶段，那么，他们就需要改进和提高，以证明自己配得上拿到当前的这份工资。但是，处在绩效曲线这一部分的员工，并不一定全都是新录用员工。有些人可能长期以来就绩效差。

与此同时，公司从绩效最优的15%的员工身上获得的收益，超过了员工所得的工资。尽管这些绩效最优的15%的员工为公司创造了11.2万美元或者更大的经济价值，但他们的工资报酬，最高也才9.6万美元。这类员工的工资报酬，低于他们为企业创造的价值。从某种程度上讲，他们还在替那些绩效差的员工挣工资。只有绩效优异的员工，才证实了这样的事实：整个账户经理团队的平均工资率，与劳动力市场的8万美元，是相匹配的。

让绩效优秀的员工越来越多，并且让绩效差的员工越来越少，对公司来说是件好事。有些人力资源计划只注重这一点。通用电器的杰克·韦尔奇使用的招聘计划，重点是每年淘汰绩效最差的10%的员工，目的是不断地更新绩效曲线的底部，由此来持续提高平均绩效水平。

作为一种替代方案，或者说，至少是一种附加手段，为什么不避免招聘那些绩效水平可能处在分布图底部的人，因而也避免以后再解雇他们的时候带来的种种麻烦？运用更好的招聘和录用计划，通过阻止了工作绩效不可接受的应聘者进入公司，消除了这样的风险，同时，通过提高每一位新录用员工的平均绩效水平，能给公司带来经济回报。

5.4　综合考虑有效性和经济回报

我将运用经验法则来估算几乎每次改进招聘和录用计划时可以带来的预期回报，并通过这种方法，将招聘更优秀人才的好处转换成实际的价值来计算。这一次，我们会最加深入地探讨统计数据，但到最后，它会产生一个非常简单而直接的工具。

回忆一下第 2 章，我们知道，有些招聘和录用计划的有效性比其他计划大得多。图 5-4 和图 5-5 展示了这样的对比。

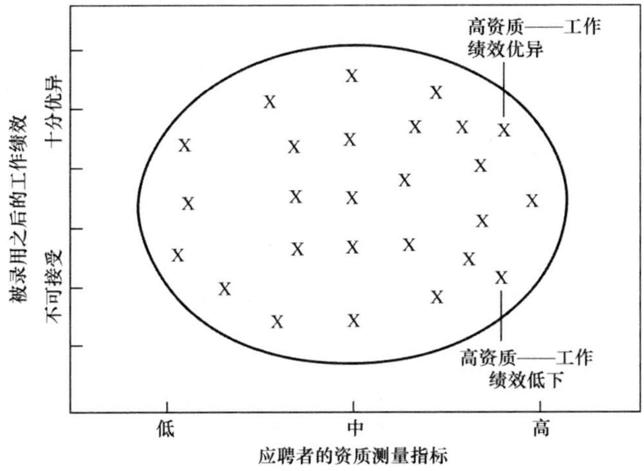

图 5–4　不具备有效性的筛选过程无法预测员工被录用之后的工作绩效

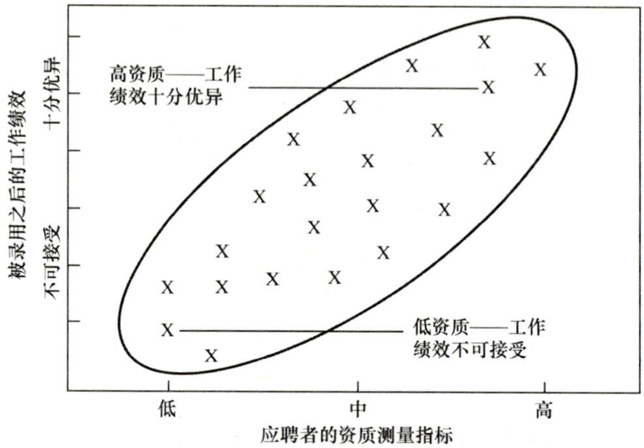

图 5–5　有效的招聘流程可以预测员工被录用之后的工作绩效水平

公司用来指导招聘决策的信息，与某位员工被录用后绩效测量指标之间的关系，可以用一个统计术语来表达：效度系数（Validity Coefficient）。当应聘者相关信息与他们在被录用之后的工作绩效之间不存在任何关系时，效度系数为零（图 5-4）。

如果那样，应聘者的信息就没有任何意义，毫无价值。例如，使用一年之中应聘者的生日（从 1 到 365 之间）作为“资质”标准来预测应聘者未来的绩效，产生的效度系数接近零。

随着应聘者的信息与他们被录用之后的工作绩效之间的关系变得更加一致（图 5-5），这个图在形状上变得越来越接近椭圆，而且，效度系数的值也慢慢接近 1.00。如果效度系数的值恰好为 1.00，那么，所有的 X 都会处在同一根直线上。当然，这种情况永远不会出现，但我们的目标是运用应聘者的信息尽可能产生最大的效度系数，并且使两者之间的关系尽可能紧密。

不同类型的招聘和录用工具，其有效性各不相同。我将在随后的几章里更加详细地阐述这一主题，那些章节会探讨不同的招聘和录用工具的一般有效性。事实上，我总结了数千份针对招聘过程有效性的研究成果，并运用那些研究成果，来预测单个使用和结合使用各种招聘工具时可能的有效性。

牢记效度系数的概念，我马上介绍一个计算模型，该模型用来计算提高招聘和录用计划的有效性可望带来的经济回报，与此同时，我还将对除了有效性概念以外的其他工具进行调整，如招聘数量、选择性、任期时间期望、招聘计划的成本，等等。首先，我介绍一个数学公式，定义一些术语，并且作出一些在我们的账户管理部门内关于招聘和录用环境的假设。那个数学公式是这样的：

一年中新招聘员工所带来的净回报 = 招聘计划有效性的提高幅度 × 一年中新招聘员工的数量 × 新招聘员工的平均任职期限 × 绩效最优员工与绩效最差员工在价值上的差异 × 筛选应聘者时的选择性 − 一年中管理该招聘和录用计划所增加的成本

这一公式将我们迄今为止探讨过的所有原则都结合了起来，为一个全新的招聘和录用计划，计算出了经济回报额。接下来，我开始介绍公式中的那些项。

- **一年中新招聘员工所带来的净回报**。这是执行新的招聘和录用计划预期可以带来的经济回报。它用工作绩效提高后折算的金额来表达，而工作绩效提高，是由于避免了招聘那些工作绩效处在绩效分布图底部的员工。这一项表明了使用该计划仅一年时间后，扣除了管理成本之后所带来的净回报。

- 招聘计划有效性的提高幅度。公式中的这一项，考虑了与以前的招聘和录用计划相比新计划的效度系数，那就是说，提高了招聘计划的有效性。还记得在图 5-4 和图 5-5 中，效度系数越大，预测的应聘者在被录用之后的工作绩效就越精确。
- 一年中新招聘员工的数量。显然，新计划的回报取决于一年之内有多少绩效更优秀的员工被招聘和录用。这是该公式中体现数量的一个项。
- 新招聘员工的平均任职期限。当年招聘的绩效优异员工在公司任职的时间越长，他们的工作绩效给公司带来回报的时间也越长。
- 绩效最优员工与绩效最差员工在价值上的差异。这正是“40% 的经验法则”发挥作用的地方。这个项用金额来计算价值，且相当于公司支付给欲招聘职位的平均薪水的 40%。
- 筛选应聘者时的选择性。公式中的这个项考虑了两个概念：精心挑选的招聘专业人员怎样在筛选应聘着的程序中有所作为，以及在筛选应聘者时使用的资质指标上的得分情况。选择性指的是公司希望录用的应聘者的比例。应聘者在资质指标上的得分，采用预计零分的方法，其中，在资质指标上平均得分为零，高于或低于平均得分，则用标准差单位来表达。加入这一公式中的这个实际的项，结合了这些换算成价值的概念，这些价值很容易在已公布的统计表中找到，也很容易通过软件在互联网上搜索。
- 一年中管理该招聘和录用计划所增加的成本。这个项假设新的招聘计划的管理成本会增加。事实上，有时候越有效的计划，其管理成本越低。例如，它们把大量以前会进入面试程序的应聘者淘汰在外了。如果是这样，同样也降低了公司的招聘成本。

现在，我将以前面的账户经理的例子为基础，通过对该职位的招聘和录用计划进行一次可能的优化，向读者展示其获得的回报。我将计算在一年时间里使用新的招聘计划会获得的预期的经济回报。

首先，假定我们对招聘计划的优化，是引入了一套基本能力的测试和基于行为的面试的组合。研究表明，这些招聘工具的组合，效度系数可望达到 0.60。出于简化的目的，假设以前的招聘流程没有使用测试工具，而且运用了一个非结构化面试程序，该面试程序的效度系数只有 0.15，这同样也是根据研究而作出的假设。

其次，假定员工流失率（比如说，20%）和公司的发展速度（比如说，10%），使得在新的招聘计划付诸使用的第一年里，需要招聘 30 位新的账户经理。还假设那些招聘的员工，会在流失或晋升之前，平均在公司任职 4 年的时间。

第三，针对账户经理的例子的“40% 的经验法则”表明，绩效居中的员工与绩效最优的 15% 的员工之间的差距是 3.2 万美元。

第四，假设我们每招聘一个人，会在五名应聘者中进行筛选。这种程度的选择性，以及那些已录用员工相关的资质得分，是从前面描述过的表格中查找得来的。

最后，假设我们引入的基于行为的新面试程序，和过去采用的非结构化面试程序相比，管理成本没有增加，而基本能力测试的管理成本为每名应聘者50美元（较高的估值）。

一旦我们将上述几个假设综合起来，计算一年中新招聘员工的经济回报的公式如下所示：

$$当年净回报总额=（0.60-0.15）\times 30\times 4\times 32000\times（0.2789\div 0.2）-30\times 50\div 0.2=2402196$$

对招聘和录用体系进行一次相对简单直接的优化，运用一年的时间，为公司招聘30名新的账户经理，预期新录用的账户经理在公司里将任职4年时间，预计可能产生的经济回报接近250万美元。这一回报，是由于降低了招聘绩效低下员工的比率，并增大了招聘绩效优异员工的比率而产生的。在这一案例中的原理、筛选工具，与以前采用的遴选程序相比，其有效性明显上升。

该结果考虑了一个经验值，这个值与员工绩效分布图中各个不同点上的工作绩效相联系。重要的是，这一回报是第一年里在那些新录用员工身上所产生的。在第二年里，如果又新录用了30位账户经理，那么，招聘结果会增加同样的价值。

实现这一成果，并不需要大笔的投资，无须对操作系统进行重大变革，也不需要推行一个影响到当前员工队伍的计划；不必解雇或留住任何一位目前绩效低下的员工，不会使公司面临违反有关就业法律的巨大风险。实现这样的回报，只需要采用一些基于行为的面试程序来替代以前非结构化面试程序，并且引入一个有效的测试项目。事实上，这个新的招聘录用程序的管理费用到底会不会比以前的程序低，目前还存在一些争议，因为在日常的运用中，未能通过基本能力测试的应聘者，不会像他们以前那样占用面试官的时间。

没错，要产生这样的经济回报，的确要让所有30位新录用员工全都在公司任职4年时间，才能做得到。但是，在他们来到公司的第一年里，公司有望获得那些回报的1/4，也就是说，超过60万美元。甚至让我们假设，设计和验证基于行为的面试及能力测试项目，培训那些负责管理新的招聘录用流程的人员，采用合适的数据追踪程序等，累计需要公司付出10万美元的成本。那样的估计已经很高了，但它有助于我们在计算经济回报的时候保守一点。此外，让我们假设这30位新录用员工不是一次性录用的，而是陆续录用的，以便平均算起来，每位新员工真正在公司工作的时间只有半年。

即使加上了上述种种限制，招聘新的账户经理仅仅一年时间，也可以产生下列这些累加的经济回报，并可以计算出最初设计和执行新的招聘和录用流程的10万美元的投资回报率，如表5-1所示。

表5–1　两种设计的投资回报效率对比

新录用员工的任职期限（年）	提高新录用员工的工作绩效所产生的累积回报（美元）	投资回报率
1	200274	2 ∶ 1
2	800823	8 ∶ 1
3	1401372	14 ∶ 1
4	2001921	20 ∶ 1

尽管在第2年至第4年里，最初这批新录用员工通过提高绩效产生了接近60万美元的回报，但更多的新录用员工会陆续加入公司，以便填补流

失的员工，使公司继续发展。把这些额外增加的新录用员工的因素也考虑进来的话，那么，这个新的招聘和录用计划所带来的回报及其回报率，大得让人震惊。还要注意的是，在前面章节里引用的经济回报的例子中，可以使用硬数字来衡量员工的绩效，其得出的结果，与这里介绍的结果也非常接近。

假如公司希望稍稍改进，而且愿意在招聘和录用流程中增加一项行为诚信度的测试，采用这一测试需要的费用为每位应聘者 50 美元（较高的估计）。研究表明，在其他因素完全相同的情况下，我们可以预计，该招聘和录用流程的效度系数接近 0.65。第 1 年里录用的 30 名人员，在公司任职 4 年之后，可以给公司带来 266.244 万美元的回报，比最初优化的招聘和录用流程的经济回报增长了 10%。现在，我们要作出一个决定了。这个额外添加的测试是不是值得添加?

关键在于，招聘和录用专家可以改变这个公式中的任何一个项。他们可能考虑成本和效益，选择可以承受的、与公司管理该流程的能力相一致的更新，并且将优化的重点放在最有可能产生影响的方面。以这种方式，人力资源部门大大提升了他们对招聘和录用流程的分析的能力，提升到了与公司其他部门相当的水平，因为他们也要寻求生产率的提高或成本的降低。

5.5 真有那么神吗

但是，当某个公式告诉你，你可以简单地运用一个测试并改变你的面试方法，就能为公司带来超过 200 万美元的效益，这是不是有点天方夜谭？有人可能会说，这只是一种统计学上的“巫术”，预测的回报永远不可能真的达到。但是，请让我们回顾一下前面章节中的证据。

在前面章节里，测量回报的硬指标，并没有对绩效的金额作出任何假定。那些例子并不需要用数学公式来估算回报。然而，在这些更容易测量经济回报的案例中我们看到的经济回报，与刚刚列举的账户经理的例子中的结果非常接近。没错，账户经理这个例子看起来不如以前的例子那么具体。但是，我们为招聘和录用销售代表的流程添加了一个基本的个性测试，结果使得员工流失率从48%降低到了18%，同时还节约了450万美元的成本。

采用这一经验法则的企业常说，他们预测的经济回报，还是低估了生产率真正实现了的增幅。我们录用的员工的级别越高，比如说专业人员、管理人员、高级管理人员，这一经验法则低估优化招聘流程时带来的真正价值的程度就越大。

你也许会争辩说，在劳动力市场紧张的时候，不可能只招聘那些绩效优秀的员工。但我们这里探讨的，并不是只招聘到最优秀的人才，而改变风险和回报的规则，它可以避免招聘到绩效最差的员工，并从整体上提高员工队伍的素质。如果你担心自己做不到从五位应聘者中筛选一位员工，那就像账户经理的例子那样，将你自己的选择性数据插入到经济回报计算的公式之中。

有人可能怀疑，这种招聘方法会导致公司招聘到那些资质过高的员工，他们在工作中会觉得不适应，更有可能在短时间里离开公司。这种理论听起来也许有道理，但在现实中，并没有证据加以证明。才华更出众的员工，往往工作绩效也更高，就是这么回事。除非你打算把博士生招聘到公司去当一名呼叫中心员工，否则，几乎不可能出现上面的问题。通常研究结果表明，应聘者的资质与他们在被录用之后的工作绩效，是成正比的。换句话说，应聘者的资质越高，他们随后的工作绩效水平也会越高。

最后，还有些人可能会争辩说，像这样招聘员工，也许导致公司违反就业法律，引来大批的诉讼，从而抵消了所有的效益。但正如我在后面的内容中将要阐述的那样，针对有效的筛选工具的运用，已经有一些明确的标准在法庭中得到了测试。与过去相比，今天的招聘领域发生诉讼的情况越来越少，因为企业都知道那些标准。如今，大多数的诉讼集中在晋升、解雇，以及不断增长的有关报酬的纠纷等方面。

5.6 估算回报的简单方法

这里探讨的方法的优势在于，当我们收集有关工作绩效的硬指标既不可行，也不切合实际的时候，它为我们提供了一种估算经济回报的普通模型。有了 40% 的经验法则，我们可以提一些“假定式”的问题。可以考虑一种新的招聘和录用方法的特点，该方法能给公司带来回报，而且考虑了那些可能会侵蚀部分经济回报的成本因素。如果这种估算方法用那些硬指标说服了你，那不管怎样，你都应当将它们添加到招聘和录用的流程之中。但是，不能等着那些硬数据拿到手才开始考虑经济回报。要凭借经验法则来完成新的招聘和录用计划的设计，随后再用那些同样有意义的衡量绩效的硬指标来追踪结果。

由这种简单的方法而产生的预测，引出了一个问题：为什么企业要依靠这样一些做法，比如粗粗浏览应聘者的简历，组织应聘者面试，以及对应聘者的背景或推荐人进行审核等，来作出价值百万美元的决策？为什么还没计算招聘和录用活动能给公司带来的回报时，就通过大量地投资于培训、激励、提高绩效、树立信心的计划来纠正招聘的错误？大多数的投资都是为了弥补和挽回差劲的招聘和录用决策所造成的经济损失。

很多企业当前正在执行这些更为有效的解决方案。有些正在坚持实施提高他们内部招聘人员质量的举措，以便重新优化他们采用的招聘工具和录用流程。有些将招聘和录用流程干脆外包给别的公司来做，那些公司由于具备大量的专业技术，能够将有效的招聘和录用工具综合起来运用。有些则求助于最佳实务咨询公司，后者帮助他们从总体上设计招聘和录用的计划，这些设计建立的基础为增强有效性，限制绩效差异性的不利方面，通过技术解决方案来引入效率等概念。

5.7　大幅度增值增效

三个问题有助于判断更好的招聘和录用流程能给公司带来的经济回报。

1．用金额来计算的话，在某个职位上工作绩效十分优异、居中和不可接受的员工，差距有多大？

2．与当前的做法相比，新的招聘和录用方法的有效性如何？

3．我们应当以多大的选择比例来使用新的招聘和录用计划？

有了这些基本要素，我们便可以着手设计招聘和录用计划了，目的是获得实实在在的经济回报，而且能够清楚地观察每一种工具是如何来达到这一目标的。当你将这些工具投入使用时，会意识到你的招聘和录用活动，比起别的任何一件事情，都更有可能为你的公司带来更多利润。

新的招聘和录用计划，除了在提高员工整体绩效方面能给公司带来显著的经济回报之外，还有另外一个优势。数十年来，有关人类工作绩效的研究表明，那些资质更优秀的员工有以下优点。

- 会更加迅速地掌握自己的岗位技能并达到绩效标准。因此，通过新计划招聘和录用的员工，会让企业更省心省力。
- 能为资质要求更高的职位保留潜力，并且能为公司打造一个人才库，以便公司在需要更高级人才时，可以依靠内部晋升而不是外部招聘来解决。
- 不太可能被解雇或辞职。因此，我们在估算录用绩效更优秀员工的经济回报时，往往比较保守，因为和采用别的招聘工具而招聘的员工相比，这些人预期留在公司中工作的时间更长。
- 会在纪律的执行，留住人才的努力，或者绩效咨询等方面让人力资源部门更省心省事。因此，可以节省一笔那些专门用在绩效低下员工身上的人力资源管理费用。

在经济回报预测的时候，还存在另一种可能性。如果一个新的招聘和录用计划所打造的员工队伍，其工作绩效比以前的员工更加优异，那么，公司就有可能用较小的人力成本来运营。

比如，假设我们将账户经理的例子中绩效优异员工留在公司工作的时间从2年延长到4年。出于简化的目的，假定每年还是招聘30名账户经理。到第4年年末，基本上整个账户管理部门的员工全都更换过一遍了。在那些加入公司1到4年的员工中，每一位员工的工作绩效都有所提高，因此每人带来的增值接近 2.2 万美元。这意味着，假如有 100 位账户经理如今在这个部门工作，那么，和以前的员工绩效相比，他们每年能为公司多带来 220 万美元的经济效益。到第 4 年年末，这一数字几乎占到账户管理部门全部基本工资预算的 1/4，假设每位员工的年工资增长幅度与一般的通货膨胀率持平的话。

因此，倘若这个部门如今 100 位账户经理的工作绩效，跟以前的员工相比提高如此之多的话，那么，公司还真的需要 100 位账户经理来做这些工作吗？显然，接下来就可以进入持续优化的环节了：重组和减少员工总数。

综合起来，我们得出这些重要观点。

- 即使有些职位的工作绩效难以用硬指标来衡量，还是可以用一些工具来评估优化后的招聘和录用流程能给公司带来的经济回报。
- 甚至对于那些可以用定量指标来测量工作绩效的职位，这些工具也可以用来快速地估算，以显示优化招聘和录用流程可能会怎样使公司受益。
- 有效招聘工具的引入，给公司带来了实实在在的经济回报，即使招聘和录用的员工人数相对较少。
- 优化后的招聘和录用流程，给公司带来的经济回报如此丰厚，以至于他可以成为其他重组措施的平台，那些措施也会由于公司录用了更优秀的人才而带来经济效益。

尽管讲了这么多方法，但还有另一种方法，可以通过采用更好的招聘和录用解决方案而获得经济回报，那就是将科学技术带入到招聘活动之中。我们会在下一章介绍这方面的情况。

第6章 现代技术融入招聘

第4章和第5章向大家展示了更好的招聘和录用流程可以带来的经济回报：销售额增大，生产率提高，流失率下降，事故率降低。事实上，它能在你可以想象得到的几乎任何指标上，都为公司带来更佳的业绩。现在，是时候开始讨论怎么做的问题了，深入观察那些能够为我们带来如此丰厚回报的工具了。

我们首先要带大家接触现代技术。在如今的职场中，不论是哪个领域，现代技术都对招聘和录用活动产生着令人惊讶的影响，使得招聘流程更快、更好、更划算。

不过，如果我们的目标是作出能给公司带来百万美元回报的招聘决策，那必须同时实现更快、更好、更划算。如果单独追求“更快”，你很有可能作出错误的决策，而且是以令人眼花缭乱的速度来作出错误的决策。如果单独追求“更好”，你的竞争者有可能提前动手，抢走那些最优秀的应聘者。如果单独追求成本最低，嗯，不用说了，你知道这样的后果是什么。好消息是，在当今的招聘和录用流程中运用的现代技术，可以同时实现这三个目标。

6.1　翻天覆地的变革

不久前，人力资源部门进行招聘和录用，主要依靠纸媒。杂志、报纸、广播、电视会为企业们塑造吸引应聘者的品牌形象。公司会在内部贴出公开招聘职位的海报，并且在报纸和专业杂志上做广告。企业也会邮寄或分发出纸质宣传材料，应聘者的简历会通过邮件、传真或者最早版本的电子邮件发过来。

如果说应聘者的受教育程度、工作经验或者以往的工资水平是他们获得录用的前提条件，那么，公司会通过电话访问或书面调查来验证这些。如果公司的招聘和录用流程包含了一些测试或其他的评估工具，那么，公司会用传统的纸笔方式来进行管理，随后由人力资源部门的人打分、解释和记录。人力资源的员工和招聘经理，会把应聘者的面试结果记录在纸上。应聘者的背景审核、药物测试及推荐人审核等，也是由人力资源部门通过纸上记录下来的方式来进行追踪观察的。

应聘者也要经过很多跟纸打交道的环节，如提交纸质的申请、表格，或者面对一堆一堆的牛皮纸信封。公司跟应聘者联系，也是通过写信或打电话来进行的。没有哪些针对应聘者的信息，是以一种系统的方式联系起来的。大规模的招聘活动，比如初创公司或者大批录用员工，更是需要消耗大量的纸张。

在20世纪80年代末的时候，我受到一家公司邀请，作为专家来见证他们招聘约2500名员工的盛况。每次来到这家公司，我就被带到人力资源部门，外面停着一辆比平时的拖车宽一倍的车。人力资源部门里面的办公室地板上，堆放着应聘者文件的复印件，都是打官司要用到的，甚至堆到了天花板那么高。大大的房间里堆满了纸，以至于留给律师助理的，只有一个狭小的空间。即使是提出关于招聘的最简单的问题，也得要人从成箱的纸质文件中去仔细寻找以前的记录结果，并确定过去的决策是如何作出的。所有这些，成本都不可思议的高。

然后，有三样东西问世了：电脑、人力资源软件和互联网。招聘和录用的世界，包括打官司等，都永远地改变了。如今，招聘和录用的技术已经发展了好几代。安装的软件，已经拓展到随需所应的解决方案的层面。互联网，加上不断涌现的一系列社交网络工具，似乎每个月都在改变着招聘和录用的方式。以前需要花费几个小时做的工作，现在几秒钟之内就能完成。

如今，招聘决策时所需的各种不同类型的信息，都可以综合联系起来，并且以你希望的方式来考察。现代技术首先进入到财务管理、会计和客户管理中，但它同时也非常引人注目地进入到招聘这一领域。招聘技术的成本，跟别的所有领域技术解决方案的成本一样，也在不断降低。

在本章中，我会简要描述现代技术在我们作出百万美元的招聘决策时扮演的重要角色。不过在此，我只做摘要性总结。如果要完整地研究，可以写一本书，而不是写一章，而且，对于那些拥有网络的读者来说，若想再进行更深入的研究，可以从网络上找到许多更加详尽的信息。

在这里，我的目的是描述可能发生的事情是什么。事实上，在前面两章介绍招聘计划可以带来的回报的例子中，很大一部分的经济回报，是通过现代技术而实现的。如果把技术撇开，你会失去绝大部分的经济回报。不过，我们的目标并不是完全抛弃招聘流程中人的判断和面对面接触的那些环节。现代技术的作用，是提供一些工具来支持最佳判断，并将人们带入到一个令他们能够为公司作出最大贡献的流程之中。

接下来，我会采用逐步讨论招聘和录用流程基本环节的方式，来探讨现代技术可以在哪些方面支持我们作出百万美元的招聘决策。首先，如图 6-1 所示为招聘流程图。

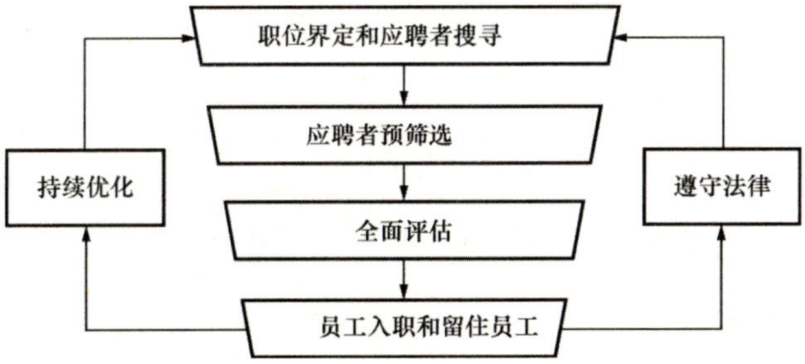

图 6–1　现代技术在招聘流程的每一个环节上都发挥着重要作用

我将调查现代技术在每一个环节能带来什么，这些环节包括制定应聘者搜寻策略、预筛选、评估和选定那些似乎是最值得招聘的人。我还会简要介绍一些解决方案，它们用来招聘新员工，为留住人才而奠定基础，监控招聘流程遵循法律法规的情况，而且，重要的是建立一个持续优化环路，以便定期对招聘和录用流程进行调整。每一种解决方案，都会在随后的几章里展开讨论，但现在，我们将继续讨论招聘和录用流程的基本环节。

6.2 搜寻应聘者

首先，我要提醒大家：就在我写完这一小节10分钟后，这一节的内容就有可能过时了，或者看起来过时了。如今，几乎所有人都还记得，monster.com、careerbuilder.com等一些网站，以及在招聘世界里最早出现的技术公司刚刚问世时的情景。在运用互联网的早期，这些网站和公司帮助企业从纸质时代迈向了数字时代。当时，这些公司以全新的方式推出了他们的业务，帮助客户公司和应聘者做宣传、发广告。

那只是刚开始的时候。如今，很多人把社交网站、微博和其他网站等，视为一些方便的工具，用来跟朋友们保持联络，和同事联系，感受一点点自恋，或者让奶奶能看到远在千里之外的孙儿们的照片，等等。这些社交工具，也极为显著地改变着招聘活动的开展。如今，任何一家从事招聘的公司，都在尽可能深入地挖掘所有这些社交工具的作用。

当前，在各公司的网站上，企业可以让网民们虚拟地参观他们的公司，并且察看那些公开招聘的岗位。这些企业突出展示了他们的合作视野和价值观，同时也在网站中提供了来自员工和新录用员工的视频证书。他们会放出一些“蜘蛛”（专业的网络检索人员），在整个互联网上搜索应聘者的简历、简表和自传，看它们是不是符合公开招聘岗位的要求，并且让这些“蜘蛛”把结果带回到招聘部门。目前，有数百家公司提供了运用现代技术的解决方案，这些解决方案着眼于更快更划算地找到更优秀的应聘者，并着眼于战胜竞争对手，最先与一流的应聘者取得联系。语言科学甚至也被用来打造计算机“大脑”，以便在概念的层面上读取应聘者的简历，将简历与公司的职位描述进行比对，并且可以从互联网上获取可招聘的最佳对象的列表。图 6-2 突出展示了目前应用的以现代技术为基础的应聘者搜寻工具。

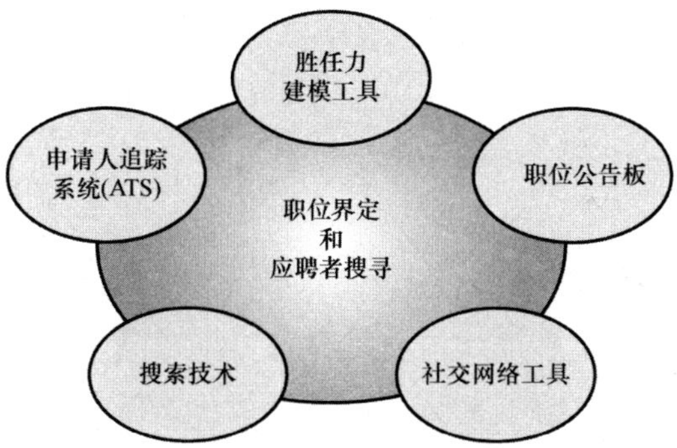

图 6–2　现代技术有助于界定我们要寻找的人才和建立一个强大的应聘者储备库

首先，技术解决方案有助于准确地限定公司在应聘者身上寻求的资质。用来清晰阐明应聘者资质的工具，帮助人力资源部门大大地缩短了以前做这项工作的时间，这些工具充分利用了预载到软件包之中的胜任力大词典。结果，在搜索应聘者的时候，公司可以非常详细地了解自身需要的技能人才及应聘者的资质（我会在第 7 章中回顾这方面的一些工具）。

一旦你知道自己在寻求什么，现代技术还为你提供了一个平台，在此“广而告之”公司的招聘岗位，自从 monster.com 和 careerbuilder.com 等网站担当开路先锋以来，先后有数千个第二代的职位公告板网站问世。如今，专门用于招聘各种职位、专业、职级、地理区域的人才的职位公告板，或者其他你可以想象到的任何类别的职位公告板，在互联网上几乎随处可见。

尽管如此，有些人说，职位公告板正逐渐被社交网络的工具所替代，因为后者最有可能让你招聘到人才，或者，如果你是一位受到众多公司青睐的应聘者，最有可能让你找到工作。也有些人说，当今世界的职位公告板会在10年之内消失，因为，目前只有10%多一点的职位，是通过职位公告板来向外界发布的。

如今，人们给那些正在找工作的人提的建议，尤其注重个人品牌的塑造，而塑造个人品牌，要使用诸如社交网站、微博等一些平台，辅之以个人网站、博客和其他工具。有了这些平台和工具，人们可以在互联网上塑造和宣传他们的美好形象。公司企业也会使用这些工具来为公司开展营销，并以一种吸引新一代应聘者的方式来宣传他们当前空缺的岗位。一些专业协会也纷纷加入这一行动，为其会员公司提供了这些社交网络的途径，使后者的招聘工作人员更容易搜寻应聘者。

简历搜索技术为全新的应聘者搜寻活动开启了大门。在这方面，各种软件工具，可以在应聘者的简历刚刚进入到公司企业的收件箱时“抓住”它们，或者搜索互联网上的资源，以找到与公司企业发布的招聘岗位相匹配的应聘者信息。制定这些解决方案，是为了在短短的几秒钟内寻找、读取和处理大量的信息，如今，这些解决方案已成为公司人力资源部门的工具列表中的一部分，专门用来寻找那些符合某一特定职位要求的应聘者，甚至在应聘者还不知道有这么一个职位在招聘的时候，就被求贤若渴的公司搜索到了。

所有这些职位界定和应聘者搜寻的工具，都需要一个平台来管理其过程，而且需要有一个位置来保存它们收集的信息。这就进入到当前这一代的申请人追踪系统（ATS）。ATS专为构建搜寻和追踪应聘者的流程而设计，它可以获取应聘者搜寻结果，并开始管理那些有望加入公司的人。如今，ATS是一个安排招聘流程中所有环节的平台，也是一种综合不同来源的信息和来自在招聘流程中发挥作用的不同业务提供商的信息的手段。现在，招聘流程中的应聘者搜寻，是现代技术解决方案应用最广泛的一个环节。第8章将深入探讨所有这些工具怎样提高招聘流程带来的经济回报。

6.3　应聘者预筛选

尽管应聘者的搜寻侧重于宣传公司招聘的职位并找到适合职位描述的应聘者，但它也有一个不利的方面：搜寻的量太大了。利用互联网，你可以在短短几秒钟时间就搜寻到海量的应聘者简历或社交网站简表，把公司企业们的电子邮件收件箱塞得满满当当。很多简历都非常不错。但也有很多并不那么好。

预筛选，就是首先使用基本的资质条件作为目标来整理一个最初的应聘者群体，并且尽可能地与职位关联，以便搜索到可供进一步考察的应聘者。预筛选的工具，并不是着眼于寻找最优秀的人才，而只是试图找到那些值得进一步关注的人才。它们还侧重于防止不符合资质条件的应聘者进入到招聘流程的下一个环节之中，以节约时间和成本。

在某些情况下，预筛选可以将大批可能被招聘的应聘者削减到一个可控的规模，比如，在创办一家新工厂时，也许有数千名应聘者来申请几百个岗位，这时，预筛选环节就能发挥其巨大作用。还有些时候，预筛选可以将那些明显与职位简介不相符的应聘者拒之门外，比如说，在招聘零售业务销售员的时候，将申请房产销售员的应聘者排除在外。

现在，让我们先不考虑遵守法律法规的问题。比如，是否接受那些主动投递的简历，在多长的时间内保留记录，针对某个特定的公开招聘的职位要怎样才能真正算得上是“申请人”，等等。我会回头再讨论这些，因为从降低风险的角度来看，它们也很重要。眼下，让我们只探讨现代技术能够怎样从成千上万的应聘者中招聘到一名员工，真正做到“万里挑一”。

图 6-3 显示了一些可供选择的方案。为了提高吸引力，我不仅会探讨一些只有位列《财富》500 强公司才能承担的解决方案，而且还讨论那些只有 500 名员工的小公司也能承担得起的解决方案。

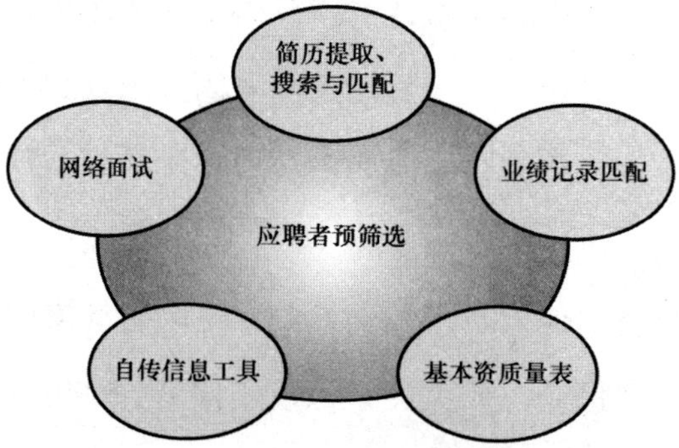

图 6–3　现代技术有助于控制应聘者的数量并辨别最佳的后续选择

在简历的提取、搜索和匹配过程中，现代技术可以代替人类来读取、解释并确定某份简历或个人简介在多大程度上与职位要求相匹配。使用诸如潜在语义分析（语义分析方法就是通过分析语言的要素、句法、语境来揭示词和语句意义的研究方法——译者注。）等先进的概念，电脑软件可以真正读取和比较各种文档，并且根据文档中出现过的概念的相似性，将应聘者的简历与职位描述进行比较。以前的那些关键字匹配，已经过时了。如今的现代技术可以搜寻概念、主题和关键字。它可以提供一个按名次顺序排列的简历列表，并且集中起来，以便发现这些简历与职位描述或招聘简介有多么相符。甚至还可以将应聘者与过去曾招聘过的绩效优异员工的简历进行匹配。

十多年来，同样的这些工具，使得另一个预筛选过程实现了自动化，那一预筛选过程被称为业绩记录。业绩记录专门用于通过应聘者的自我报告及他们对自身工作经验的简要介绍来收集信息。应聘者在自我报告和总结中，总是突出显示与招聘职位最相关的成绩。应聘者在回答他或她受教育年代或职业生涯中都取得了哪些成绩的时候，采用现代技术，可以将他们在回答时提到的概念和主题与已公布的职位描述的详细情况进行匹配。业绩记录这一预筛选过程，还可以确定应聘者哪些业绩记录与职位要求最匹配。

基本资质量表或自传信息工具，可以用电子邮件发送给那些从简历上看值得进一步考察的应聘者。这两个工具收集应聘者对涉及教育、经验、培训、薪资要求等方面问题的回答，并列出一个简单的清单。自传式的清单通常提出了一些多项选择的问题，同时还通过发送的电子邮件来收集应聘者的回答。那些清单评估一般的工作理念、职位偏好、职业兴趣，或者是可以用来进一步筛选应聘者的特定经验。

最后，对于那些似乎符合职位要求的应聘者，可以安排进行网络面试，也就是使用远程通信技术来进行最初的预筛选面试。现代技术可以让应聘者足不出户地接受网络面试，在网络的另一端，也就是面试官的电脑面前，则显示面试的脚本，以便面试官能够有所准备，并且连贯准确地对应聘者进行实时的观测。

这些解决方案，总体上侧重于获得高质量的信息、准确连贯地处理这些信息，并且避免了不符合资格条件的应聘者进入现场面试，因此节约了成本。现代技术通常提供了一种获取信息的方式，并且可以将这些信息存入到企业的 ATS 之中。如果应聘者不符合公开招聘的职位，那么，当某个职位更适合应聘者已经公开的信息时，这些信息依然在那里；或者，当公司招聘标准的持续优化分析，要求对过去所作出的预筛选决策进行仔细审核时，这些保存的信息，依然也可以用于这样的研究。

6.4 全面评估

评估的主要目的是找到最优秀人才。科技含量高的测试、工作模拟和其他一些评估平台，用来检阅人才储备库里的知识、技能、能力和个性特点。负责对应聘者进行面试的招聘者、人力资源部门员工及招聘经理，也可以使用一系列以高科技为基础的平台，来找到和搜集那些在个人评估中有关资质的信息。

全面评估还包括从应聘者以前的上司或其他就业推荐人那里收集信息，这样，招聘工作人员可以验证和进一步观察招聘流程早期了解到的信息。全面评估还可以扩展为一些具体的环节，比如药物和酒精测试、背景审核，或者招聘之后的体检等。

所有这些活动，着重强调全方位地了解应聘者。当然还有一些别的好处，即保证一致性和公平。把现代技术带入到评估过程中的结构，要求每一位应聘者都有同样的机会来展示他或她的资质。如图 6-4 所示为关于现代技术如何支持评估过程的例子。

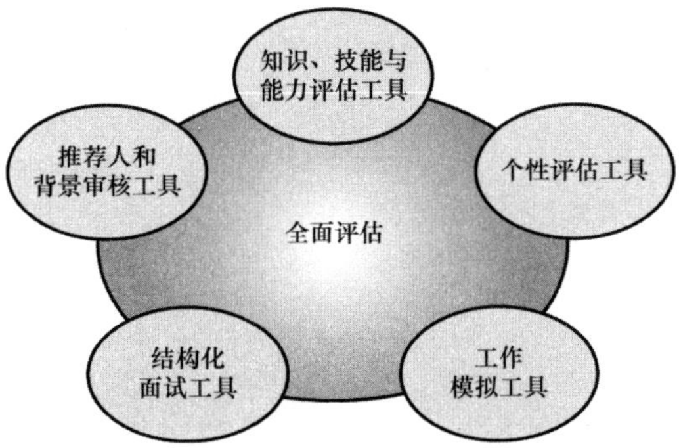

图 6–4　现代技术有助于全方位评估应聘者

各种知识、技术和能力评估工具，都有助于评估应聘者。以前用纸和笔来组织进行的测试，如今都依靠网络平台来进行，管理和打分、向企业报告测试结果、记录和保存测试数据等，都用互联网。那样的平台，能评估几乎所有的技能、能力或高级的技术知识。以前，公司管理评估程序、打分和解释这些工具，要消耗一些劳动力成本，这些成本一度使很多公司放弃了对它们的使用，但如今已不再是那种情况。有研究表明，2005 年，北美地区约有 70% 的公司，都转而采用网络平台来管理他们的应聘者评估活动。

如果出于职位的需要，必须列出一个特别的个性简介，比如招聘销售员、经理或高管等，网络平台依然可以提供评估工具。评估工具日趋复杂的打分和解释要求，可以由软件来解决，这些软件创建简介，提供由机器产生的叙述，并且在一个展示应聘者优势和劣势的表格中提出招聘建议。

有些网络平台甚至提供了新录用员工能力拓展指南，公司应选择将评估信息放入这一指南中，以便在应聘者被录用和入职之后，对他们最初的能力拓展活动进行提前规划。

现代技术还将工作模拟工具带入到评估过程之中。有些工作模拟评估应聘者使用普通办公软件的能力，比如 Microsoft Word、PowerPoint 或 Excel 等。在更高级的层面上，工作模拟工具可以向经理提供一些事实、数据和其他信息，要求他们为解决数据中存在的问题而制定一个计划。有些模拟包括通过电话或网络连接，与一个按事先准备好的脚本操作的角色扮演者进行互动。这样做，目的是尽可能符合现实，包括让应聘者能够在一种模拟版本的工作中展示其才能。现代技术可以使公司员工不必再对评估过程的结果进行管理、打分和总结，而提高了招聘流程的效率。

每一个招聘决策，都使用招聘和录用流程中某个环节上的面试结果，而现代技术也会进入到这样的系统。在以前，结构化面试工具，需要员工花大量的时间和专业资源来设计和构思。如今，用来判断某个胜任力要求的技术平台，也可以产生一个涉及胜任力的面试问题列表，创建一些面试官运用的表格，记录下面试官的注解和意见，并且将所有这些，添加到企业的 ATS 系统中保存的应聘者数据库之中。这些工具甚至可以将应聘者的答案发送给他们的推荐人，以验证其详情。

现代技术还可以推动推荐人背景审核工具的使用。一些技术平台能够自动收集来自应聘者推荐人的信息，自动将推荐人提供的信息与胜任力要求进行比较，或者将推荐人提供的信息用来与应聘者在成绩记录表或面试中回答的答案进行交叉审核。对企业们来说，自动化，使他们更容易从

ATS中提取信息，也可以找到应聘者的推荐人问一问:“某人说他做到了这一点，这些是他的成果。这是真的吗? 如果是真的，你觉得他到底做得怎么样? ”当然，背景审核的过程如今也接近完全自动化了。

全面评估中的所有环节，以前都需要付出大量的劳动力，用掉海量的纸张，并且还有可能由于管理的不一致而面临法律风险。因此，只有那些最大规模公司的企业，才致力于建设和依赖这些系统。中小企业的企业总是避而远之，因为担心费用太高和吃上官司。如今，现代技术使这些中小企业企业不再担心这两个方面的问题。对小企业主来说，他们现在也有可能作出《财富》杂志500强公司在20世纪90年代中作出的百万美元的招聘决策，也可以像那些大公司企业一样有效地评估人才。

6.5 员工入职和留住员工

当企业开始审核、评估信息，并作出决定的时候，评估环节就结束了。有了现代技术的支持，这些环节跟审核应聘者的简历、评估他们在各种不同评估工具上的表现、考虑面试结果、包含本企业领导在内的推荐人和背景信息等环节，是完全不同的。这些环节生成了应聘者总括文件夹。由于这些信息的来源各不相同，因此，招聘和录用流程是从将信息集成到单一的平台上开始的，然后形成报告和演示，帮助企业作出最终决策。在这里，现代技术执行了企业选择遵循的任何一个系统的规则：特定的障碍、捷径，或者在应聘者的简介中找出的模式。

现代技术还提供了一些支持企业作出招聘决策、员工入职和与留住员工相关的活动的工具。图 6-5 展示了一些例子。

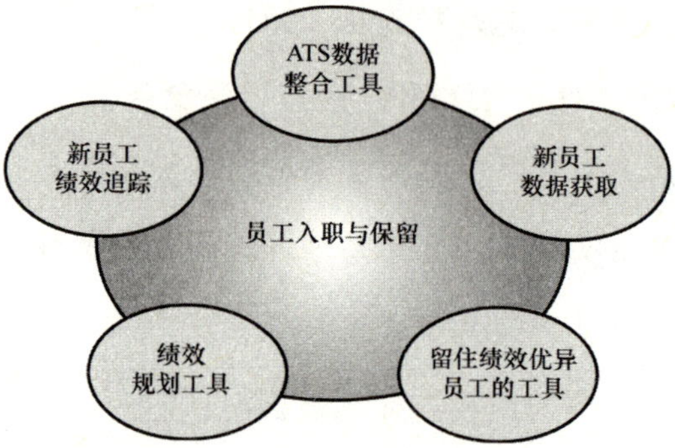

图 6–5　现代技术有助于指导员工入职和留住员工

如今的 ATS 平台提供了一些数据整合工具，这些工具将应聘者进入招聘流程之中时收集到的所有信息都整理出来。在整理那些信息时，这些工具采用有助于指导最终的选择决策的格式来进行。它们还会保存信息，以供后来的持续优化和法律风险评估等环节使用，我们随后会讨论这方面的内容。随着应聘者进入招聘流程，整理出来的这些信息会更加有效，而且，用它们来撰写报告和展示应聘者的全面情况，有助于作出最佳决策。在这里，现代技术只是“递交”了决策数据，以便人力资源部门和招聘经理可以作出与职位相关的更好的决策。

技术工具还支持获取新录用员工的数据，以便植入公司的工资报酬、奖金福利、税收和其他计划中所需要的信息。这些信息可以直接从新录用员工那里收集，无须做更多的记录和数据录入工作。一旦作出了招聘决策，企业和员工便进入到一个过渡期，那时，双方都承担了风险，不知道新录用员工到底会不会与新的职位很相符，同时，双方也没有深入地了解对方。

研究表明，这个时候，恰好是为建立长期有效的关系而奠定基础的时候，或者说，如果没有奠定好的基础，企业和员工之间的关系，将是不太积极的短期关系。运用那些基于现代技术的工具，有助于新录用员工快速适应新岗位，从而为留住他们提供了重要的条件。

针对降低员工流失率而实施的研究表明，促进新录用员工与上司之间和谐融洽相处，在降低员工流失率方面发挥着主要作用。现代技术解决方案有助于上司了解新录用员工的兴趣、爱好、职业展望、对反馈的兴趣，以及其他信息。在员工入职的最初阶段，这些技术解决方案，有助于形成上司与员工相互影响的相关信息。仅仅几年前，这些解决方案还不为人知。

最后，除了提供涉及新录用员工入职的所有信息，员工的入职过程，还让公司有机会深入观察新员工获得正式录用以前收集到的有关信息。在招聘流程的预筛选和评估的环节中，公司能收集到大量的信息。如今，对于新录用员工转变成正式员工时候的信息，公司企业不再放任不管。他们用这些信息来制定员工培训、发展和过渡期管理的最初计划。

例如，用来管理应聘者评估工具的现代技术，也用来概括分析新录用员工的优势和劣势，并且植入到员工入职时使用的绩效规划工具之中。实际上，这些工具将应聘者评估信息转变成员工的绩效规划信息，这是一个过去不太经常采用的环节，因为过去经常用到纸笔的时候，要将那些信息添加到员工入职过程中，需要耗费大量的劳力。

以同样的方式，在招聘流程中追踪观察应聘者的ATS，也已发展为具有绩效追踪的特点。这些工具可以获取新录用员工在培训期间的绩效信息，或者留意新录用员工是否会在短期内离职。因此，它们为整个招聘计划持续优化效果的评审提供了数据。

要再次指出的是，大多数这些活动，以前主要靠纸和笔来完成，而且需要员工大量的参与和努力。将它们引入技术平台，鼓励了人们更广泛地运用它们，并且为确保在新录用员工适应新岗位的这个有风险时期能作出最佳的决策，提供了一些方法。

6.6 遵守法律

在招聘和录用的时候遵守法律，包括要保证企业在设计、管理和追踪招聘和录用流程的时候，遵守联邦和州政府法令，以及过去几年出现的判例法。要遵守的法令和判例法，数量繁多。这样做，侧重于确保招聘和录用的结果，让所有的种族、性别、血统和其他受到法律保护的团体都有同样的机会（第 11 章将会阐述这一挑战的复杂性）。

确保遵守法律，取决于对某一特定职位、业务部门和整个组织而作出的招聘和录用决策的结果进行的分析，这包括观察招聘流程中每一个环节产生的结果，而不仅仅是盈亏底线。这些决策可能满足了公司某个领域或招聘和录用流程中某个环节的要求，却为其他领域和别的阶段带来了麻烦，因此，降低法律风险，要进行大量的分析。这在招聘过程中发挥重要作用的方面。如图 6-6 所示，提供了一些例子。

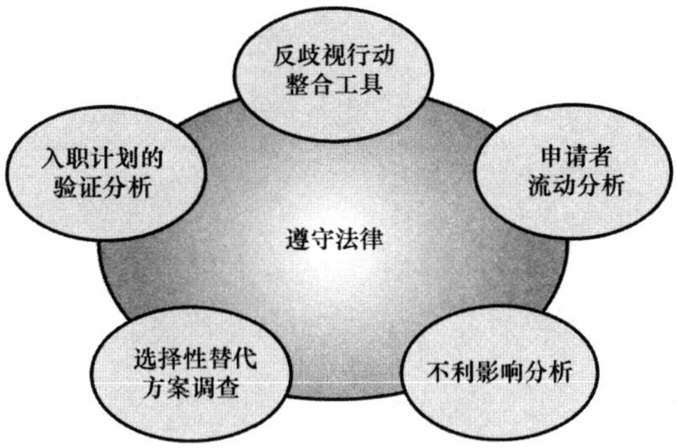

图 6–6　现代技术有助于确保招聘和录用活动符合法律要求

比如，今天的 ATS 提供了一些工具来研究企业的反歧视行动计划，并确定某个特定的公开招聘职位是否需要特别关注反歧视的问题。如果确实存在这种情况，应聘者搜寻、预筛选、评估和招聘，都要与反歧视问题联系起来。

此外，当前的 ATS 也为进行申请者流动分析提供了一个平台。比如，申请者流动分析，着重观察男性和女性应聘者是否在招聘流程的每个环节都获得了同等的待遇。基本的问题是：招聘和录用流程，是否意味着某个应聘者群体面临比其他群体更大的障碍？在那些多重筛选障碍的计划中，这样的分析可能十分复杂。现代技术使得这类审核自动进行，既能实时审核，又能对潜在问题进行定期审核。

事实上，今天的 ATS 还通过自动进行不利影响的分析来评估企业违反法律的风险。这些分析，其实是对统计数据进行审核，执法机构用这样的审核来确定，逐步作出的招聘决策和最低限度作出的招聘决策，是否与最初进入招聘和录用流程中的应聘者有足够的不同，以保证得出区分招聘中的初步结论。报告这些系统中内在的一些特点，有助于决定是换一个角度来观察某名应聘者，再度充实应聘者队伍，还是结合风险控制的视角继续进行招聘决策。

同样的系统帮助企业采取一项联邦执法机构强烈建议的措施：关注那些同样有效但对受保护群体不利影响较小的替代方案。该过程可能包括我们随后将会阐述的大量的假定式的审核。不过，现代技术的分析能力，允许公司企业提出和回答有关招聘流程运行的问题。它有助于避免一些质疑（例如，有人会怀疑说，某些做法可能是有效的，但别的做法同样也有效），并且对受保护群体的机会产生较小的不利影响。

最后，伴随着现代技术而产生的分析工具，使人们可以实时和定期地调查招聘和录用流程中每个环节的有效性。实际上，在遇到法律挑战的时候，这些平台可以帮助公司写一些故事，用来为企业的招聘做法进行辩护。这不再需要从一箱箱的纸质文件中进行搜索了，如今的工具，能够在几分钟之内就找到答案，而且让答案不断更新。在某种意义上，在帮助企业们寻找、确定并消除招聘和录用计划的违法风险的时候，现代技术已经成为法律部门最好的朋友。

6.7　持续优化

十年前，由于担心违反法律，在执行某个招聘和录用计划之前，企业要花大量的时间和金钱，去研究和证实招聘和录用计划的效力（有效性）。例如，20 世纪 90 年代，我完成了一些涉及众多大型公司和整个行业的项目，为美国和国际上一些组织设计新的招聘和录用系统。有时候，我们要花几年的时间来分析企业公开招聘的职位，试验不同的招聘和筛选工具，验证众多的招聘和录用流程，并且分析该流程可能会影响受法律保护群体的就业机会的方式。这些研究在向前推进，但与此同时，企业仍在继续沿用以前的系统，或者只是在等待着研发的结束。结果，他们没有及早拿到经济回报，作出了很多错误的招聘决策，而研发这些流程的成本，没能用优化后的招聘流程所带来的经济回报来抵消。

目前，现代技术有助于确保一些新的招聘和录用理念得到迅速执行。这意味着，招聘结果可以像用于企业的制造、物流或其他部门的质量控制计划那样得到监控，好比六西格玛和其他的持续优化策略。现代技术，还使得新的招聘计划刚刚推出时，就可以追踪它是否合法，在付诸使用时检测其有效性，对其进行必要的修改以产生更大的经济回报，并更好地遵循法律，所有这些，都是实时进行的。图 6-7 展示了当前使用的某些工具。

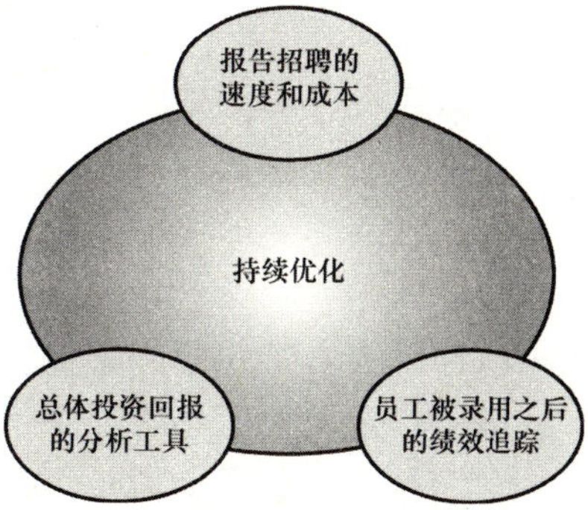

图 6–7　现代技术使招聘和录用活动能够持续优化

在这方面，ATS 具备的数据获取能力，可以保存某些指标的情况，比如针对某一职位、某个部门、某位外部招聘人员或整个组织的招聘流程耗时长短，以及每位新录用员工的费用等。这些工具，使人力资源负责人能够迅速发现哪些方面可能存在问题，哪些地方可能有所进步。有的工具直接将招聘的数据显示在人力资源部门的电脑显示屏上，直观地描述招聘和录用流程运行情况。

绩效追踪能力使公司在作出招聘决策之后能够很快地追踪新录用人员的成功和失败。例如，有的平台在一个预先确定的时间段结束后，自动向新录用员工的上司发送电子邮件，并提出有关那位新录用员工日常工作绩效、优势、劣势等方面的问题。随后，这些信息被用来与员工未被录用时收集到的信息进行比对。如果员工的工作绩效十分优秀，那么，系统可以寻找一些以前可能预测了这一结果的种种线索。如果新录用员工看起来工作绩效很差，这些信息可以用来寻找整个招聘和录用流程出现问题之处，然后通过调整来提高经济回报。比如，某处的数据表明了在招聘和录用流程的某个环节上可以进一步优化，有助于以后作出更好的绩效预测。

那就是投资回报分析工具发挥作用的地方，这些工具有助于人力资源部门显示，从经济回报的角度来看，招聘和录用流程对公司作出了怎样的贡献。运用类似于第 4 章和第 5 章研究过的分析，以及其他以质量控制为基础的方法，现代技术可以帮助人力资源部门来提出详细的成本节约的概算，并且进一步提高绩效。

6.8 展望未来——现代技术应用日趋广泛

本章阐述了很多内容，但仅仅只是开始。不过，从每一个招聘环节来看，我们已经描述了现代技术为招聘和录用流程提供支持的主要方面，以及它指导公司作出百万美元招聘决策的方面。

近几年，技术提供商致力于将这里研究的各种能力捆绑起来，把它们整合到单一的平台上，而且在这方面取得了很大的进步。这样一来，企业不必再为了执行招聘流程中的所有环节而从十几家软件提供商那里购买产品了。跟其他所有的技术解决方案一样，这些能力的成本在不断在下降。以前要花上数百万美元的，如今只需要数千美元。几年前只有最大公司的企业才能买得起的现代技术，如今对小企业主来说也不是大问题。最近安装的软件硬件，都可以在互联网上找到。

在这方面未来的发展趋势，可能包括更加注重削减管理成本和加快招聘速度，同时也更加关注应聘者是不是符合公司以及新录用员工的素质。大家还会越来越关注招聘和录用流程中相互之间密切联系的所有环节，并更加注重于确定一些工具和标准，来记录招聘和录用流程产生的经济回报，并强调应当在哪些环节上进行下一步的持续优化活动。那也正是在小公司的人力资源部门中，重要的是鼓励员工对招聘和录用技术有一个基本了解，并且鼓励他们在完成任务时考虑更快、更好、更节约的原因。

因此，有了正确的思维模式，知道了现代技术能够在哪些方面有所帮助，了解了更好的招聘决策能为公司带来经济回报，现在，是时候了解到底该怎么来招聘和录用员工了。从第7章开始，我们将研究招聘和录用流程的各个环节，正是它们，使得价值百万美元的最佳决策得以实现。我会首先介绍如何制定一个总体招聘策略，选择好招聘策略的实施方案，并确定一些追踪招聘和录用流程如何提高经济效益的工具。

第 7 章
制定策略和选择方案

组织，尤其是企业，都依靠一系列策略的指导来开展业务，包括产品和服务策略、财务策略、营销策略、销售策略、有机发展与兼并策略，以及对我们这里阐述的主题最为重要的人才策略。策略描述了宏观的蓝图，并明确了总体目标。具体实施方案，则使这个蓝图更加清晰，并且侧重于执行。

对一家新企业而言，各种各样的策略是在精心构思的业务规划中描述的。对于一家已经成立的公司，各种策略随着每个新的规划周期而更新。非企业组织、政府及其他公共机构并不以营利为目的，同样也会制定一些策略来实现自己的目标。各种商业文献，提供了大量指导企业和组织制定总体策略和具体实施方案的指南。这里，我将特别阐述一个主题：怎样从战略和战术的视角为招聘和录用程序奠定一个最佳的基础。我将从实践应用的角度来进行讨论。

在人力资源部门内部，领导层成员通常为他们分管的每一个领域制定策略。比如，人力资源部门的负责人通常会与公司高管一道，共同为企业确定工资报酬策略。各公司也都会制定自己的工资报酬策略。毕竟，工资报酬是每个人都关注的事。下面就是工资报酬策略的一个例子。

我们会将劳动力市场上的竞争者的 75% 的工资确定为平均基本工资，并且采用将基本工资和绩效工资结合起来的方式，使得我们公司成为劳动力市场上最具竞争力的前 10% 的公司之一。这样的策略，加上其他的人力资源管理措施，将使我们留住人才的水平在业内保持在最前列的 10% 之内，而且，我们外部的劳动力调查，会让我们在员工敬业指数、工作积极性、付出努力的程度等指标上，也在业内保持在最前列的 10% 之内。

策略就是游戏规则。策略的具体细节，会因不同的业务部门、不同的职业群体、不同的地理位置，以及其他不同的因素而有所差别。不过，一旦确定了策略，人力资源部门负责人可以采取进一步的措施去确定具体实施方案，以及确定实现这一策略的目标所需的工具。接下来，高管与部门负责人及全体员工之间要就制定的策略广泛沟通，并且把它作为作出涉及个别员工的日常决策的指导方针。

每家公司都有自己的工资报酬管理办法。公司通过制定岗位职责描述来实施他们的工资报酬策略，而职责描述定义了公司期望员工做些什么。公司开展职业评估，以便为不同岗位上已经完成的工作任务确定价值，并且完成对劳动力市场上竞争者的调查，以确定别的公司为类似的岗位支付多少工资报酬。同时，还制定工资报酬的策略和程序来指导日常决策，确定绩效评估工具来指导对员工个人的奖励，采用审核工具来确保始终如一地执行总体策略并保证符合法律法规。毕竟，从公司的 CEO 到门卫，人人都想知道“我能拿到多少工资”。

一个组织的招聘和录用策略，通常不像其工资报酬策略那样引人关注。在我曾合作过的组织中，不到一半的组织能对下面这个问题给予适当的回答：“让我们首先来看看你公司的招聘和录用的总体策略，然后再谈一谈你们是怎样运用它们，为公司的运营部门提供人力支持的，好吗？”大家的回答通常是“招聘与我们企业文化相符的人”，“和我们的招聘经理密切合作”或者“选聘那些能和我们的企业一同成长的人”，等等。尽管不能说这些概念是错的，但问题在于，你怎么知道你能不能做到那一点？当你的计划没有奏效时，你怎么知道？你怎么保证你能从自己作出的招聘决策中获得最大经济回报？想象一下，如果有的销售部门把其策略描述为“尽可能多地完成销售任务”，那有什么意义吗？

7.1　为什么要制定招聘和录用策略

- 留给高管的问题：你是否与人力资源负责人一道，为寻找你公司里唯一一种最宝贵的资产（人才）而制定清晰的策略？你的那些规划，是不是和其他的策略一样详细，包括引导你的产品研发、新业务并购、业务扩张、营销、销售、留住客户或甚至工资报酬的策略？如果答案是否定的，那么，鉴于招聘和录用策略是一种支持其他所有策略的策略，是不是需要获得更多的关注？

- 留给中层管理人员的问题：你怎样和人力资源部门合作，了解公司的招聘和录用总体策略、具体方案是如何围绕你这个部门的需要而制定的？当你看着应聘者的资格条件列表，用来筛选应聘者的工具，以及你每天都看到公司外面排着长队前来应聘的人的时候，你觉得这一策略的结果是不是达到你的要求？
- 留给投资者的问题：你正在审核并打算投资的公司的业务规划，有没有提到一个针对招聘管理团队及员工队伍建设的策略？如果有，它是否与公司的财务目标紧密相关？它是否让你对希望你投资的管理团队充满信心，让你知道这个团队会把公司引向何方？毕竟，这些人并不是你在路上随意遇到的一群人，你对他们寄予厚望，希望投资产生回报。这是一群通过招聘和录用策略招聘来的人。

这些问题，并不是围绕制定书面的规划、列出表格的项目、规则或管理层级制度而喋喋不休。它们的目的，是着重突出以下三个事实：第一，和财务管理或并购策略一样，制定和推动实施组织的招聘和录用策略，有一些最佳做法；第二，很多的工具和技术，可以使招聘和录用策略得到执行。第三，如果某家公司打算花时间去制定任何一个领域的战略规划，那么，它也许应当首先构建一个规划，确定怎样招聘到那些制定和实施其他所有战略规划的人才。

我创办、经营和投资了很多家公司。我犯过错误，几乎所有的错误，都取决于我自己在评估人才方面所做的事情。一方面，招聘决策通常太容易作出了，另一方面，我曾在密切观察公司的CEO和管理团队的胜任力之后，不得不中止投资，这样的决定也让我付出了不小的代价。着眼于适当的技能、用正确的方式来测量人才的工作绩效，或者是透过层层迷雾去观察某位全心全意追求利润的 CEO，会给公司带来丰厚的回报。我不知道该怎么来表达：如果你对公司的成功或者经济效益感兴趣的话，那么，得制定一个致力于寻找正确人才的策略。

接下来要做的事情，并不是训练如何实施人才战略规划。那个主题，已经有很多人给出了优秀的指导。这里阐述的重点是，预测需要有多少员工，什么时候需要他们，以及他们将分配到组织的哪些部门之中。人才战略规划应当涉及组织和企业的扩张、员工的退休、晋升、管理层重组、人员裁减以及其他诸多方面的因素，而且往往要强调人员补充的数量和时机。有时候要增加员工，有时候要减少员工。它们还应当满足一些提升人才能力的内部规划的需要，并很好地平衡运用对外招聘或临时聘用与使用永久录用的员工。

这里的焦点不在于制定一个策略，规定招多少人、何时招聘，或者怎样在内部提高员工素质。相反，这里的焦点在于确定人才目标、搜寻人才，并且选择使这一任务能够胜利完成的工具。

7.2　选择策略——关键需要和丰厚回报

在本章一开始的时候简要描述的工资报酬策略，有三个特点。它表明了组织的总体目标（聚焦的重点），提出了留住和吸引人才；它展示了用于对照这些目标而开展追踪观察的标准（怎样来测量成功），并引用了一系列的调查工具；最后，它明确了组织期望达到的目标（企业将来的打算），引用了与竞争者的特定的比较。

我致力于完成的招聘和录用计划，能获得最大经济回报，围绕上述这三个方面的要素而构建了策略，并随后制定了策略的实施方案。而且，过去的经验表明，这些实施方案在类似的环境中能够发挥作用。我们并没有讨论类似下面这样的一般化策略。

- 我们将招聘和选择有能力实现我们组织战略目标、具有适应我们企业变革的技能的人才。我们会建立一支多样化的、责任心强、与我们的愿景和价值观相一致的员工队伍。这样，我们的人才才能在激烈的竞争中脱颖而出。

这样的策略非常好，但下一步做什么？你怎么来实施这样的策略？最重要的是，你怎么知道你已经到了哪一步？这样的阐述，也许不失为一种有益的视角，但它对经营企业、监控成功，或者获取在招聘方面的投资回报，几乎没有帮助。

相反，获取回报，要求那样的策略有更强的针对性。图 7-1 描述了这种理念。

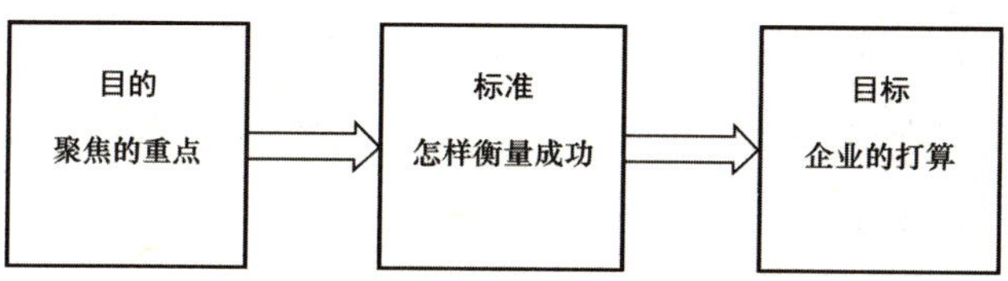

图 7–1　招聘和录用策略中的三个要素

制定招聘和录用的策略，首先要确定与招聘相关的对公司的成功极其重要的目标、以这些目标为核心的标准，然后将各种最有可能实施这一策略的具体实施方案综合起来。但是，重要的是意识到，不同的实施方案会产生不同的结果，因此，你在将实施办法和工具箱综合到一起之前，要了解这些目标。我们马上会更深入地探讨这些实施办法。

下面有一个简单的例子。在快餐和休闲小吃店这个行业的最低级岗位上，有数百万名员工。前台员工负责帮客人点菜，直接与客户交流，并且还做一些推销工作。后台员工负责为客人准备食物，为前台员工提供支持，并且负责餐馆的清洁卫生工作。这些人的工资通常不高，对经验和培训的要求也不高，职业发展也没有多么大的前景。公司不要求员工创建新的系统和程序，给公司带来新的点子，或者开创一番事业。有些人的确开创了一番事业，但那都是特例。

为了确定高级管理人员在构建一个针对类似这种低级职位的招聘策略时应当着眼于什么，可以考虑一下什么对公司和企业最重要，以及什么是可以实现的。在这样的公司中，员工的流失现象十分普遍，最低级员工的流失率有时甚至超过200%。员工更替的成本不高，但是由于流失数量大，加上店面经理要对新员工进行适当培训等所花的时间，折算起来的成本，就不低了。而且，这样的成本会迅速累积。在竞争异常激烈的时候，客户对服务的满意度，以及随着员工推销能力提高（比如，你经常会听到餐馆服务员对你说："您不想来份甜点吗？"）而使餐馆的收入增加等，对各家餐馆的成功十分重要。

这事说起来其实很简单：降低员工流失率，也压缩了成本，增大了销量并留住客户，就增加了营业收入，利润就会增长，这是一个很好的目标。一家打算用这些目标和标准来更新其招聘和录用流程的企业，即使是针对劳动力市场中属于相对低级的职位，也可能会制定出类似下面的策略。

• 我们会招聘和录用入门级的店员，以便将当前的流失率每年降低 20%，多留住员工 180 天以上，并且对所有入门级岗位的缺员，实现 24 小时补充到位，每次补充人员的招聘和录用成本为 500 美元。随着新招聘和录用计划的推出，我们第一年的店面级净利润，会随着各家连锁店实施这一新计划增长 1%。

策略的全部三个要素都表现了出来：聚焦的重点、怎样衡量成功，以及企业将来的打算。图 7-2 向图 7-1 中介绍的策略增添了一些细节。这里并没有华丽的概括性语言或者空想的安排。简单直接的业务标准，构成了这一策略。当然，公司在录用了员工之后所做的事情，也会影响到这里引用的标准和产生的经济回报。毕竟它是一个有机的系统，其中的任何因素，都会对别的因素产生影响。培训负责人要致力于团队合作，提高员工的积极性，提供能够留住员工的工资报酬，并且将现代技术带入到过程管理之中，所有这些，都影响到结果。但是，招聘和录用的策略，侧重于提高进入这一体系的原材料（应聘者）的素质，以便其他的举措能够带来叠加的影响。

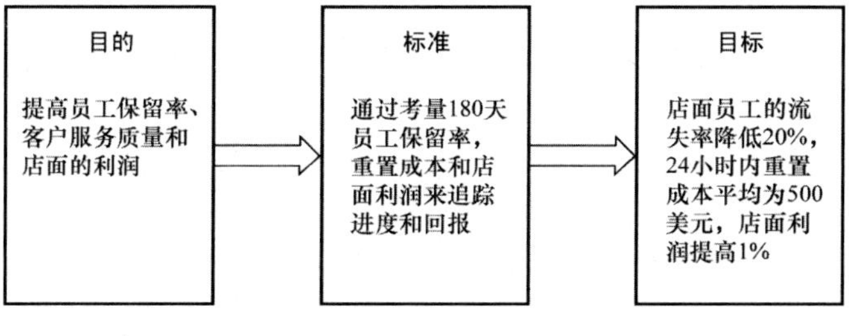

图 7–2　生动表述的招聘和录用策略

我们与餐饮连锁行业内一家最大的公司一道，制定了招聘策略，该策略和图 7-2 中概括的策略非常相似。它综合了四个目标：降低员工流失率、改进客户服务、增强店面的盈利能力，并且使法律方面的投诉保持最低水平。到最后，我们实现了这些目标，也提高了店面的盈利能力。这一体系虽然很简单，回报却来得很快。对法律风险的评估，一开始就进入到招聘流程的监测之中。我会马上详细探讨实施这一策略的具体方法。这里要说明的是，成功取决于在招聘和录用的策略之中确定你希望实现的经济回报，并且将那一目标转化成具体的标准。

正如快餐店的例子，我们可以围绕企业的核心目标来构建策略。但是，一项策略也可以围绕某一短期的重点来制定，着眼于那些能够带来丰厚回报的领域。也就是说，经验表明，遵循一项易于执行的策略，将使你能迅速地解决某些简单的问题，从而获得丰厚的回报。

房地产建筑行业的一位客户，一直以来由于其销售人员的流失率相当高而感到烦恼。过去，该公司的招聘和录用策略，注重吸引有经验的销售人员，识别有着辉煌业绩记录的人员，并且用流失率及销售业务目标是否实现来测量该策略的成功。在策略的具体实施方案的层面上，那些被录用的人员必须通过一个简历筛选流程、一整套的能力和技能测试、一系列的管理人员面试，以及传统的背景和推荐人审核的过程等。虽然做了这么多，但还有些什么可以添加到招聘策略之中，来解决员工流失的问题呢？

对该公司员工流失率的数据进行分析之后，我们发现，它的招聘和录用策略还要进行一次最后的修订。我们的观察表明， 拥有 5 年背景的新录用员工，如果具备下面这 4 个特点，其流失率较低，这 4 个特点是：对照个人确定的销售目标而工作，接受完全凭销售佣金来拿工资的薪酬方案，经常在周末工作，对过去的成绩表现得比较低调而不夸张。具备这些个性特点的销售员，在入职的头两年内流失的可能性，比别的销售员低 1/3。缺乏这些个性特点的新录用员工，流失的可能性是具备这些特点的新录用员工的两倍。如果录用了不具备这些特点的员工，几乎没什么意义，2/3 的人会在达到了他们自己的销售目标之后，很快就离开公司。

所有这 4 个可以预测应聘者会不会长期留在公司的个性特点，直接与公司的工作环境相关联，这原来就是意料之中的事。公司希望销售人员接受他们个人的销售目标。销售员的工资报酬，完全根据佣金来拿。如你可能想到的那样，周末是开展销售业务的高峰期。而且，在公司的企业文化中，着重强调的是现在的业绩，而不是强调谈论过去的业绩。

这样分析之后，我们将分析结果以一种简单的方式转变了整体招聘和录用策略。招聘和最初筛选的重点，转到重点关注具备这 4 个特点的人，同时，除非受到条件的限制，我们尽量避免那些只具备这 4 个特点中的一到两个特点的人。

有时候，对标准和目标进行简单的观察，就可以提出简单的解决方案。在这一案例中，就是着重于怎么解决员工流失率的问题。在这种情况下，改变总体的招聘和录用策略，可以在短期内为公司带来效益。追踪策略实施后的结果，可能是找到这些小幅度提高经济回报的变化的关键所在。在这方面，这家公司的招聘策略只侧重于那些与公司的工作环境更相符的应聘者。

在分析中，有一点慢慢变得清晰起来，那就是：不论一家组织的规模如何，其结构有多么复杂，都可能需要多个不同的招聘和录用策略。组织中不同的部门在执行招聘和录用计划时，通常将他们的策略的重点放在一些差别很大的目标、标准和目的之上。热线电话中心和软件生产商的柜台咨询部门，在招聘和录用人才（提升客户满意度和控制员工流失）方面，与公司研发部门的策略就大相径庭，对后者而言，创新、团队合作、生产率及按时完成工作任务，是主要目标。在高级管理人员层面上，招聘和录用的策略，重在寻找那些可以实现个人目标，提高员工忠诚度的优秀人才，而且，要求这些高管不要表现出一半左右的领导者常有的与企业核心目标背道而驰的趋势。

总而言之，企业运营管理的主要细分部门，可以与人力资源部门的主管沟通，看自己的部门需要重点招聘些什么人，希望怎样来衡量员工的成功，以及想把部门变成什么样子。接下来，人力资源部门可以将这种探讨转变成一份符合每个细分部门需要的招聘和录用策略，还可以告诉运营管理人员，这一策略产生的成果、成本及可能的风险都是什么。

运用随后几章中简要介绍的方法和工具，接下来，人力资源部门负责人可以为成功地实施每一项策略而确定最佳的条件。在最高层面上，整个组织的策略，也许看起来跟此前引用过的一般化表述没什么两样。不过，在具体操作的层面上，获得经济回报，需要制定出保守得多的策略。它还要求有一系列明确的实施方法。

7.3 整合策略，建立风险管理

描述一个以测量指标为基础的清晰的策略，最好的理由是，它可以指导如何选择具体实施方案。经验表明，不同的招聘和录用方案，可以产生完全不同的结果。因此，一个着眼于特定目标的招聘策略，要将各种具体的实施方案综合起来，这些方案已被证明能够达到计划的中结果。简单地说，了解你想要达到的标准，可以指导你如何选择最有可能成功的实施方案。

这就好比一家公司究竟选择通过并购别的公司而提高营业收入的策略，还是选择着眼于系统发展来提高营业收入的策略。选择以并购为主要途径的策略，意味着要采用不同的实施方案：需要的资金更多，不必太注重生产发展，不需要强调新人才的招聘。而选择系统发展的策略，公司要下大力气寻找人才、提高人才素质，并让这些人才随着公司的发展而日趋成熟起来。不过，选择以并购为主要途径的提高营业收入的策略，寻找人才的时候可以依靠那些所谓的“兼并－压缩”的策略：审核和评估已经获得的人才，并决定谁留下，谁走人。在接下来的几章里，很大一部分的内容涉及这样一个概念：不同的招聘和录用实施方案，会产生不同类型的结果，甚至经济回报的数额也不相同。

让我们回顾快餐店的例子。快餐店招聘策略的目的是降低短期的员工流失率，提高客户满意度，提升店面级的盈利能力。但是，当我们要这一策略开始发挥作用的时候，即使是这个简单的例子，也会变得复杂起来。这三个标准中，哪一个应当成为重点？比如说，招聘到能在公司工作更长时间的员工，让其学会如何留住员工，我们可以降低员工的流失率。但在降低流失率的同时，有没有可能促使其他两个标准也得到了提高呢？即使是这样一种简单的策略，也要我们在各种具体实施方案之间作出选择，选择出能够产生最大回报的那种。

图 7-3 显示了这一策略的主要特点，我发现，在将招聘和录用策略细化成一系列引导其实施的方案方面，这些特点是最有帮助的。

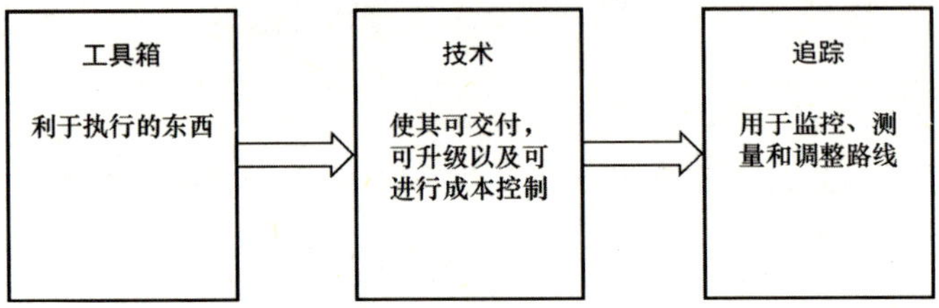

图 7–3　执行一项策略的三个战术层面的要素

就策略而言，三个组成部分就构成了它的模型。首先，要选择有经验表明能最好地实现策略的目标的各种工具。正如大家将会看到的那样，我们可以运用无数种工具，来制定这一用于实施策略的全新具体实施方案。其次，如我们在上一章研究过的那样，在当今的招聘世界里，现代技术无处不在。选择一个技术平台来支持已选好的工具，是至关重要的一步。如今，运用现代技术，很大程度上可以让这些工具变得可以交付使用、易于升级、成本更低。即使是诸如面对面面试之类基本的程序，如今也可以通过现代技术的平台来实现。

最后，具体实施方案要有一个指南，来显示如何监控、测量和调整路线。有时候，这部分是由实施方案的技术因素来支持的，有时候是相互联系的。有时候，它以公司内部的人力资源信息系统为基础。这确保我们能够追踪策略实施的进展，并让我们在需要调整或稍稍改变实施方案的时候，能及时进行调整和改变。如果没有追踪，我们不知道是不是已经达到了策略中确定的目标，也不知道我们在实施策略的时候有没有遇到违法的问题、成本过高的问题，或者应聘者无法及时到岗的问题。

对不同的业务部门、区域或职业群体来说，实施策略的具体方案可能不同。每个业务部门要花时间和人力资源部门负责人一道，仔细思考如何制定策略的具体实施方案，以便更加清楚部门的目标以及达到目标的手段。分层次思考最佳实务、过去的经验、经费预算的限制、当前的人员配备状况、当地劳动力市场的情况等，都有助于我们制定出策略的实施方案，为管理层决定哪些方案最有可能带来回报、最有可能降低风险而提供参考。

我们再回头看快餐店的例子。我们在和客户一道回顾过去的策略并制定具体实施方案时发现，要吸引应聘者，并不麻烦。应聘者也没有给筛选过程带来什么问题。招聘并不难，因此，在制定这样的策略实施方案时，招聘工具并不是重点。同时，我们从类似于快餐店的背景下对最低级职位的研究成果中，了解到了三个因素。于是，我们根据那三个因素来制定实施方案。

首先是有关人的事实：进入职场的应聘者之间是不同的。这些差异，大部分可以用具体的金额来可靠地测量。我们知道，应聘者在态度上的不同，能够很好地预测他们会不会较早辞职。同时，它们还能够清晰地判断应聘者会不会出现恶劣的行为，导致被公司解除劳动合同（比如服务态度恶劣，经常旷工，跟企业对着干），或者做得非常好，让公司极想留住他们。

应聘者的态度，是通过职场中个性的维度来观察的，比如意识或责任感等，它们可以用易于管理的筛选工具来评估。在快餐店的例子中，我们决定在制定策略的实施方案时，在筛选餐馆的入门级员工时添加一个类似的筛选工具。

其次，鉴于要招聘的人很多，需要有一个具体实施方案，提供一些借助网络平台使用的新的筛选工具，这样的网络平台，能够管理店面级的评估结果，对应聘者进行打分并解释评估规则，而且为店面经理提供即时反馈。另外，我们还需要一些现代技术，以便及时告诉各店面经理，应聘者能不能进入下一阶段的面试环节，这正是店面经理想知道的。重要的是，还要有一些现代技术能在不到 20 分钟的时间里监控筛选过程，以避免将那些年轻但关注率低的应聘者排除在外。

第三，实施方案需要运用同样的技术平台，通过将公司人力资源信息系统与已录用员工任职时间长短联系起来的方式，来提供数据追踪能力，获取店面经理对已录用员工的绩效评审意见，并对店面级的盈利能力进行追踪。这些数据追踪工具，也可以用来监控招聘和拒绝的比率，以便测量招聘和录用策略的平等就业机会目标的实现情况，发现可能存在的违反法律的问题。

图 7-4 描述了实施方案的基本要素。

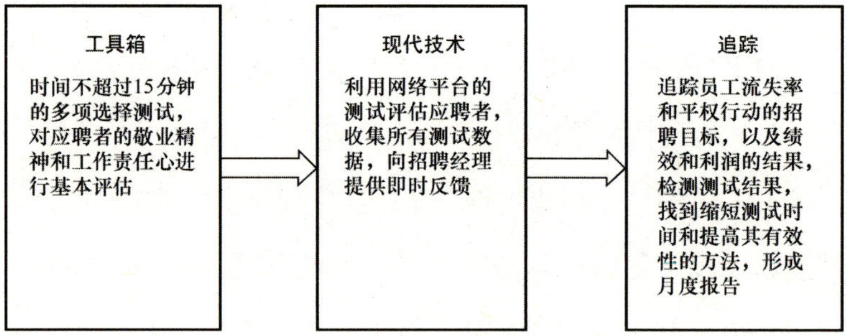

图 7–4　生动表述的策略实施方案

7.4　控制风险，合法招聘

我们在第 2 章中阐述过的有关招聘和录用流程的事实，其中有一个事实介绍了使招聘决策遵守法律的各种方法。我们提到过，联邦政府、州政府和当地的法律，对企业招聘和录用的决策提出了法律上的质疑。有些法律法规要求，当组织达到一定的规模（通常是 50 人）或者与政府部门有业务往来的时候，要定期向政府机构报告有关招聘、员工安置和其他就业活动的情况。另外一些法律和法庭的判定，要求各组织想办法证明，对不同群体的应聘者产生不同影响的招聘和录用工作，的确在法律上是有效的。

第 11 章将探讨招聘和录用的具体实施方法可以怎样来控制违法的风险。我不仅将讨论最有可能违法的方面是哪些，而且还将告诉大家在重要的法庭判定和法律机构指南中提出的某些注意事项。我会根据法庭过去的裁定，来揭示招聘和录用计划中最值得注意的法律问题。

我在这里提出法律风险的主题，因为在阐述总体策略的时候，恰好也是从预防的角度来思考这一主题的最佳时机。当你想着怎样实施那一策略的时候，注意一下法律的风险，尤其重要。法律机构的质疑、法庭的裁决、研究结果，以及对公司的招聘和录用活动提出质询的私方诉讼，为大家的思考铺平了道路。如今，在选择招聘策略的实施方案时，已经有了一些很好的先例告诉大家该做什么，而且最重要的是，还有些先例警示大家不该做什么。有些先例向我们展示了那些明显降低了违法风险的实施方案。有些则为我们提供了不可忽视的警示信号。

在诉讼的时候进行辩护，输掉官司，或者，即使只是应对官司，往往成本都非常高，正因为如此，在制定策略的时候，重要的是将每一个融入到新策略中的点子及具体实施方案，都针对其潜在的风险进行总体的评估。这样的评审虽然也要一些成本，但在新策略实施以前，其代价是最低的。作为曾在这一领域从业 20 多年的专家，我了解很多新的招聘和录用流程中常常出现的法律问题，而且往往是人们最难想到的问题。如果你公司的招聘和录用策略已经运行了一段时间，但走上了违反法律的道路却没人注意到，那么，你在应对这方面的挑战时，会觉得更棘手。那也正是如今的人力资源部门在招聘和录用实施方案即将推出的时候，几乎都会征求法律部门的意见的原因。从降低风险的角度来看，在一开始的时候就进行法律审查，是件好事。

7.5 确定是否外包

在制定招聘和录用策略的实施方案时，另一个决定通常与工具、技术和追踪方法的选择交织在一起。那就是，决定是不是将招聘和录用流程的部分或全部，交由外部服务提供商来做，也就是说，是不是将这一流程外包。如今，很多企业都在这样做。事实上，外包的决定，有时候甚至在公司制定总体的招聘和录用策略的时候就开始了，于是，制定招聘策略的实施方案，就成了外包的第一项业务。招聘流程外包（RPO）服务，是如今在市场服务业务中增长最为迅速的细分市场之一。

将招聘任务交给那些靠收费或临时收费的招聘人员来做的长久模式，在 20 世纪 90 年代的时候出现了实质性的变化。新人力资源外包的概念、新技术，以及新创办的企业，重新定义了使用外部招聘服务的理念，来满足组织的人才需求。如图 7-5 所示，有些新兴的外包服务产品，是有针对性的解决方案，承接的是整个招聘和录用流程中某项严格定义的任务。

有针对性的解决方案	将用来公开发布招聘职位的职位公告板业务外包 用来搜寻应聘者的社交网络或简历搜索技术 随需所应的申请人追踪解决方案 用来筛选应聘者的网络测试或评估服务 员工入职的网络工具与技术 用于留住新录用人员的网络工具
基于活动的解决方案	寻找并筛选应聘者，以支持一项新产品的推出（如把销售代表视为产品） 招聘员工并给员工安置一个新岗位，增加工作班次，或者在国际上公开招聘职位 满足季节性的招聘（如零售业的人员招聘）或者招聘需求的起始周期（如教育机构）的需要 招聘、筛选、安置一次性活动需要的人手（如体育赛事、娱乐活动、志愿者活动等）
总体解决方案	外包针对某个单一职位的所有招聘业务（如呼叫中心代表、账户经理、程序员等） 外包针对某一职业领域的所有招聘业务（如制造业岗位、大学教师招聘、零售业员工招聘） 外包某一业务部门、区域或整体组织的招聘和录用业务的所有方面

图 7–5　招聘流程外包中各个层次的示例

在 20 世纪 90 年代初，我利用了一项营销公司常常用来向客户传真调查表的技术，请那些收到传真的人，用现在的答考题的方式回答营销问题，并且将结果回传给我们。我们还用同样的技术，为参加筛选测试的应聘者发送这样的调查表，并回收答案列表。这一技术，能让我们直接将测试答案表整合到电脑软件中，让电脑软件来打分，确定应聘者的资质，用传真机向招聘经理发送报告，并且在一个数据库中保存好这些数据，以便在以后进行经济回报分析的时候使用。

这些针对性极强的解决方案，使公司从事人力资源工作的员工不必再花时间去进行测试管理、打分、报告和数据存档等工作：不再需要当地的测试管理人员，也不用担心测试现场出现泄露考题的事情。招聘流程中的招聘、搜寻、面试及其他各个环节，仍然留给招聘公司来做。只需要将招聘流程的某个单一的环节外包，就能使招聘流程运行得更快、更好、更划算。在几个月的时间里，它有可能成为我们的外包业务中最具盈利能力的部分。

如图 7-5 所示，如今市场中出现的其他有针对性的 RPO 解决方案，如职位公告板、简历搜索技术，还有在线的 ATS、测试、员工入职或留住员工的工具，等等。所有这些业务，以前都是在组织的内部制定和管理的。如今，将它们外包出去，可以节省人力资源部门员工的时间，并把时间花在解决特定的招聘和录用需要上来。

随着时代的进步，更广泛的外包服务不断发展。它们涵盖了招聘流程的更多方面。如图 7–5 所示，这些解决方案中的大多数，都满足了基于活动的人员招聘的需要。例如，在 20 世纪 90 年代中期，我的公司承接了很多大型汽车制造公司及其一级供应商的大部分蓝领工人和熟练工人的招聘活动。在这里，从接受申请到技能测试、面试及管理团队评估练习，都由我的公司作为一项外包业务来处理，以满足新增的一条生产线中人员招聘的需要。

这些版本的业务外包，通常也在我们所谓的“新设创业公司”中使用，在那些公司中，我们为其在美国和全球的所有新工厂招聘员工。到了 20 世纪 90 年代中期和末期，我们转向土耳其，继而穿越捷克共和国、匈牙利、波兰、俄罗斯、波罗的海甚至哈萨克斯坦，为美国制造商开设的大量制造工厂招聘员工。我们采用的方法是入乡随俗，但这种外包的模式，满足了本部设在美国而业务向外扩张的公司的需要，这些公司的招聘和录用业务尚不成熟。当人员需求旺盛的时候，公司企业们喜欢这样灵活地利用招聘和录用资源，而当员工需要裁减的时候，就可以解雇掉他们。

这些就是建立一个当今称之为招聘流程外包（RPO）行业的初步措施，也是人力资源领域一个发展极为迅速的细分市场，它从根本上重新设计了很多公司企业搜寻人才的方法。RPO 行业提供的能力，意味着在制定公司的招聘和录用策略的实施方案之时，我们应当问这样一个问题：是不是应当将这个方案的任何一部分或者全部进行外包？

有时，你可以决定由第三方来提供整体解决方案的某一部分，就好像我们在快餐店的例子中展示的那样，提供外包的测试管理、打分、报告和回报分析。有时候，你可以决定将整个招聘和录用流程全部外包，甚至是设计其策略和实施方案的业务，也同样外包。

比如，制药行业常常会举办大型的招聘活动，以建立一支庞大的药品销售代表队伍，将推出的新药及时销售出去。对这样的制药公司而言，邀请一家 RPO 服务提供商来搜寻、吸引、筛选、选择、录用数百位新的销售代表，是可以考虑的。在这里，RPO 服务提供商来组织需要的招聘人员和技术，迅速找到应聘者并对他们进行评估，引导他们进入任何必要的内部面试流程，然后完成入职的过程。对制药公司而言，即使能在短时间内靠自身的力量完成这些工作，也有可能需要扩充人手并采购新的技术平台。而对于RPO服务提供商来说，这只是一笔小业务而已。

最后，如图7-5所示，有些公司事实上将所有的招聘和录用计划都进行外包，包括确定招聘策略的实施方法。在这些情况下，并不是短期的招聘目标来推动招聘决策。他们要决定的是，选择那些在招聘人才方面有着专长的服务提供商。例如，我以前所在的怡安咨询公司，提供一项RPO服务，承接了一家医疗保健服务提供商招聘和录用医生的工作。另一些外包服务，则承接某些职业群体，某个商业地点，或者甚至整个公司的招聘和录用业务。

在这个层面上，企业要将自己的招聘和录用活动交给第三方去完成。第三方知道在哪里搜索人才，怎样搜索人才，如何评估和选聘，哪些工具和技术可以产生最低的成本。跟任何别的外包决策一样，作出RPO的决定，首先要相信别人能够更快、更好、更节省地做好这项工作。

当我们转向后面的章节去探讨招聘和录用流程中每一个环节的时候，我会提供一些RPO解决方案的例子。不过现在，我们要把“外包还是不外包”的决策，添加到草拟招聘和录用策略实施方案的过程中要做的众多决策中去。事实上，一旦公司已经确定了获得高管们支持的招聘和录用策略，这是一条通常最先考虑的决策。制定策略，通常要倾听RPO服务提供商的意见，让他们谈一谈他们打算给这一策略设计怎样的实施方案。

7.6　评审投资回报

现在，我们手头有了招聘策略和实施方案。两者都已进行了风险控制的评审。我们甚至还将招聘和录用业务进行了外包。最后的一步，就是准备进入投资回报（ROI）评审的过程。制定了实施方案，我们就做好了进行 ROI 评审的一切准备。我们只需要提醒自己，不能简单地进行评审并且不顾执行的结果。

我把招聘和录用视为一项重要的质量控制业务来做。在这一领域，我们考察自己构建的方案是否有效，同时，我们用经济价值来衡量结果。这就好比一个制造过程，但在招聘和录用活动中，它涉及的是新录用员工的素质和我们监控的成本。我们对制造流程通常会持续追踪、测量、修正，以便保证产品质量稳定并提高生产效率。同样，招聘和录用的流程，也需要在质量控制中采用同样标准。

如今的人力资源业务，越来越多地运用招聘和录用的监控标准，这些标准不仅人力资源部门可以监控，招聘经理同样也可以监控。有些监控标准写入了技术解决方案之中，有些则由 RPO 服务提供商提供，还有些则作为公司的 ATS 或整个人力资源信息系统的一部分而在内部制定。大多数监控标准追踪一些基本指标，比如招聘的时间、每招聘一个人的费用、公开招聘职位的平均数量及相关的标准等。有些监控标准则监控最终的结果，比如新录用员工的平均流失率，以及平等就业法律遵循情况的统计数据等。

有的追踪系统甚至直接追踪招聘部门的情况，并收集中层管理人员对新录用人员在最初的一个季度、半年或一年等时间段里的工作绩效评价。这些工具有助于数据挖掘的顺利进行，而数据挖掘的目的，是发现招聘和录用流程的哪些构成环节对最终的标准（即员工绩效）有着最大的影响。有些特定的提供人才的地方，是不是能够提供绩效最优的员工？在某些测试或面试工具中表现更突出的应聘者，工作绩效是不是更优异？有着特殊经历的应聘者，会不会在公司待的时间更长，或者绩效更出色？正如其他的业务领域一样，对招聘和录用的数据进行挖掘，以回答这些问题，就能发现真正的经济回报隐藏在什么地方。

着手制定一系列的实施方案，是一回事，因为它们反映了实施某一特定策略的最佳做法。而关注策略实施第一年后所产生的结果，并把结果换算成经济价值，则是另一回事。如果你在负责一个客户服务部门，你会这样做。销售部门，也会这样做。如果你身处制造业，你会这样做。如果你投资了一家新的企业，同样会这么做。招聘和录用员工的部门，也可以这样做。如今，对招聘和录用而言，设计更出色的具体实施方案，可以给企业带来真正的价值。

总之，人力资源部门的日常工作压力很大，我们对招聘和录用策略和实施方案的探讨，看起来也有点学术化。不过，如果人力资源部门想要产生它能够产生的经济回报，那么，它的体系必须跟公司其他部门的体系处在同一水平线上。负责招聘和录用的部门，也可以产生跟其他部门同样的经济回报。当我们以本书中探讨的方式去制定招聘和录用策略及实施方案时，那么，它们产生的经济回报，会让公司大多数其他部门感到吃惊。在负责公司的招聘和录用业务时，只需要把以下三件事情深深记在脑海里。

1．制定一个招聘和录用的策略，它确定人力资源部门为其客户部门追求的目标、标准及目的。

2．制定一个实施方案，将各种各样的工具、现代技术和追踪程序结合起来，而且，这些工具、现代技术和追踪程序能够最大限度地顺利地实施好招聘和录用的策略。

3．确定是不是有一些外包的资源可以利用，以及外包给什么人，以便让招聘和录用的流程运转得更快、更好、更划算。

将所有这些，与正在进行的对公司最宝贵的资产（人才）的质量控制结合起来，就能给公司带来经济回报。以后几章的内容都遵循这一条主线。规划、执行和追踪结果，是我所知的经营一家企业的唯一方法。

第8章 搜寻和预筛选

制定好了招聘和录用策略及实施方案，我们可以转而探讨那些搜寻和预筛选应聘者的方法了。本章探讨如何创建应聘者基本资质和胜任力的简表；阐述如何运用软件工具在互联网上搜索、找到应聘者，并将他们的资质与职位要求进行对比；还表明怎样将大批应聘者进行过滤，最后剩下那些资质更优秀的人。本章着眼于在缩小选择范围的同时避免公司出现违反法律的情况。最后，我们会继续重点探讨投资回报的问题，告诉读者，怎样搜寻和预筛选应聘者能够在招聘成本、招聘速度和招聘质量等方面取得最佳的平衡。

8.1 确定你在寻求什么：基本资质和胜任力

招聘流程的一开始，就是确定你需要些什么。通常情况下，它往往从招聘经理在员工招聘申请表上的签名开始。随后，招聘团队要确认，职位描述是不是准确地描述了那一职位“做什么”和“拿什么样的薪水”等方面。这有助于确保负责招聘某一公开岗位的招聘人员，能够严格按照职位要求来筛选应聘者的资质。针对应聘者素质的基本标准，是从职位描述中提取出来的，包括受教育程度、工作经验、技术培训情况、学位或专业资格证书，以及该职位需要具备的特殊技能等。这些信息，对招聘广告和职位发布、招聘人员对外发布信息，以及其他的应聘者搜寻环节，发挥着指导的作用。

即使是在当今的基于技术的 ATS 平台上，大多数这些环节，依然只是招聘和录用流程的一部分。事实上，中止和批准这些环节中的任何一个，也只是运用大多数 ATS 软件来执行的工作流程的一部分。在这里要追求经济回报，要求让流程尽可能迅速、简单且连贯地运行。能不能取得理想的经济回报，取决于这些环节能减少多少的劳动力、能不能降低法律风险和成本。

不过，如今的很多组织已经了解到，随着职位的性质变得越来越宽泛，要求他们不仅重点关注职位描述中的任务和职责，还要在某种程度上重点考察需要具备的基本胜任力。有些公司甚至不再使用职位描述，另外一些公司则在传统的职位描述中添加了有关胜任该职位的能力要求的信息。

在这里，胜任力的概念只是表面上的，因为它关系到怎样搜寻应聘者，也关系到怎样用他们是否符合职位的信息来预筛选。同时，胜任力的概念在这里也是相关的，因为运用胜任力及我们所谓的胜任力模型，有助于从经济回报的角度来观察。从胜任力的方面来思考，不仅提供了一个额外的框架来搜寻和预筛选应聘者，而且还提供一个额外的框架，以比传统的职位描述中有效得多的方式来开展应聘者评估、入职和培训以及长期的绩效提升等工作。关于这一主题，已经有很多人写过书或文章来阐述。

例如，如图 8-1 所示，即为我最近在一家专业服务公司中为招聘销售高管而研发出来的大约一半的胜任力模型。

执行销售策略
确定一些创新的方法来实施公司的整体销售策略，同时也实现个人的目标。运用在评估市场力量、商业环境及客户潜在的态度方面的实践经验和技能。分析业务的盈亏，以确定在单笔的销售业务中必须从方法上作出哪些改变。
用独到的眼光展望未来
在销售中对有针对性的需求和明显的机会遵循严谨的方法。倾听潜在客户的意见。确定决策者、成交的可能性及这笔销售的业务范围。不失时机地向客户推荐一些产品或服务，来迎合这一销售机会。
树立信誉
努力在短时间内树立信誉。遵循前后一致的接洽客户的计划，传递有帮助的信息，进一步收集有价值的信息，并且致力于当一位客户信任的顾问。在坚持不懈和适当放松跟进客户两方面表现出很好的平衡。
清晰表达观点
清晰且准确地写出自己的观点。在高级的层面上以不同的形式，与不同规模的群体进行很好的沟通。表现出极强的演示技能，并且有效地管理好团队的沟通日程。仔细倾听且有效地回答问题。熟练地掌控与别人的交流，无论是书面交流还是口头交流。
专注于客户
评估客户当前的兴趣。倾听客户的意见，并表示出对客户提出的请求或指出的问题的理解。接下来致力于帮助客户找到答案或者解决方案。对客户的投诉切实负起责任。询问客户是否满意。在与公司内部的人员交流时，乐于帮客户说话。
深入了解产品和服务
熟练掌握公司提供的产品和服务的特点及关联。及时掌握产品和服务的最新情况。深入地了解产品的目标、性能特点，以及每一种产品和服务满意不同客户的需求的情况。掌握公司和竞争者的产品和服务的最新情况。向管理层就新产品和服务的拓展方向提出建议。

图 8-1　销售高管的胜任力模型示例

构建这一模型，目的是搜寻、预筛选、评估和招聘应聘者，以及为随后的绩效管理打好基础。当然，应聘者的搜寻还要受到公司的职位描述中基本资质的约束，比如特定的培训程度、工作经验、责任心、行业经验等因素。胜任力模型有助于构建一个框架，来指导招聘人员如何评审从最初对职位表现出兴趣的应聘者那里获得的信息。它清楚地定义了企业在寻求什么，并且也给推荐人提供了一个大致的框架，因为在招聘流程中，所有人都知道这些信息，从外部的 RPO 服务提供商，到内部的从事招聘工作的员工、人力资源部门的面试官，以及参与该流程最后面试环节的招聘经理。

随着时间的推移，对胜任力模型（履行岗位职责需要些什么资质）进行的描述，比传统的职位描述更加稳定。当岗位职责进行了调整，或者绩效目标已经改变了的时候，与传统的职位描述相比，胜任力模型的描述不会轻易改变。胜任力更加侧重于确定“我们需要应聘者拥有哪些方面的品质”。

如今，人们用胜任力模型来构建人才搜寻策略，预筛选那些对职位感兴趣的应聘者，并综合那些用于推动招聘决策的评估工具。企业用胜任力模型来确定招聘和录用工具，从互联网上的职位发布，到预筛选回复了调查问卷的人，运用成组的测试，制定应聘者面试表格，以及达成推荐人审核协议等。

在搜寻应聘者的过程中，胜任力模型的好处之一是，能够深入组织内部，清晰地了解组织在追求什么类型的人。比如，公司是期望销售员像猎手般主动出击，像农夫般种好自家的一亩三分地，还是像一条饥饿的鲨鱼般在市场上凶猛地“大小通吃”？培育长期的客户关系，是不是该职位的一部分职责，或者，一旦做成了那笔销售业务，是不是需要账户经理介入？销售员的职位，是不是需要很强的技术知识，或者，负责生产的工程师会不会支持销售部门？所有这些问题，都要在创建胜任力模型的时候得到回答。如图 8-1 所示，职位胜任力的部分列表，就提出了所有这些问题。这些问题的答案，推动着应聘者搜寻、预筛选和评估的流程。

20 世纪 90 年代，很多人力资源咨询公司把为客户创建胜任力模型作为公司的主要收入来源。不过时至今日，由于各种胜任力已经都有人提出过了，因此，这些公司至少很难提出新的东西。关于胜任力的资料库已经问世，可以不需要花很多的时间或经费，来创建一个专门针对某一特定企业提出的职位模型，或者能够根据客户的需要创建定制化版本的模型。如今受到关注的是与别的组织一道来创建生动的胜任力模型，以便优化可用于普通模型中的各种选择，来适应公司的文化及需要。至少，胜任力模型需要通过与领导者的洽谈而普及，在那种情况下，这些模型就有机会成为最终的招聘和录用工具。

一旦已经确定了胜任力模型的一般特点，为了显示它的应用领域，图 8-2 进一步阐述了图 8-1 中阐述的细节。

中层管理人员	经理	小组管理人员
制定和执行策略——为公司内正在进行的改革、重组或增长而制定的策略提出创新的意见，无论是在公司的层面上，还是在部门的层面上。推动策略的实施，无论它们涉及公司结构和任务的整体变更，还是在工作实践中部门层面上的变革。在策略的制定和执行阶段，都以现有的能力为基础；有效地将策略中的理论转换为实际行动。		

图 8-2　胜任力模型可以通过扩展而涵盖多个职位（一）

<table>
<tr>
<td>在直接下属面前能够有效地将一般的运营目标描述成特定的任务。
经常告诉直接下属，他们的日常任务会对诸如利润率和客户服务之类的公司标准产生怎样的影响。
就可能会提高部门的运营效率的工作上的变革向上司提出建议。</td>
<td>与直接下属及其他部门的人合作，以确定在哪些方面可以共同努力，帮助更有效地实现广义上的管理目标。
运用小组级的策略目标来推动员工完善计划；将人员策略与小组的业务策略结合起来。
就小组层面上最难实施策略的领域，向高管提供以分析为依据的反馈；为优化执行而建议特定的行动。</td>
<td>为其他人清晰地描述优化运营时需遵循的步骤；指导其他人想象未来的运营。
将风险控制的视野融入到商业策略和运营计划的制定之中。
仔细审视竞争视野，判断趋势，并将那些信息转化成能够改进企业运营的行动。</td>
</tr>
<tr>
<td colspan="3">表现出极强的专业技术能力——运用自己的专业知识、培训和经验来提高部门和公司的绩效。在自己的专业领域保持领先，并且随时掌握市场上、竞争对手及针对公司运营的规章制度的趋势。深化自己在运用一般的商业工具上的专业能力，比如信息技术、财务计划及人力资本管理策略等。</td>
</tr>
<tr>
<td>为直接下属提供指导和手把手的技术培训；善于将知识转化为小组的实践；意识到在哪些情况下标准做法的例外情形或替代方案是合适的，并且在需要的时候进行调整。
迅速地运用新技术和做法；在面临某一特定情形时能灵活选择合适的途径。
运用对岗位的深入了解为其他团队创造机会、防止错误，并使问题最小化。</td>
<td>知晓和监控工作团队中的标准做法和技术方法的变更。
在为客户服务及执行整体业务规划的时候，向工作团队展示并传播自己对技术趋势的了解。
在要求具备的技术认证资格上不落后。</td>
<td>在特定的技术领域、技术趋势或业务问题上担负起内部的技术培训师、讲解员或指导老师的角色，为公司作出贡献。
表现出能够在行业平台上和媒体中代表公司的足够技能。
阐述关于竞争对手的技术情报；将这些信息用来进一步实现公司的目标。</td>
</tr>
</table>

图 8–2　胜任力模型可以通过扩展而涵盖多个职位（二）

<table>
<tr><td colspan="3">运用解决问题的新方法——能够以创新的方式来解决问题，构思符合实际的解决方案。在分析问题时采用系统的结构化的方法。在决定采用某一行动方案之前，考虑一些替代方案并评估其成本和效益。在考虑替代方案的时候反复权衡技术、业务及人力资源方面的问题。对解决问题的新方法表现出强烈的求知欲和乐于接受的态度。</td></tr>
<tr><td>运用严谨的、富有逻辑的思维来考虑工作团队中问题；判断定义某一问题的各种事实之间潜在的相互关系。
对日常的运营问题制定新颖的解决方案；乐于考虑新的替代方法，而不是固执地沿用当前的做法。
在需要尝试新方法，试验新点子并与他人分享解决方案的时候，显示出必要的求知欲。</td><td>在解决问题的过程中提出业务、技术及人力资源方面的考虑；在制定解决方案时，将技术的简洁与业务的实用性有效地平衡起来。
对某些特定的问题制定解决方案；不拘泥于过去的先例，并且将尚没有成为团队当前的标准业务程序的想法考虑进来。
打造高效的解决问题的团队；为团队集思广益创造良好的环境，同时继续把注意力放在问题的解决上。</td><td>运用广泛的策略和业务分析。对照运营目标、风险和员工的能力，来评估替代解决方案。
协调各个不同的部门来解决问题。
监管自身所在领域内的运营标准，并组织各种资源来防止研发中出现问题。</td></tr>
</table>

图 8-2　胜任力模型可以通过扩展而涵盖多个职位（三）

这是我为一家金融服务提供商招聘管理岗位人员的胜任力模型，该模型展示了公司对那些被录用人员在其职位的运营方面的期望。这些例子表明了不同职位如何交织在一起并涵盖到整个胜任力模型之中，同时确定了随着岗位级别的提高，期望也在提高。图 8-2 例证了在指导应聘者搜寻和招聘的流程时，类似这样详细的胜任力模型，的确是有效的。

在更一般的层面上，有可能构建推动整个组织搜寻和预筛选应聘者的胜任力模型。例如，图 8-3 显示了我最近创建的一个胜任力模型的结构，目的是推动招聘和录用系统的设计，该系统事实上针对组织中的所有职位，不管某一特定职位可能代表着怎样的职业群体。

图 8-3 展示了由构成总体模型的每一组胜任力涉及的基本职位族，随后是根据每一个职位族而组合的胜任力的广泛类别。接下来是完整的细节，跟图 8-1 和图 8-2 中所显示的那些一样，针对某一特定的职位而综合起来（欲探索整个结构，请访问 www.million-dollarhire.com 网站，寻找更多的细节）。

职位族	胜任力类别
经理和高管	领导组织的行动 运用业务技能 解决问题和作出决策 建立和维护各种关系 管理员工和提升员工素质 表现出强烈的工作动力和动机 表现出诚实的品质和专业素养
专业人员	发挥自己的技术专长 运用业务技能 解决问题和作出决策 建立和维护各种关系 表现出强烈的工作动力和动机 表现出诚实的品质和专业素养
销售人员和客户支持	完成销售任务 运用业务技能 解决问题和作出决策 建立和维护各种关系 表现出强烈的工作动力和动机 表现出诚实的品质和专业素养
技师和专家	展示技术专长 解决问题和作出决策 建立和维护各种关系 表现出强烈的工作动力和动机 表现出诚实的品质和专业素养

图 8–3　整个组织内胜任力模型的示例（一）

行政职位和职员	运用工作技能 解决问题和作出决策 建立和维护各种关系 表现出强烈的工作动力和动机 表现出诚实的品质和专业素养
操作员、交易员、服务员和支持人员	展示技术专长 解决问题和作出决策 建立和维护各种关系 表现出强烈的工作动力和动机 表现出诚实的品质和专业素养

图 8–3　整个组织内胜任力模型的示例（二）

因此，把创建一个详细阐述某职位基本资质的胜任力模型作为搜寻和预筛选的第一个环节，会带来很大的经济回报。首先，可以将人力资源部门、部门经理、招聘经理都拉过来参与胜任力评审，这样更清楚地显示了公司要寻求什么样的应聘者，同时确定了公司在新录用员工中正在寻求哪些重要的要素。例如，如果你知道自己希望从专业服务行业中招聘一些销售代表，他们至少拥有 10 年的工作经验，而且每年的销售目标至少是 100 万美元，这对招聘就很有帮助。但知道公司在寻求怎样的胜任力，有助于向应聘者说出公司的期望，并帮助指导招聘人员如何评审那些已经表达了加入公司兴趣的应聘者。

其次，以胜任力为基础来构建招聘流程的搜寻、预筛选及随后的环节，从遵守法律的角度看，有利于降低应聘者给招聘流程带来的法律风险。胜任力模型的架构支持这样一个论点：整个流程是客观的，与职位相关的，不受那些可能进入主观性更强的途径中某些偏见的影响。胜任力模型，为解释招聘和录用流程如何聚焦于真正与职位相关的资质方面提供了一份纸质证明。

最后，胜任力模型不仅可以作为推动招聘流程中搜寻和预筛选及其他环节的工具，它还支持针对新录用员工的任职培训、目标设定和绩效管理。在清晰和准确地描述公司期望新录用人员具备哪些素质时，胜任力模型可以解释，公司要求这个人怎样来确定事情的轻重缓急，如何分配时间，追求自己的发展，以及在更长的时间内做好自己的事情。简而言之，胜任力模型，为绩效管理和员工能力提升确定了基本框架。

由胜任力模型提供的信息，可以添加到其他因素（比如经验、证书、行业背景、工资水平等）的列表中，以确定何时开始搜寻和预筛选应聘者的环节。但它的真正回报，远不止这些。

8.2 网上搜寻

打造公司的品牌以吸引应聘者，制作招聘广告来广泛传播，吸引外部招聘力量的参与，并且在应聘者表达了兴趣的时候确保和他们建立良好的关系，是几十年来人力资源部门搜寻应聘者的主要做法。所有这些，都注重将最好的“原材料”放进招聘流程的最顶端。每年，各公司在这一领域购买的外部业务，价值达到数十亿美元。招聘流程的所有这些方面，都随着新产品、新服务以及不断拓展的技术的涌现而发展，但是，搜寻应聘者的方法，当前正在进行着一场真正的革命。

企业仍在继续使用传统的工具来搜寻应聘者。有些依然向新闻媒体发布招聘广告，参与招聘大会，向大学派出招聘团队，通过邮件接收应聘者的简历，并且给公司外包的招聘人员分配任务。在高管层面上，负责招聘这类人才的招聘工作人员，依然在四处网罗人才并力求找到最匹配的人。很多经过实践证明有效的工具依然在使用，而且仍然有效。由伯克侯德尔（Burkholder）、爱德华兹（Edwards）、萨丁（Sartain）共同撰写的《关于员工招聘》（On Staffing）一书，对招聘和录用员工过程中传统的和新兴的一些要素进行了高度概括，用以设计世界级的招聘计划。

搜寻应聘者的某些方法，变化可谓日新月异，而且，公司与公司之间的做法也大不相同。例如，搜索公司 ExecuNet 最近开展的一项调查表明，超过 3/4 的被调查公司运用互联网来搜寻和筛选应聘者。我们在第 6 章介绍过，几乎所有正在找工作的人或者应聘者，对网络上的职位公告板，比如 monster.com 和 careerbuilder.com 网站，已经十分熟悉了。几乎人人都知道怎样访问这两个网站。用来公告那些特定类型的职业、专业组织、地理位置和其他特点的更有针对性的职位公告板，其数量有数千之多。

如今，大多数企业都与一家或多家的职位公告板网站签订了协议，他们在那些网站里发布公开招聘的职位广告，应聘者的简历就会出现。有些企业依靠他们的 ATS 服务提供商，将很多职位公告板中的链接综合起来，使得他们在作出填补某一特定空缺职位的选择时，只要简单地点击鼠标就可以了。还有些企业依靠 RPO 服务提供商来确定针对某一特定招聘任务的最佳职位公告板，并将它们整合到 RPO 的应聘者搜寻环节之中。如我们在第 6 章中提到的那样，很多关于职位公告板的指南，比我们在这里的探讨深入得多，有些人甚至看到了职位公告板终有退出历史舞台的一天。我觉得那种情况不会发生。跟其他很多的商业主张一样，它们会不断发展。

接下来，除非职位公告板是由专业组织或非营利机构提供的一项免费服务，否则，它们实际上是向企业出售应聘者的信息，从中收费。今天的招聘界，快速发展的社交平台的替代品正在形成一股潮流，原因也就在这里。比如，虽然 monster.com 网站的客户可以付费使用 1.5 亿应聘者的简历，但社交网站 Facebook 拥有超过 1 亿的会员，而且访问是免费的。LinkedIn 网站也拥有 6000 多万用户。那正是各公司及为其服务的招聘软件和服务行业正越来越多地利用社交网站的原因。越来越多的公司在搜寻应聘者的时候，都在使用这些社交网站。尽管企业并没有放弃传统的职位公告板，但一定也将社交网站的平台添加到了应聘者搜寻的过程中。对企业和应聘者来说，教他们怎样使用诸如 Facebook、LinkedIn、MySpace、Twitter 和其他社交平台来搜寻应聘者和职位的指南，已经数不胜数了。

这场革命，至少有三个因素是相伴相随的。首先是访问的费用问题。访问社交网站，无论是通过安装 Facebook 页面来宣布招聘事项，还是使用互联网技术来搜索 Facebook 和其他网站来找到应聘者，都不像职位公告板那样每次使用都要收费，或者收许可费。新潮一点的招聘人员，可以使用社交网站来迅速找到应聘者，尤其是公开发布的职位是那些可能吸引特定的年龄群体的职位时，更是如此。基本上，这项工作只需要招聘人员花一些时间来做就可以了，不需要其他费用。由于降低了管理成本，从而提高了经济回报，这当然是一件好事。

其次，尽管职位公告板可以提供就业信息及与简历相关联的信息，但社交网站至少在理论上提供了更深入观察应聘者的机会。有人争辩说，跟人们在他或她的简历上提供的信息相比，这些社交网站上提供的信息，能从更宽广的视角来观察潜在应聘者在现实生活中的行为。有的应聘者在简历上写得非常漂亮，但他们在社交网站上贴出的照片、评论或者他们的联系人列表，会让招聘人员转而寻找下一位应聘者。

但是，第三，如果依赖社交网站，总是伴随着一些风险。想一想我刚刚提到的例子。事实上，究竟是什么让招聘人员不再关注那些跟应聘者个人是不是会有效地完成工作任务相关的信息？对应聘者说，鉴于他或她的社交网站大家都可以看得到，那么，招聘人员有可能根据网站上对信息的主观解释，而作出不录取的决定，这样的可能性是存在的。简单来说，那些使用社交网站的企业，怎样来证明这一事实：在搜寻或预筛选过程中，只有那些有重大关系的、与职位相关联的信息才被别人看到？帮助企业访问这些关于应聘者的新信息的服务提供商，会就这一主题提出建议。

他们已经给出的一种建议，就是不要只依靠社交网站作为搜寻的工具，甚至不要太依赖。在美国的人口中，接近 13% 的人是非洲裔美国人，而西班牙裔的美国人也刚刚超过 15%。但是，社交网站 LinkedIn 的会员，只有 5% 是非洲裔美国人，2% 是西班牙裔美国人。当一位原告律师或联邦机构质询某个企业，从哪里招聘人员来填补某一空缺职位时，如果其回答“很大程度上依靠社交网站来搜寻”，也许会被理解为就业歧视。

最后，有着更广泛技术含量的应聘者搜寻解决方案，也在不断涌现。这些解决方案将各种技术捆绑在一起，比如向选定的职位公告板张贴公开招聘的职位信息、搜索社交网站、提取一些从各种不同网站中收集的信息，并且创建应聘者的简介，该简介的内容，比简历、社交网站 Facebook 上的页面，或者 www.zoominfo.com 网站中的简介都丰富一些。这些解决方案的目的，是让大家对潜在应聘者的印象更清晰。当然，随着这些解决方案的发展，它们可能也面临被社会各界从保护隐私及就业机会的视角来仔细审查，但其结果可能是，企业能够更迅速地访问到更丰富的数据。

8.3　与现代技术的结合历程

所有这些方法都有诸多好处：访问更多简历或申请表，并能使公司与应聘者之间信息交换更加迅速。在某一媒介上的所有信息交换，都变成了一种可接受的沟通方式，并塑造了一种工作关系。但它们也有一些不利的方面：简历或者个人简介，会多得超出你的想象。应聘者数量众多本是件好事，但这也需要你去花时间处理，并从互联网上成堆的简历中，如大海捞针一般，找到你真正需要的人才。

现代技术开始进入招聘领域，比社交网站解决方案要早很多，那些用来处理简历的工具、文档及应用程序，就是最先进入这一领域的产品或服务。大多数工具是用关键词或短语来搜索简历：销售高管、C+ 编程、六西格玛经验、零售业的培训，等等。早期的一些工具，可以在计算机平台上载入简历和其他文档，整理它们并根据关键字是否匹配来进行分类，如果关键字匹配，意味着这些简历和文档应当获得更大的关注。有些人依然记得，在这一行业中，Resumix 和 Restrac 等工具曾经风行一时。

后来的一些解决方案可以处理简历，无论它们是经过文字处理的文档、传真、纸质复印件，还是别的格式。这些工具具备提取能力，这意味着能从简历中找到并提取一些信息，比如应聘者的姓名、地址、电话号码、当前职务、上大学情况，以及获得的学位，等等。最近，使用基于语义分析原则的一些工具，可以区分应聘者简历上出现的“弗吉尼亚（Virginia）”一词，究竟是指应聘者的姓名、家乡所在的州、所读的大学，还是最喜欢的度假胜地。

那些工具如今可以从简历中提取信息，并将信息置入 ATS 之中。它们还可以获取每一份应聘者简历的复印件，将其与从文档中提取出来的基本资质评断信息联系起来，并植入到 ATS 数据库中。这样一来，在大型数据库中搜索特定类型应聘者，并随后选择他们的简历进行审核的方法，向前迈进了一步。

如今，随着语言科学一同涌现的现代技术，功能比以前更强大，采用这些技术的解决方案，基本上可以读取简历，提取重要信息，随后再进行处理，而所有这些工作，过去都是由招聘人员手工完成的。当代的各种工具能够“读取”每一份简历，读取职位描述或胜任力模型，并且搜索与这些标准文档中出现的概念最匹配的简历。有些工具甚至能够根据简历与这些文档相匹配的程度，来对简历进行排名，并且可以使招聘人员与这一系统互动，以便优化搜索参数，随后再度返回到通过这种方式而找到的简历之中。

最近，我在与一位招聘账户经理的客户公司合作时，测试过其中一种简历搜索和匹配技术。我们组建了一个数据库，收集了近 2000 份从外部招聘公司获得的简历。内部招聘人员使用这些简历来执行公司的预筛选和评估过程。他们没有使用技术解决方案。

之后，我们运用了公司的职位描述和胜任力模型中的叙述，作为搜寻简历数据库并对简历进行排名的基准，同时还提出了这些问题：简历搜索技术，会不会采用类似于内部招聘人员评审和识别简历以发现其是否值得进一步关注的方式，对简历进行排名？该技术对简历进行排名的方法，是不是类似于应聘者在公司的选择测试组和内部面试过程中表现出来的方式？它能不能预测谁被录用，或者那些人被录用之后绩效如何？事实上，如果所有由人作出的决策全都只凭借现代技术，那么，其结果会不会与那些全部由人工来进行预筛选、评估、面试和作出最终招聘决策而产生的结果完全一样？如果那样的话，将来，这样的解决方案，可以通过减少招聘工作的劳动量的方式，产生巨额的经济回报。

它会管用吗？这取决于你从哪个角度去看。从简历与职位描述和胜任力模型相匹配的角度来看，招聘人员挑选可以进一步观察的简历的方式，与现代技术将简历进行排名的方式，几乎没有共同之处。然而，那些被现代技术排在最好和最差档次的简历，也就是说处于两个极端的简历，往往是在公司的测试和招聘经理的面试中被淘汰的应聘者的简历。因此，即使现代技术将应聘者的简历排名很差，但还是有它的意义的。后续的招聘环节显示，现代技术排名非常靠前的那些简历，往往被认为是资质过高应聘者的简历，或者，应聘者期望的报酬也许超出公司承受能力。客观来说，现代技术将这些人的简历排名靠前，并不是技术的错；而只是应聘者并不符合该职位的其他方面而已。

最后，尽管我们一开始招聘的账户经理数量不多，但是，用现代技术对他们简历进行排名的情况，与他们对照自身职位的财务目标而表现的工作绩效之间的关联，却在统计数据上非常明显。简而言之，尽管研究的结果提出了几乎同样多的问题，但它还是表明，从产生经济回报的角度看，用来审核和评估简历的基于现代技术的方法，依然有可能产生回报。我们仍在继续那一项目。

如今，现代技术可以用来寻找简历和申请人，提取信息，将信息植入到 ATS 平台，并且搜索简历和申请者数据库，极大地减少了劳动力。我们小范围的研究，同样也展示了在工作绩效方面的回报，尤其是寻找那些最终在工作中绩效出色的员工时。

使用这些工具需要注意的是，它们在整理简历的时候能够真正做些什么。重要的是，要理解用来追踪这些工具在遵守平等就业机会法律法规方面的效果，以及它们在准确定义应考虑哪位应聘者，哪些人符合申请人的条件，其他一些统计学报告等方面效果的措施。这是一个可以将显著节约劳动力转变成经济回报模型的领域。但在这一领域里，有些法律建议和指导也值得听取，特别是随着现代技术不断发展，以及那些管理招聘流程的人逐渐掌握了它们是如何发挥作用的时候，尤其如此。

8.4 注意事项

随着这些搜寻和预筛选的技术开始在软件市场上不断发展和普及，负责监控平等就业机会法律法规遵循情况的联邦机构，即平等就业机会委员会、司法部、劳工部及其联邦合同遵循项目办公室，再加上人事管理处，开始对这些技术的发展和普及日益关注。他们意识到，现代技术既有可能改变企业的做法，也有可能改变他们根据平等就业机会（EEO）相关的法律和行政命令来保存记录的法定义务。

这些机构通常会要求企业追踪和报告本公司的招聘和录用结果。他们会定期审核，然后检查不同民族、人种、性别和其他受保护群体的应聘者成功找到工作的比率。随着搜寻和预筛选技术的普及，有一个问题摆在了人们面前：谁是职位申请人？难道是那些对职位公告板上公布的职位作出回应而递交简历的人？是那些通过寻找特定简历的网络机器人找到的人？还是那些通过内部人工劳动或者运用外包服务对简历数据库的搜索而找到的人？如何来区分这些不同的类别？

这些问题，自然而然地导致了一些新规则的出台。到 2006 年年初的时候，接受 OFCCP 监管的公司，也就是那些与联邦政府发生业务往来的承包商或次级承包商，都要求遵守《网上职位申请人记录保存规则》。这一规则把"网上职位申请人"定义为那些通过互联网或相关的技术来申请职位的人，在某些情况下，还包括那些借助各种网络海报、搜索、扫描、社交网站技术而寻找职位的人。该规则十分重要，因为它确定了当这些搜寻和预筛选工具在互联网和别的平台上盛行的时候，谁能算得上是申请人。

确定谁是申请人十分重要，因为政府要求联邦承包商和次级承包商保存并报告他们怎样处理申请人的数据，有时候还进行审核。在问到这些事情时，这些承包商必须报告他们在筛选、评估和作出招聘决策的时候，是怎样从平等就业机会的角度来处理这些申请人的求职申请的。《网上职位申请人记录保存规则》，归结为确定哪些主体负责保存这些记录和报告。

过去，这件事情相对简单。申请人就是那些提交职位申请表的人。但是，《网上职位申请人记录保存规则》并不是一个简单的主张。它是一个全新而复杂的规则，而且，影响它的现代技术，每天都在更新和发展。其结果是，接受 OFCCP 监管的公司，应当听一听就业法律师的建议。OFCCP 的“常见问题解答”网站，就是一个不错的网站，可以给大家提供一些建议。

在这里，我不会深入探讨这一规则，因为，通过将来的执法，该规则的各种细节都会变得更加清晰起来。不过，总体而言，越来越多的企业正运用互联网来构建他们的应聘者搜寻和预筛选流程，他们必须理解这一规则的要求。对联邦承包商或次级承包商而言，要牢记如下要点。

- OFCCP 会考虑那些可能产生网上职位申请人的技术平台，包括向企业提交电子邮件、企业或外部招聘人员保存的简历数据库、工作职位库、电子扫描技术、拥有关于潜在申请人信息的 ATS 或 ATS 提供商，或者是为企业筛选和提交信息的外部服务提供商。
- 如果人们通过下列途径中的一种发布了他或她的简历或者表达了对职位的兴趣，而企业考虑了这一表达，发现这个人具备该职位的基本资质条件，并且在招聘流程还没有将他或她考虑进去之前，他或她没有删除自己在网上的信息，那么，这个人就是申请人。换句话说，如果你寻找了一些人，扫描了他们的基本资质条件，并且发现他们具备职位的基本资质，那么，你就是在和职位申请人打交道。
- 如果表达了对职位的兴趣并拥有该职位基本资质条件的人数实在太多，那么，不一定把所有这些人都视为申请人。不过，用来缩小考虑范围的规则，要求运用那些很大程度上随机排除过多申请人的方法，确定招聘专业人员会考虑的招聘人数上限，或者采用不会进一步地对申请人的资质进行审核的其他途径。如果缩小应聘者搜索范围的规则确实考虑了资质，那么，所有那些被审核的人都是申请人，公司都要按要求保存好他们的记录。

- 如果那些提交了申请表来表达自己对职位兴趣的人没能达到该职位基本资质要求中的任何一项，那么，他们就不是申请人。因此，确定和发布合理客观且相关联的基本资质要求，成为确定网上申请人的重要组成部分。
- 必须在审核过程开始之前就确定职位的基本资质要求。如果很多人表达了他们的兴趣之后再提出附加的基本资质要求，以帮助排除某一群体的申请人并预先确定谁才是申请人，这是不被允许的。
- 需要保存的申请人的记录的标准，常常用来对简历数据库进行自动审核。如果一个搜索工具、信息提取工具或其他借助现代技术的流程已经确定某份简历符合职位的基本资质要求，但它并没有公开和察看该简历，那么，递交简历的人不会被认为是申请人。
- 如果一个自动审核工具不仅仅着眼于职位的基本资质要求，那么，不符合那些补充标准的简历，必须作为申请人的简历加以申请，因为现在的搜索考虑了申请人的资质信息，并且进入到了选择流程的范围。如果某一技术用来根据职位的基本资质要求来评审简历并对简历进行排名，那么，进入到排名的流程的简历的递交人被视为申请人。
- 一旦某个人符合了网上职位申请人的定义，那么，公司必须收集和保存有关他或她的民族、人种、性别等信息，而且，对筛选和招聘结果的分析，现在必须将这个人算作是公司通过更加传统的手段而找到的申请人。

- 利用外部机构来搜索数据库并寻找应聘者的公司，也要遵循保存记录的法律要求，或者要求外部机构来保存这些信息，而且，要求这些信息可以用来进行审核。

所有这些要求的核心在于，OFCCP希望追踪各公司招聘、筛选和招聘的活动，以监控他们有没有违反联邦政府平等就业机会的法律要求。互联网及公司借助技术部门来制作的所有工具，让人们更难清晰地观察各公司做了些什么，会产生怎样的结果，以及这些结果怎样影响应聘者的平等就业机会。《网上职位申请人记录保存规则》，是一种帮助政府机构了解公司的招聘记录，分析招聘结果，确定公司有没有违法的方式。它意味着，要确保新的技术不至于掩盖政府机构希望更清晰观察的公司的各种行为。

这是一个新兴的领域。本书这些章节中的所有主题，都从风险控制的角度来提供参考，保证了对新的发展趋势的追踪。到目前为止，虽然没有出现重大的诉讼，也没有哪家大型公司被政府机构采取法律措施，但那是有可能改变的。如今，人力资源部门需要清晰地理解所有用来搜索和预筛选应聘者的现代技术，而且需要明确谁是申请人。

8.5 预筛选

尽管搜寻应聘者的过程非常复杂，但在这一过程的某些节点上，各公司显然并没有和申请人打交道，那就是：当公司发布公开招聘的职位，而且有1000份简历雪片般飞到招聘人员的收件箱中的时候。同时，该过程还有一个节点，各公司明显在与申请者打交道：例如，在排除了不符合职位的基本资质要求的 60% 的申请人简历，并决定对剩下 40% 符合职位基本资质要求的应聘者，制定更加详细的资质要求列表的时候。

因此，公司关注的事情及公司对找到的应聘者所做的事情，都会影响到他们随后是在与表达了兴趣的人打交道，还是在与申请人打交道，需不需要遵循保存记录的规则。牢记这一概念，让我们来研究某些有助于完成招聘流程中第一步缩小范围的预筛选方法。如图 8-4 所示，对最初表达了求职兴趣的申请人进行预筛选，以确定谁符合申请人的条件，可以采用很多经典的方法。这些方法包括：对照基本资质要求来审核应聘者的简历或申请表；用打电话的方式进行简短的预筛选面试，以验证基本资质要求；或者通过普通邮件或电子邮件发送后续的调查问卷或清单，收集那些已经表达了求职兴趣的人的资质信息。

基本资质审核	对简历或申请表进行人工审核 进行预筛选电话面试 发送清单并进行审核 运用基于软件的信息提取工具或搜索工具
扩展的资质审核	职位符合情况量表 扩展的胜任力清单 对申请表进行打分 业绩记录
比较审核	对资质数据进行打分 传记资料评估 对胜任力简表进行打分 由 ATS 产生的应聘者简表

图 8-4　预筛选的多种途径

对应聘者的基本资质进行预筛选，还可以利用一些技术解决方案。这些解决方案能够读取简历或申请表，提供应聘者基本的资质信息，将这些信息与职位的基本资质要求进行比对，并且就那些符合职位基本要求的人，向人力资源部门的人员发出提醒。所有这些，都代表初步筛选，也就是表明这个人是不是达到了该职位的最低标准要求。它们都推动了招聘流程的第一个缩小范围的环节，运用了资质要求作为标准进行筛选，包括受教育程度、工作经验、地理位置、工资要求、或者许可证书要求，等等。

图 8-5 展示了一个借助现代技术系统而产生的报告，它收集了对某一职位表达了兴趣的个人的基本资质列表。图中招聘的职位是一家软件公司的财务部门主管。这份简单的报告显示了这个人在哪些方面达到了职位的基本资质要求，职位描述中是如何描述的，以及他在哪三个方面没有达到基本资质要求。这一案例中，这个人没能进入申请人的流程，因为他没能达到该职位的基本资质要求。

基本资质——红旗问题

应聘者:	**约翰 · 辛普森**
职位:	**客户主管**
网络面试日期:	**2011 年 6 月 24 日**

图中所示是对这位应聘者进行网上面试预筛选的结果。面试结合了公司用以确定是否继续下一步招聘环节的红旗问题，用以测量应聘者资质是否符合职位要求的工作匹配度问题，以及用以衡量应聘者是否具备关键胜任力的能力匹配度问题。

问题	答案
1. 你是否具备美国的工作授权？	是　（绿旗）
2. 你是否被判有重罪？	否　（绿旗）

图 8–5　对客户主管职位的应聘者进行网上面试的报告（一）

3. 你是否拥有大学学位?	是　　（绿旗）
4. 你能不能在两个月内到岗工作?	能　　（绿旗）
5. 你是否愿意工作中至少一半的时间在出差?	否　　（红旗）
6. 你是否愿意搬家?	否　　（红旗）
7. 你是否拥有至少四年的销售工作经验?	是　　（绿旗）
8. 你是否拥有软件销售的工作经验?	是　　（绿旗）
9. 你是否拥有撰写计划和方案的经验?	否　　（红旗）
10. 你是否曾在一家员工人数超过5000人的大型公司中工作过?	是　　（绿旗）

图8–5 对客户主管职位的应聘者进行网上面试的报告（二）

注意力马上转移到收集更多的信息，以便允许公司在采用更昂贵的评估方法之前，对照额外的标准来筛选应聘者。现在，资质要求的列表，包含了招聘专业人士觉得不便于宣布成为基本资质要求，但在指导预筛选决策时相关和有用的信息。这些信息可能包括工作经验的特定类型或时间长度，在以前的职位上工作的平均时间，一般的兴趣或对职位的偏爱，等等。现在，还要把注意力从确定谁基本符合资质要求，转到了解谁最符合资质要求上来。在这里，各公司开始交叉审核，并且开始处理职位的申请人，而不是一般的应聘者。从这时起，平等就业机会的规章制度要求各公司追踪结果并提交报告。

在预筛选过程中的这一扩展环节里，有很多工具可以用来确定最佳做法。所有这些工具，都收集申请人更多的资质信息，并且经常着眼于申请人的胜任力。比如，图8-6显示了图8-5中介绍的应聘者报告的第二页。不过，在这里，首先公司收到个人简历后提出问题，在收到应聘者对所提问题的回答之后，再用电子邮件进行询问。收到个人简历后所提出问题，重在考察过去基本的工作经验和偏好，有助于进一步了解他或她符合职位的情况。在某些情况下，我们也许会争辩说，这些问题也反映了基本资质。但在我们推出这一报告的时候，并不是这样的。我们的目的是创建一个打了分的简表，它最终可以用来将应聘者与别人进行对比。如我们此前提到的那样，当信息被用来进行对比时，根据《网上职位申请人记录保存规则》，其中牵涉的人，也就变成了申请人。

最后，最初的预筛选还可以扩展为收集初步的胜任力评估信息。图 8-7 为图 8-5 和图 8-6 中简介的个人的情况采取了这最后一步。

在这里，个人回答了一系列的问题，这些问题目的是了解他是否具有与职位相关的胜任力。对他的答案进行了概括和打分，以便产生一个最初版本的胜任力匹配过程。这些答案是通过互联网来收集的，它们产生了最初的预筛选环节中相关的信息。当然，为了确保图 8-5 ～图 8-7 中的问题一定与职位相关，而且没有出现违法的风险，还要采取一些措施。所有这些问题，都有可能将应聘者淘汰。所有这些，都有可能更为消极地影响到受到平等就业机会法律保护的某一群体。事实上，在这一例子中运用的全部信息，都要进行审核与分析，以确定它能在多大程度上预测应聘者未来的工作绩效，以及它怎样影响到个别的应聘者群体。

工作匹配度问题

问题数量：7 最高得分：35 最低得分：0 应聘者得分：18 应聘者符合要求的程度 51%	

问题	答案
1. 你是否曾销售过 ERP 系统？ a. 是（5 分） b. 否（0 分）	a.（5 分）
2. 你是否拥有推销专业服务的经验？ a. 是（5 分） b. 否（0 分）	b.（0 分）
3. 你个人曾做过的数额最大的销售业务是多少？ a. 10 万美元以下（1 分） b. 10 万 ~30 万美元（2 分） c. 30 万 ~50 万美元（3 分） d. 50 万美元以上（5 分）	b.（2 分）
4. 请指出你在选择下一份工作时最注重的因素。 a. 稳定性（1 分） b. 工资水平（3 分） c. 灵活性（4 分） d. 发展机会（5 分）	c.（4 分）
5. 你希望你的工资报酬总额处于怎样的水平？ a. 7.5 万 ~9.5 万美元（5 分） b. 9.5 万 ~10.5 万美元（4 分） c. 10.5 万 ~11.5 万美元（3 分） d. 11.5 万美元以上（2 分）	a.（5 分）
6. 在你过去的年收入中，有多大的比例是来自销售佣金？ a. 30% 以下 （0 分） b. 31%~40%（1 分） c. 41%~50%（3 分） d. 超过 50%（5 分）	a.（0 分）

图 8–6　对客户主管职位的应聘者进行网上面试的报告（一）

7. 在你过去的销售工作经验中，你最注重什么？ a. 在公司里坐等客户找上门来（0分） b. 大约一半在公司里坐等客户，一半在外面跑市场（2分） c. 在外面跑市场（5分）	b.（2分）

图 8–6　对客户主管职位的应聘者进行网上面试的报告（二）

能力匹配度问题

问题数量：8 最高得分：8 最低得分：0 应聘者得分：5 应聘者符合要求的程度：63%	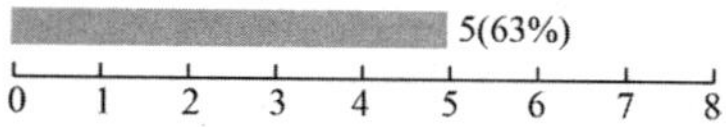

问题	答案
1. 人们会把我描述成： a. 通过向别人提出价值、感情或情绪的要求来影响别人（正确） b. 有效地调度安排人员与资源	b.（1分）
2. 人们会把我描述成： a. 为解决问题而进行详尽的分析 b. 迅速确定客户的购买标准（正确）	a.（0分）
3. 人们会把我描述成： a. 收集和解释有关特定技术领域、趋势或业务问题的技术情报（正确） b. 使产品、营销、销售、运输和员工招聘策略等保持一致	a.（1分）
4. 人们会把我描述成： a. 在作出反应之前认真倾听别人的意见（正确） b. 帮助他人接受和执行新的流程	b.（0分）
5. 人们会把我描述成： a. 质疑别人，以判断他们的工作无效 b. 在提出问题的时候努力运用听众能够接受的语言和示例（正确）	b.（1分）

图 8–7　对客户主管职位的应聘者进行网上面试的报告（一）

6. 人们会把我描述成： a. 每天都监测别人的进展 b. 与客户保持频繁的接触（正确）	b.（1 分）
7. 人们会把我描述成： a. 重新设计一些过程，以适应变化的需求 b. 研究一些无法马上用到的回答客户问题的答案（正确）	b.（1 分）
8. 人们会把我描述成： a. 确保完成效率目标 b. 通过询问明确客户的需求（正确）	a.（0 分）

图 8–7　对客户主管职位的应聘者进行网上面试的报告（二）

另一种预筛选方法称为业绩记录，也可以通过普通邮件或电子邮件分发。这种方法要求应聘者提供他们过去在与这一职位相关的领域内取得的业绩，通常体现了为这一职位而确定的胜任力要求。图 8-8 显示了为一个销售高管的职位而制定的业绩记录的一部分，这个职位所需的胜任力曾在图 8-1 中简要介绍过。

应聘者过去的业绩记录

销售主管职位

应聘者姓名：	申请日期：
作为申请以上提到的职位过程的一部分，请告诉我们，你在自己当前的职位与 / 或你曾工作过的地方，最值得一提的业绩是什么。这些问题，与你已经申请的职位的最重要资质是相对应的。请你指出在这领域内你自己最值得一提的业绩，以便我们更好地理解你的能力，并给你一个机会来向我们证明你自己的候选资格。 在回答每一个问题之时，请做到准确和直接。不要提供假设的答案，只回答那些真实反映了你过去实现的业绩的事情。可以介绍两个不同的例子，来证实你对每个问题的回答。	
展望——描述当你必须确定客户的兴趣和购买能力时的情况。那是一种怎样的情形？你是怎样作出自己的判断的？你的判断，对你的销售或合同续订活动产生了怎样的影响？最终的结果怎样？	

图 8–8　业绩记录数据收集表

这一概念是简单直接的，但不如图8-5～图8-7中展示的清单那么严谨。事实上，它是在提问：你过去有没有取得过一些业绩，帮助你的企业认识到你的背景与他们寻求的胜任力是否匹配？应聘者的回答，会由公司进行审核、评价，并用来作出预筛选的决定。如果应聘者进入了招聘流程的面试环节，他们还会提出一些面试问题。

预筛选信息的最后一个类别，不仅是将应聘者与职位的资质要求进行比较，而且还与其他应聘者进行比较。在这些方法中，重要的不是收集不同的信息，而是采用不同的方法使用数据。这些预筛选信息，不是为了将应聘者与职位的要求相比较，而是用来确定每一位应聘者如何跟其他人比较，以及哪些应聘者的资质更符合要求，哪些不符合要求。现在，预筛选也出现了转变，从将应聘者与职位要求比较，转变成应聘者之间互相进行比较。

图8-9仍采用了图8-5～图8-7中的例子，从评估单个应聘者是否符合职位的要求，转而讨论跟其他应聘者相比，谁更符合该职位的要求。

这样的区分看起来很好，但它是从基本的预筛选转变到应聘者评估的最初环节。如今，收集的信息是有关基本资质条件，应聘者符合职位要求的情况，以及应聘者胜任力的情况，它们都用来根据应聘者的资质情况进行排名，大多数情况下，用来确定谁会受到公司招聘人员更大的关注，比如决定是不是向应聘者发出面试邀请。这一环节的目的，不一定是对应聘者进行严格意义上的排名。相反，这种合理地或根据经验地以得分为依据的做法，可以更清晰地观察，应聘者究竟是集中在他们的资质简表中所列举的那一类人，是将他们自己隔离到别的群体，还是向招聘人员出示了一个毫无意义的简表，使得招聘人员又要重新回到职位公告板的环节去搜寻应聘者。

当然，用来概括应聘者的资质简表的法则，需要以那些有重大关系的与职位相联系的，最好是根据第 3 章中研究过的模型而验证过的信息为基础。如果他们符合，那么，在招聘流程的这一预筛选环节作出的决定，可以用来制定经济回报模型。以这种方式，那些将接受进一步审核的应聘者比例，甚至可以采用类似于第 5 章中概述过的计算经济回报的方法来决定。

客户主管　　**团体报告截止日期：**2011 年 6 月 24 日

以下所示为在这一报告截止日期之前完成的网络面试的所有应聘者的结果。这些研究结果显示了每一位应聘者在红旗问题、职位符合情况、胜任力符合情况等面试问题中的得分情况。应聘者的排名，以他们综合的职位符合情况和胜任力符合情况得分的高低为序。

应聘者姓名	网络面试的日期	红旗问题		职位符合情况问题		胜任力符合情况问题		总的职位和胜任力符合情况	
		状态	出现问题的方面	得分	最高百分比	得分	最高百分比	得分	最高百分比
简・吉亚	2011 年 6 月 22 日	○		33	94%	7	88%	39	93%
凯利・班克斯	2011 年 6 月 16 日	○		31	89%	7	88%	37	88%
詹姆斯・约翰逊	2011 年 6 月 20 日	○		24	69%	8	100%	32	74%
格洛里亚・洛佩兹	2011 年 6 月 23 日	○		18	51%	5	63%	23	53%

图 8–9　网络面试报告的比较（一）

<table>
<tr><th rowspan="2">应聘者
姓名</th><th rowspan="2">网络面试
的日期</th><th colspan="2">红旗问题</th><th colspan="2">职位符合
情况问题</th><th colspan="2">胜任力符合
情况问题</th><th colspan="2">总的职位和胜
任力符合情况</th></tr>
<tr><th>状态</th><th>出现问题
的方面</th><th>得分</th><th>最高百分比</th><th>得分</th><th>最高百分比</th><th>得分</th><th>最高百分比</th></tr>
<tr><td>约翰·多伊</td><td>2011 年
6 月 22 日</td><td>●</td><td>问题 1</td><td>21</td><td>60%</td><td>7</td><td>88%</td><td>28</td><td>65%</td></tr>
<tr><td>罗伯特·阿斯通</td><td>2011 年
6 月 22 日</td><td>●</td><td>问题 2</td><td>18</td><td>51%</td><td>4</td><td>50%</td><td>22</td><td>51%</td></tr>
<tr><td>里卡多·桑切斯</td><td>2011 年
6 月 21 日</td><td>●</td><td>问题 3
问题 6</td><td>10</td><td>29%</td><td>6</td><td>75%</td><td>16</td><td>37%</td></tr>
<tr><td>凯特·汉密尔顿</td><td>2011 年
6 月 19 日</td><td>●</td><td>问题 3
问题 7</td><td>12</td><td>34%</td><td>3</td><td>38%</td><td>15</td><td>35%</td></tr>
<tr><td>玛丽·约翰逊</td><td>2011 年
6 月 21 日</td><td>●</td><td>问题 3
问题 4
问题 5</td><td>11</td><td>31%</td><td>3</td><td>38%</td><td>14</td><td>33%</td></tr>
</table>

图 8–9　网络面试报告的比较（二）

当你采用这类质量控制方法来处理预筛选环节时，会获得丰厚的经济回报。在招聘流程中更有可能成功的应聘者，会首先获得关注。人力资源和招聘部门的面试官花在可能有能力通过面试的应聘者身上的时间会更少。由于预筛选排除掉了一大批不符合招聘要求的应聘者，只留下了资质更符合要求少数的应聘者，这样，面试官可以节省大量的时间，因而也降低了测试管理、出差、推荐人审核及其他方面的费用。正如第 5 章中介绍的经济回报模型那样，你可以在使用这里阐述过的工具时，计算你可以获得的预期经济回报，并且随着时间的推移，观察新录用人员的绩效情况。

8.6　审核

由于招聘人员对那些表达了求职兴趣的人进行了预筛选和过滤，因此，重要的是对其结果进行总结分析。尽管有些招聘必须在确定的时间期限内完成，一旦招聘名额满了，招聘工作就结束了，但在很多情况下，招聘工作会一直持续下去。招聘销售人员、账户经理、生产工人、医疗保健支持人员、接待人员等，都是这种情况，在这些职位的招聘之中，往往招聘的数量众多，职位本身的自然流失率也很高，这意味着公司或组织的招聘始终在进行之中。如果招聘并不是连续进行的，那么，要停下来总结分析一下，在必要时调整一下路线方针，然后再继续进行下去，就相对较为容易。如果招聘变成了一项流水作业，一直在进行之中，那么，对结果定期进行观察，有助于让你清晰地了解你的招聘成效，以及哪些工具在发挥作用。

在进行这些总结分析的时候，有几个方面需要注意。首先，从遵守法律的角度来看，这里可能会出现一些麻烦。简单地决定在什么平台上，怎样搜寻应聘者，随后决定谁可以入围招聘范围，并判断怎样对应聘者进行预筛选，会使政府机构对你的招聘流程展开细致的审查。从遵守法律的角度来看，这时候需要审核那些进入到招聘流程中更有针对性的评估环节的申请人。如果你像大多数企业那样，严格按照反歧视行动计划（AAP）来操作，那么，重要的是将集中起来的应聘者与该计划的各项参数进行对比。鉴于反歧视行动计划中确定的种族、性别、族裔，以及其他的招聘要求，这里要提的问题是，应聘者群体有没有可能让你来实施这一计划？如果没有，那我们可以从哪里来增加应聘者群体，以及我们可以做些什么，来搜寻到那些应聘者？

其次，在预筛选过程中所做的一切，是不是导致了我们以不对称的比例淘汰了公司反歧视行动计划中规定的某些特定的群体？我会在第 11 章探讨法律问题时更加详细地讨论企业在这方面可能会犯的一些错误。不过，现在的关键问题是，你在运用受教育程度、工作经验，以及其他的基本资质条件时，有没有给某些群体带来更加不利的影响，把他们排除在外？如果答案是肯定的，一定要确保那样的限制条件的确是必需的，也就是说，它们是与职位相关的，而且你认为你可以理直气壮地回答别人的质疑。如果这些条件不是必需的，那就要把它们从招聘流程中排除。

当然，对基本资质条件进行审核，应当在制定招聘流程的实施方案环节就着手进行，但是，根据资质条件而得出的预筛选结果，需要现在就进行审核，因为你的手头上有了这些数据。要对预筛选结果从法律风险的角度来加以审核，在那些存在法律风险的领域，你也许决定改变应聘者的资质要求和预筛选的标准。

第三，在预筛选的环节里，也可以进行一些预测。我曾建议那些要在短时间内完成招聘任务的客户，注意收集他们在招聘流程开始后收集到的招聘数据，以便构建一些预测模型，并将这些模型嵌入到他们使用的 ATS 之中。可以运用简单的建模方法，从上一年度的 ATS 数据库中提取一些数据，来预测某一特定的应聘者群体能否顺利通过招聘流程接下来的环节，并在要求的时间范围内成功地补足目前招聘岗位所需的所有人员。

例如，我们可以提取一些历史数据，来分析某个特定的应聘者群体在招聘流程的评估、面试、推荐人审核及其他环节上成功通过的可能性，该群体体现了应聘者特定的出身、教育背景、工作经验、以前的就业情况，以及相关的资质等。这样的预测分析，有助于确定是不是需要将搜寻、预筛选的范围扩大，以及如果需要扩大的话，要着重于哪些方面。预测，可以分辨出当前的招聘需求能不能运用手头的招聘流程而不是别的流程来得到满足。ATS和各种不同的招聘监测方法的提供商，可以让这个过程变得相对简单而直接。

第四，而且是相关联的，在招聘流程中这一起始环节，其结果有助于确定实施方案的哪些方面可能需要作出调整。你在网络上提供的哪些职位公告板上，没有找到可接受的应聘者？你向社会化媒体平台提供的哪方面内容，使得感兴趣的应聘者采取了下一步的应聘行动？那些访问了公司网站的人，最终有多少失去了对某个职位的兴趣？平均来看，这一招聘流程到底走到了哪一步？对照你的简历读取工具获得了高分的简历，其应聘者有没有成功进入预筛选环节？在自动化的网上面试中，有没有哪个特殊的预筛选提问将一定数量的应聘者排除在公司门外，因而引起了企业对是否违法的担心？你有没有问过对每位应聘者来说都很容易回答的问题？

上述所有这些问题，有助于确定在招聘和录用流程的这一初始环节上可以实现的经济回报，并且突出了该流程中运行效果不如期望或没有达到要求的组成部分。对其结果进行总结分析的这些措施，在本质上都是一些质量控制和持续优化的措施，但有些也带来一些风险，特别是那些着眼于搜寻和预筛选应聘者的遵守法律问题的风险。

如果招聘流程继续运行下去，那么，在招聘中实时地监控和修订这一初步环节，有助于提高招聘质量、压缩那些无法带来回报的费用支出，并且确保不会作出有可能违反法律的决策。如果由于岗位已经得到补员，招聘流程停止运行，那么，也可以对其结果进行分析总结，直至下一次招聘流程的启动，并且对可以采取的所有措施进行更广泛的审核。

在这个阶段，基本的“产品”是大批的应聘者。运用你的实施方案中引入的工具和现代技术，现在，你手头拥有了一大批具有该职位基本资质的应聘者，并且，你已经对照职位的相关要求进行了预筛选，准备进行下一步审核。你还以一种考虑了降低风险的方式来做好搜寻和预筛选的工作，既降低了找不到新录用人员的风险，也降低了招聘流程的法律风险。接下来要做的，就是对大批的应聘者进行详尽的评估，并更加清晰地了解你是否找到了正确的应聘者。

第9章 全面评估

你已经要求应聘者跨越了预筛选过程中一些小小的障碍，现在，我们要对照推动招聘决策的资质条件来进行评审。有人觉得，这些全都是应聘者搜寻时的事情，但那仅仅只是开始。高质量的搜寻工作，可以产生一大批应聘者，并且吸引公司可能感兴趣的人。但是，最有创意或科技含量最高的招聘和搜寻工具，基本上无法对应聘者进行区分。它们只是在第一个环节上做得很好，但如果没能很好地执行招聘流程的评估环节，那么，那些真正拥有招聘人员寻求的素质的应聘者，可能会被忽略。这还不是最差的。更糟的是，有的人凭借一份写得冠冕堂皇、光鲜亮丽的简历，以及在简历中讲一个感人肺腑的小故事，没有什么别的才华，就被公司招聘了进来。

依我的经验，对照职位要求的众多胜任力来评估应聘者而获得的回报，是一个敏感的话题。本章的整体核心在于，找到那些能够准确预测应聘者未来的工作绩效（百万美元预测）的方法。当然，如我们在第 7 章中探讨过的那样，在制定指导招聘流程的策略和实施方案时，你已经做了一些这方面的事情。不过，本章阐述的是那些能够制定以经济回报为导向的招聘计划的评估方法的具体细节。本章继续上一章结尾的话题：更深地挖掘那些顺利通过预筛选过程的应聘者的胜任力。

9.1 确定评估内容

评估应聘者资质的最简单方法，就是录用员工并观察其工作任务的完成情况。有什么衡量个人学习岗位技能并完成任务的能力的方法，会比让其直接打卡上班更好呢？其实这种模式并不少见。对于要求不太高的较低级职位，企业有时候使用一种“先临时，后正式”的方法。这样的理念不但有助于使员工招聘保持灵活性，也有利于评估临时聘用的员工中，哪些是企业希望永久聘用的，哪些不是。遗憾的是，这种模式无法很好地吸引那些技术型、专业型、管理型的应聘者。处在这个层次上的应聘者，追求的是稳定性，在找到稳定的工作之前，他们会拒绝其他类型的工作。

评估的全部内容，就是收集预测未来工作绩效时需要用到的信息。正如我们在第 4 章和第 5 章中看到的那样，我们着手预测的东西范围很广，很大程度上受到公司的目标及职位的特点等方面的约束。我们也许会预测某位新录用员工会多么迅速地学会新岗位的技能并达到生产率的标准。我们可能预测他或她，从长远来看会达到怎样的水平，或者工作绩效有多么稳定。我们也许还想预测他或她是不是能够马上接手更复杂的任务，或者能在多快的时间里承担更复杂的任务。最后，我们还想预测他或她究竟会不会辞职走人，无法胜任工作，出现一些问题行为，等等。要预测应聘者将来的事情，需要我们在评估过程中获得大量的信息，并且使用大量的工具。

上一章我们探讨了运用胜任力来帮助设计招聘和搜寻应聘者的流程，指导我们如何将最初的一批应聘者与招聘人员需要的员工之间进行对比，并且为应聘者之间的对比做好准备。在考虑评估的时候，你可以把这些胜任力视为可以利用的根本要素，它们共同定义了应聘者。图9-1展示了用来观察应聘者胜任力的简单模型与观点。它还开始为我们运用哪些基本类型的评估工具而提出了建议。

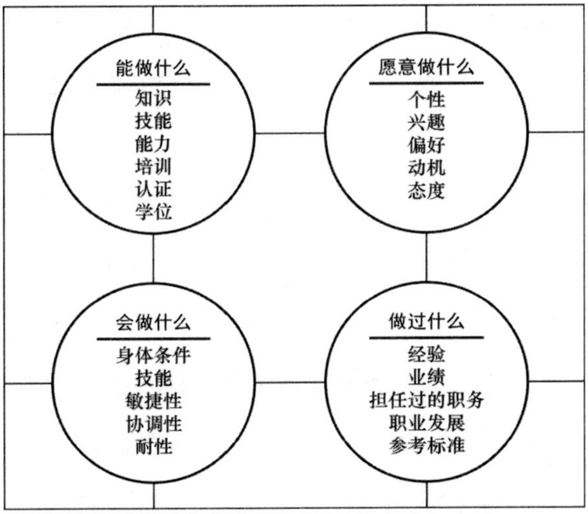

图9–1　全面评估应聘者的4种方法

首先，评估过程有助于预测应聘者是否有能力完成这项工作，也就是说，其是否具备学习和履行该职位日常任务所需的知识、技能、能力、培训，等等。对受训人员、学徒及应届毕业生的岗位来说，评估应聘者能力方面的胜任力，有助于预测其是否具备了熟练掌握培训内容并能承担起自己在工作中的角色的能力。对于那些要求具有经验的职位来说，评估应聘者的能力方面的胜任力，有助于预测其何时能够达到期望的水平。

其次，预测一位应聘者是否有能力做某项工作，并不意味着他或她也有意愿去做。因此，我们还需要预测应聘者是不是具有适当的个性、兴趣、工作动力，以及其他素质，能够将能力方面的胜任力转化成我们期望的优异绩效。最近的研究表明，构成这两个类别的胜任力，相互之间的差别是很大的。它表明，忽略其中一个或者轻视其中一个，会导致我们对工作绩效的预测大失水准。聪明的人不一定都讨人喜欢，而那些有着麻烦个性的人，不一定都愚蠢至极。

再次，对某些职位来说，评估应聘者身体条件方面的胜任力，也有助于预测应聘者的成功，或者有时候，预测其无法成功。它们预测应聘者是不是具备相应的身体条件，去完成需要体力和体能的任务。虽然对大多数职位来讲，已经不需要应聘者具备这类胜任力，但是，电力公司的线路维修人员依然要去攀爬高塔，而消防员依然要一边拖着消防龙头，一边爬楼梯。评估这方面的胜任力，通常还着重于预测谁有可能在工作中受伤。这时，安全通常是将这类评估工具添加到招聘流程中的重要因素。

最后，当我们转而探讨以前讲过的入门级职位时，评估应聘者过去完成任务的胜任力，可以更好地预测他或她是否具备相关的工作经验，有没有取得过较好的业绩，同时，我们根据他或她以前岗位上的情况，来预测他或她将来是不是能够表现出期望的绩效。在这里，评估的重点从基本能力、个性或身体条件，转到了应聘者以前的工作绩效。

当我们将目光从组织中简单的工作转向更为复杂的工作，或者从较低级的职位转向更高级的职位时，这四个类别的胜任力的相对重要性，也在发生变化。

同样，我们策划和设计评估过程的方式，也会随之而变。图 9-2 显示了当我们从不太复杂的入门级职位，转而观察技术型、专业型、管理型职位的时候，对应聘者的能力、态度、身体条件、过去的业绩等胜任力的强调，在评估过程中是如何改变的。职位本身的性质，也要求我们必须将评估重点转移。

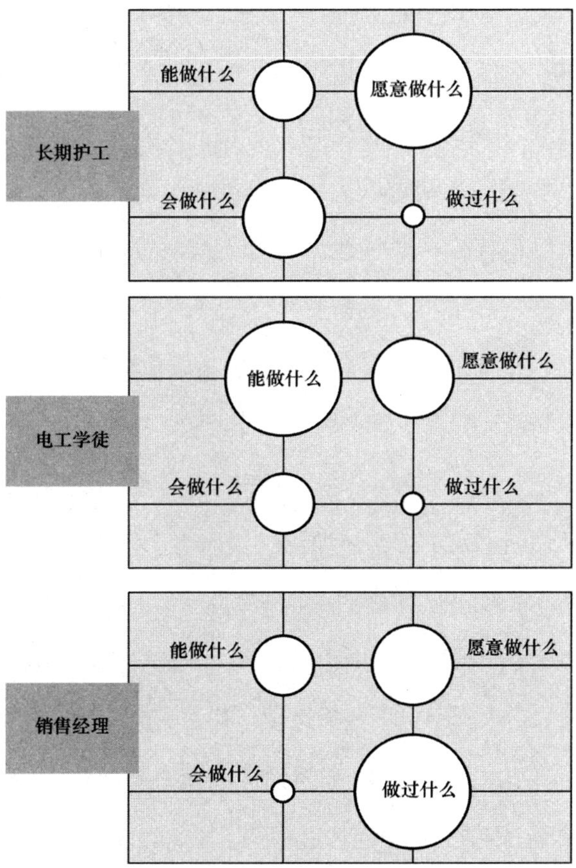

图 9–2　不同的职位，要求在应聘者评估过程中采用不同的侧重点

比如，如图 9-2 所示，长期护工职位，对应聘者技能或者经验的要求就低一些，因此，在评估申请这一职位的应聘者时，能力和过去的业绩，就不会是重要的评估目标。这项工作要求员工具有相对较高的敬业精神和责任心，并且愿意在那样的工作环境中工作，所有这些，都涉及态度。它还要求员工具有一定的身体条件，以便能够做好工作中的一些诸如举推拉提的体力活。图 9-2 用清晰的图表展示了对于那些可以被综合的职位如何来考虑应聘者的评估过程，并告诉我们怎样去深入挖掘，以找到一些有关工作态度的评估工具。

电工学徒的岗位，通常要求应聘者参加过一个为期四年的培训计划，对很多入门级的技能和能力进行过培训，包括：数学、阅读理解、空间可视化能力，等等。这些培训还要求以人为本，既考虑学徒的在职教育，也考虑他或她的自学能力。敏捷度、协调能力，以及其他的身体条件，都被列入这一岗位的胜任力之中，以便员工具备更广泛的能力。很显然，针对这一职位应聘者的评估过程，在范围和细节上与长期护工职位都有很大的不同。

销售经理的岗位，要求应聘者拥有工作经验。在这里，评估的重点转向应聘者过去的工作经验，但评估过程依然考察他们的能力和态度，这些都是顺利完成更高级的工作所必需的。它还要评估应聘者个性中某些戒律，也就是说，那些可能会朝着谋求私利方向发展的个性特点。然而，应聘者的身体条件变得不太重要了，即使每周都要召开销售预测的会议需要持续很长的时间，对应聘者的耐力有一定的要求，那也不是很重要。对这一职位的应聘者的评估，需侧重于他们过去的业绩，因为它们才是预测应聘者未来工作绩效的主要指标，特别是如果应聘者曾在别的公司里担任过相同职位的时候，更是如此。

在评估应聘者的时候运用“能力、态度、身体条件、过去的业绩”的模式，将促使人力资源部门重点评估那些将要获得进一步审核的胜任力上。回顾上一章中介绍的胜任力模型的构建工具，读者可以访问

www.million-dollarhire.com 网站。一般说来，类似这样用来挑选员工胜任力的工具，都推动着针对某一特定职位、一系列职位或者组织中重要部门的评估过程。接下来我们就会转而探讨，如何将这些胜任力与评估工具匹配起来。

9.2 不同的评估工具及其运行方式

假设你正在参加一年一度的体检。医生首先花一些时间来仔细查看你去年的体检结果，事实上，他或她正在审核你的“健康简历”。接下来，医生会对你进行面试，询问你自去年体检以来生活中有些什么变化；问一下你在饮食、锻炼和人际关系方面都做了些什么；并且深入挖掘你在这一年中出现的任何新情况或新症状。询问每一个问题，其目的都是为了作出评估。你的回答，会帮助医生确定对你重点检查的方面，并且帮助医生就你目前和将来的整体健康状况作出预测。

如果体检就这样结束了，随后医生提一些建议，告诉你接下来的一年该怎样保持健康，你觉得好不好？你觉得这样的评估对预测你将来的健康，已经足够了吗？怎么没有对你进行尿检、血检检查，也没做心电图、测视力？没有做这些项目，你觉得体检完成了吗？然而，在招聘的领域里，我们通常根据对简历的审核及面试来判断应聘者：没有进行测试，没有开展评估，也几乎没有深入的探测分析。我们觉得，完成了评估，就足以对应聘者未来的绩效作出重要预测了。

和体检一样，如果我们的目标是全面地评估应聘者，那么，我们需要探索，哪一些“测试”能够更好地理解应聘者的能力、态度、身体条件和过去的业绩。我们应当根据图9-3中展示的四个宽泛的类别，来思考针对相应的胜任力的评估工具。

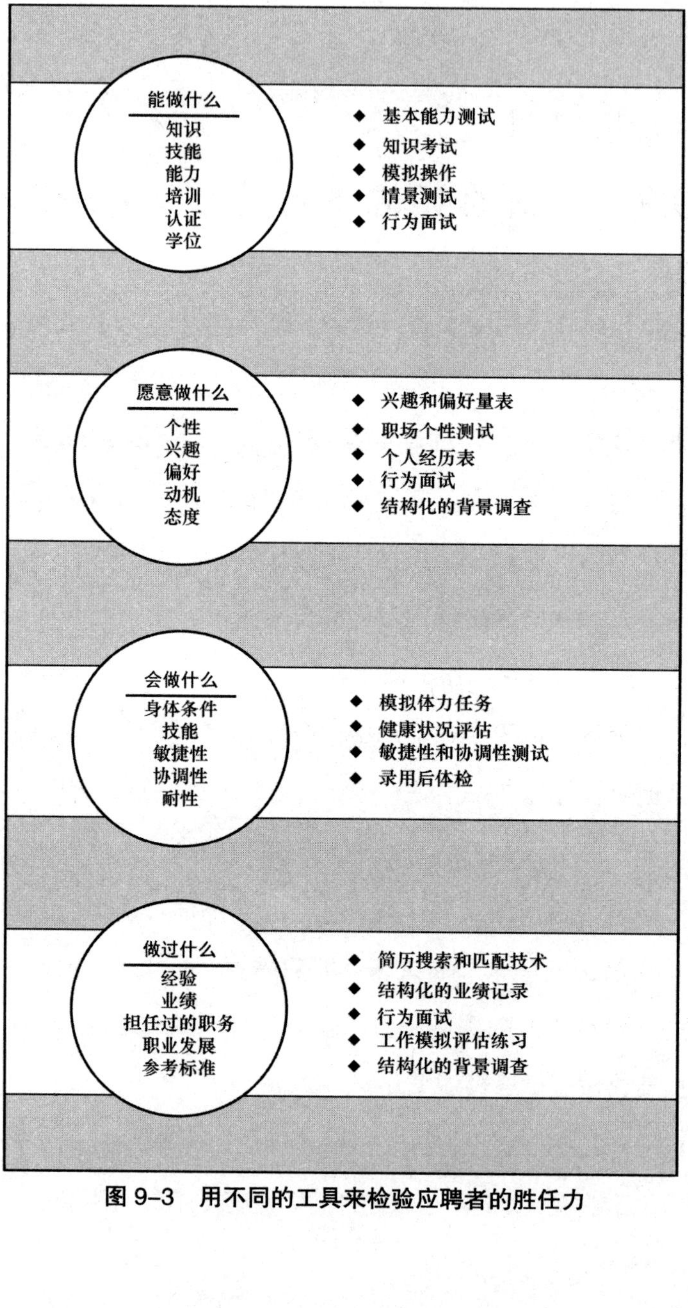

图9–3　用不同的工具来检验应聘者的胜任力

如图9-3所示，研究和实践已经表明，有些评估方式在探索特定的胜任力方面最有效，这包括能力测试、面试协议、工作模拟、个性量表，以及推荐人审核等。图9-3提供了某些例子的一个量表。

跟在医院体检时一样，暂时停下来观察一会儿，接下来该如何对应聘者作出最准确的前瞻性的评估，是值得做的事情。也许令你们感到惊奇的是，大量的研究一直支持一些标准，这些标准和支持医学评估的标准十分类似，如可靠的实验设计、大型的团队研究、统计数据分析等。这些标准，也有助于这里的观察，因为评估应聘者的技术，不会被商业市场上充斥着的各种评估工具而淹没。

没错，我正试图只用几页篇幅，就把足以用一本书来撰写的研究成果写出来，但是，我迄今为止引用过的资料来源，为那些有兴趣深入挖掘的人提供了更多细节。在这里，我的目的是突出展示某些最成熟的原则，并且着重于那些最有可能产生招聘和录用计划并为公司带来回报的工具。

首先，从20世纪80年代开始，弗兰克·施密特、约翰·亨特尔，以及其他一些同事的研究，已经将应聘者评估的研究重点，放在哪些工具持续有效及如何使用等方面。这些研究提供了更丰富的信息，采用了元分析研究：以统计学为基础的大规模审核，它们概括了来自数百个独立研究项目中的研究成果。这些研究着重于确定在一系列的背景之中不同类型的评估方法之间潜在的模式和结论。研究提供的信息，抵消了来自任何单项研究中出现的巧合，有助于在综合应聘者评估计划的时候，指导人们作出设计决策。

大多数这些研究，提出了一个基本的问题：当某些类型的评估工具用来预测员工培训或在职的工作绩效时，我们可以预期它的有效性处于什么样的水平（图 2-1 和图 2-2）？正如第 2 章至第 5 章中阐述的那样，有效性是一个可通过特定的评估工具获取预期经济回报的指标。我们怎样使用评估工具，也会影响经济回报，但是，评估工具的有效性是最起码的要求：如果不具备有效性，也就不会产生回报。这也正是在制定提高招聘计划回报的实施方案时，了解某一特定的评估工具的有效性如此重要的原因。

施密特、亨特尔的大部分研究，以及相关的研究，对比了经常使用的各类评估方法的有效性。图 9-4 运用了在第 2 章和第 3 章中介绍过的效度系数的数据，显示了在 20 世纪 90 年代末期一项重大的元分析研究得出的涉及不同评估方法有效性的成果。

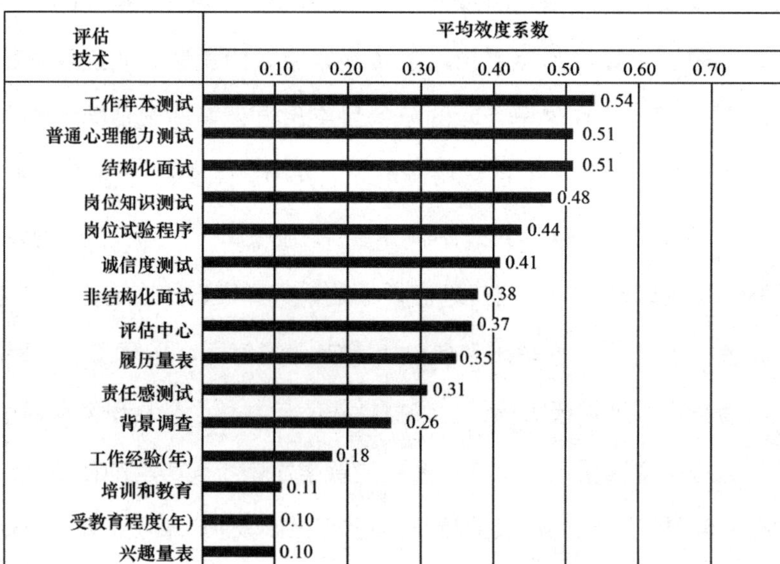

图 9–4　普通应聘者评估方法的平均有效性

资料来源：弗兰克·施密特、约翰·亨特尔（1998），《在个性心理学上选择方法的有效性和效用：85 年的研究成果的实践性和理论性含义》，《心理学公报》，124，265。

在这里概括的很多单项的研究，都以入门级的职位为研究对象。那并不是说这些职位就是较低级的工作，而只是表明，公司希望新录用的员工参加培训，以便学习到他们入职之后完成工作任务所需的各项技能。不过，当同类评估工具用于作出晋升决策的时候，同样的研究也显示出类似的结果。

在这些研究中，评估方法使得应聘者有机会在一个真正的工作样本中参加测试，该样本通常用于评估他们的能力和过去的业绩方面的综合表现，结果，这些评估方法最准确地预测了员工后来的工作绩效。这并非是什么令人惊讶的事情。其唯一的不利之处在于工作样本测试的费用较高。这种工具要花大量的时间来设计，因为每一个职位都要求有一个独特的工作样本。它们还需要人们耗费很多资源和精力去管理和解释它们。确定某位应聘者的表现如何，可能需要做大量的解释工作。问题在于如果削减掉这些费用来达到这种程度的有效性。

针对普通的心理能力（主要是能力方面的胜任力）的评估工具，开始回答上面这个问题。这些也是预测未来工作绩效的最有效指标，与工作样本评估的有效性十分匹配。它们有助于在无须大笔费用的前提下，回答关于达到同等程度有效性的问题。结构化面试方法，通常与对能力、态度和过去的业绩的评审相结合，也显示了同等级别的有效性，但它们与基本的能力测试相比，依然更加昂贵，后者甚至可以在没有见到应聘者之前，就能通过网络平台来管理。

诚信度测试的相关性，通常只限于那些担心偷窃或其他渎职行为的职位，该测试显示了在很大程度上涉及人的态度方面胜任力的有效性的可靠程度，而这种胜任力构成了诚信的概念。有效性的下一个等级，引出了一系列的方法，从无组织的面试程序，到评估中心的方法和传记量表。传记量表往往通过严谨的量表或清单来测试应聘者的能力、态度和过去的业绩等方面的综合表现。

责任心测试主要测量应聘者的态度，其有效性达到下一个级别，接着是更加注重经验的推荐人审核，以及对应聘者的培训和经验进行的结构化审核。如图 9-4 所示，应聘者的学业成绩、受教育程度，以及他们的兴趣量表的测试结果，几乎没有什么预测的价值。

总之，能力方面的基本胜任力，可以很好地预测将来的绩效，无论是通过普通心理能力测试，还是结构化面试、工作样本测试，或者是岗位试验程序。由于有效性是获得经济回报的前提，因此，正是这些工具，在有效性方面排在列表的最前列，成为了针对入门级应聘者评估的最佳方法，也可以作为招聘策略实施方案中的最佳组成部分。这些是我们在第 5 章中介绍过的预测模型工具，能够带来最大经济回报。

类似这些结果，在很多元分析审核中一再强调，为评估普通心理能力（代号 g）这项基本智力提供了坚实论据。有些研究探讨了为什么 g 是一个绩效预测的重要指标并能带来经济回报，并得出了一般性结论。研究人员认为，g 预测了个人能够在多短的时间内凭借培训和经验而学习岗位知识；随后，他们掌握岗位知识的程度，则预测了他们可以在工作中取得怎样的工作绩效，因此，当岗位与学习紧密相关的时候，g 也就成了预测应聘者将来工作绩效的可靠指标。

研究还表明，评估态度方面胜任力的指标，比如责任心和诚信度的指标，可以预测应聘者在工作中的行为。对这些胜任力的评估，利用了传统的测试方法和结构化面试、推荐人审核及传记式量表等方法，结果发现，这些胜任力在大多数的职位中同样可以提高员工的工作绩效，而且，在某些职位中，还能带来特定的经济回报。如我们在第4章里提到的经济回报那样，最佳的做法引用了很多的案例，在这些案例之中，对应聘者态度的评估，提高了预测员工工作绩效的能力。

在审核应聘者身体条件方面的胜任力的评估中，有些证据也值得关注，它们预测了需要体力劳动的岗位上的员工将来是否能成功。在多数情况下，这些评估不仅侧重于预测应聘者能够多好地完成工作任务，而且还着重预测他或她在工作中受伤的可能性，因为，如果这个人的身体条件达不到工作岗位的要求，就很有可能出现伤害。

不久前，我审核了一家食品加工厂招聘工作人员的身体条件评估方法。他们进行的评估，实际上是一种工作样本测试方法，该样本要求应聘者模拟将来工作环境中的情形，举起和搬动一些重物。在引入这种评估方法以前，这家食品加工厂的员工，平均每隔232个工作日便会出现一起工伤事故。在添加了这种身体条件评估方法后，再加上原来已有的心理能力测试、结构化面试，以及评估中心类型的团队训练，伤害事故的比率下降到接近1535个工作日才出现一起，降低了六成还多。

不过，对这些评估，最重要的是确保它们涉及了工作岗位要求的特定胜任力，而且不会涉及《美国残疾人法案》所禁止的范围。我们会在第11章中阐述这一点，还会阐述与应聘者评估相关联的遵循法律的事项。不过现在，我着重强调在使用这些工具的时候的注意事项。如我们在图中展示过的那样，当这些工具的确与职位相关，而且得到了正确的运用时，它们可以为公司带来丰厚的回报。如果不满足这样的条件，那就可能产生法律风险。

最后，重要的是意识到，科学研究的一般结果，仅仅表明它是一般的情况。科学研究概括不同的公司在各种不同背景下，对各种不同的应聘者群体已经运用的一些评估方法的结果。它们在帮助公司选择招聘流程中有可能带来回报并降低犯错误风险的工具方面的确具有巨大的价值。但是，过去的研究成果，并不一定保证将来的绩效。

我在这里研究的任何一种普通工具，都必须在它们被运用之前和之后得到进一步的评估。在研究的背景下非常有用的工具，如果以错误的方式运用，或者是在错误的背景中运用，可能带来低有效性、高成本或者法律风险。除此之外，如果它们提供的信息被人们以错误的方式采用，那些信息的价值也会下降。简单来说，现代科学技术可以使我们朝着正确的方向前进，但我们要在应用这些技术时，检验我们自身的条件和情况。

有了这些警示，让我们看看几个例子，它们显示了对评估这门科学的理解，是怎样应用到实际之中并产生经济回报的。所有这些例子全都是真实的，而且有几个还涉及业界领先的服务提供商。

9.2.1 轻工业工人

一家临时服务公司担心其员工向法庭申请的工资报酬索赔的数额巨大。这家公司向客户提供轻工业工人。为了解决这个问题，该公司决定为评估那些申请成为临时员工的应聘者设计一些新的程序，并请一家评估程序提供商来研发一种筛选测试。公司对这个新工具的关键要求进行了严谨的统计数据分析，以便减少在实施过程中可能出现的任何法律风险。

你可能以为，类似那样的评估，将侧重于评估应聘者在身体条件方面的胜任力。但这类评估程序不但价格高昂，而且还会引发一些顾虑，因为它们有可能与平等就业机会和残障人士保护等法律法规相冲突。因此，评估程序提供商运用图9-4中介绍的原理，构建了一个时长20分钟且侧重对能力和态度等方面的胜任力进行评估的程序，以适应客户公司里轻工业工作任务的入门级特性。最近几年的研究表明，事故和伤害事件，尤其是周期性地出现这些事件，可能是由于员工的能力和态度所引起的，当然还有员工的身体条件。

公司采用了这一新的评估工具，并且用一种追踪技术来追踪。追踪技术获取了应聘者的评估得分及在两年之内员工提出工资报酬索赔的记录。公司对3000多名应聘者进行了测试；测试的标准，直到两年后这项研究已结束时，才正式确定下来。最后，分析表明，那些在评估中表现差劲的人，提出工资报酬索赔的可能性，是评估中得分高的人的两倍还多，而且，前者提出多次索赔的可能性，是后者的四倍多。

重要的是，这一评估工具在没有评估应聘者身体条件的前提下，就预测出了这些结果。如果对应聘者的身体条件进行评估，一方面不太划算，要增加一些成本，另一方面也更有可能带来法律风险。简单来说，利用了显示员工态度的研究结果，这家临时服务公司准确地预测了客户公司员工的伤害率，设计了一个快捷而准确的评估程序，该程序预测了原本对这家公司及其客户都会产生不利影响的结果。

9.2.2 电子电器销售员

电器和家电行业的一家主要零售商，决定更新他们评估销售助理岗位应聘者的方法。目的是辨别那些有可能达到甚至超过每月定额销售任务的销售助理。由于员工的数量庞大，招聘工作量也很大，再加上销售助理完成月度销售目标十分重要，因此，评估过程必须做到三点：快捷、有效、准确。

公司决定采用一种参考了图 **9-4** 中传记式量表的评估方法，通常也称为传记资料评估。这些工具侧重于评估应聘者的背景、兴趣、经验、业绩、态度等方面的特点。在这一案例中，公司通过一个网络平台来管理这个评估程序，同时，应聘者的评估结果只要一出来，公司马上就能看到。评估结果出来之后，这家零售商把应聘者分为四个大组：极力推荐、推荐、最低限度推荐、不推荐。

这正是有意思的地方。公司建议各家店面的经理，只对那些归入"推荐"或"极力推荐"类别的应聘者进行面试。不过有时候，店面经理们也会要求批准，对那些归入"最低限度推荐"或"不推荐"类别的应聘者进行面试，甚至最终录用。图 **9-4** 中总结的原理似乎证明这是一个坏主意。鉴于当前的评估程序背后有网络追踪系统在提供支持，这家公司很快就知道了这个坏主意到底有多坏。

在招聘、录用了应聘者并进行了为期 **20** 个月的追踪后，那些在评估中曾被列为"不推荐"的员工，其销售额为"极力推荐"员工少了 **25%**。而且，当时真的没有必要去录用那些"不推荐"的应聘者，因为在整个应聘者队伍中，只有14%的人被归入这一类别。总体而言，每一次破格录用了“不推荐”的应聘者，与录用那些“推荐”的应聘者相比，每个月的销售额平均低了1万美元。在年度的销售额中，每一次破格录用，让公司付出了超过10万美元的代价，因为，原本这家公司不需要破格录用那些“不推荐”的员工，就足以完成招聘任务的。

因此，科学是正确的。传记资料评估的有些方面得到过人们多次深入的研究，这些方面已经预测了，传记资料评估这种工具，可以预示销售人员的工作绩效。通过一个基于网络的系统来采用这一方法，在开展数据追踪的同时进行后续追踪，为企业降低了成本，也解决了运营限制。到最后，店面经理请求公司无视评估结果，破格录用那些“不推荐”应聘者的行为，实际上从另一个侧面反映了这一评估程序能够给公司带来的回报，只是，它用一些硬数字展示了招聘那些未达到“推荐”标准的员工所带来了后果。这一例子强调了一条原则：要相信研究。

9.2.3　电脑销售员、客户服务和技术支持人员

一家电脑制造商决定设计一些评估程序，来指导其在全球范围内开展的招聘活动，他们要招聘数千名一线的电话销售员、客户服务和技术支持人员。其目的是增大做成销售业务的比例，提高技术支持热线电话的解决比率，并且降低那些对公司服务不满意的客户的比率。

这些评估程序的设计，首先是对所有目标领域中有效绩效所要求的胜任力进行深入研究。由于新录用的人员将在公司的生产、服务、客户服务政策及所有其他的部门里获得培训，因此，评估的结果确定了学习和完成

该职位职责所必需的能力和态度方面胜任力的范围。在能力方面的胜任力包括定量的、推理的、解决问题的技能，能够阅读和理解，并用英语开展有效的沟通。态度方面的胜任力包括在工作中切实负起责任，愿意在没有上司严密监管的时候开展工作，乐于遵守规则和程序，并且接受快节奏且人员密集的工作环境。

该公司从图 9-4 中列举的基本方法中提取了几条，来综合这些评估程序，以便在胜任力要求的范围内开展评估。与预筛选的问题同时提出的，还有一个传记式量表，一个将近 1 小时的针对应聘者能力及态度等方面的网上测试，不过，在评估过程中，预筛选的问题是最初的环节。

接下来，对应聘者进行了将近 1 小时的工作样本类型的评估，包括通过电话在受过训练的评估人员面前扮演角色，以考察传统的测试工具不可能考察的胜任力。最后，公司还设计了一个由当地管理的基于行为的面试。这家公司得益于图 9-4 中概括的要点，综合了这个评估过程，以确保能够准确地、低成本地评估针对那些职位的重要胜任力。

数据表明，在追踪了整个计划的结果之后，该评估过程产生了巨大的影响。在评估中得分最高 1/3 的人，比得分最低的 1/3 的人，完成销售业务的比率高出 10% 还多。根据客户的反映，在评估中得分最高的 1/3 的人，比得分最低的 1/3 的人，受到不满意客户投诉的比例，低了近 30%。对技术支持人员而言，在评估中得分最高的 1/3 的人，比得分最低的 1/3 的人，获得上司好评的可能性多了一倍。简而言之，对胜任力进行全面的评估，在招聘质量方面，产生了巨大的效益。

9.2.4　专业服务公司账户经理

我最近与一家专门从事最佳实务研究的大型专业服务公司合作。该公司正在调整其销售和账户管理部门。部分工作包括创建一个评估工具包，用于内部员工重组和招聘新的账户经理。

通过对最新定义的账户经理职位的分析，该职位突出了应聘者的能力、态度和过去的业绩等方面的胜任力，这些胜任力是从 www.million-dollar-hire.com 的网站上显示的胜任力模型工具中为该公司定制的。我此前审核过的研究成果，指出了一大批可以用来对照胜任力评估内部员工和外部应聘者的方法。

我们综合了四类评估方法，以便补充从外部应聘者的简历中及内部的应聘者的绩效记录中获取的信息。所有这些应聘者，都填写了一个严谨的业绩记录表，在该表中，他们提供了一些例子，来证实自己在某一特定的胜任力方面，过去确实取得了特定的业绩。这些结果转交给面试团队，由面试团队将结果整合到一个基于行为的面试协议中去，该面试是一种基于团队的面试。

除此之外，应聘者还完成了一个职场个性测试，该测试旨在探测职场个性中的阴暗面，即人们表现出傲慢、易兴奋、怀疑、莽撞，以及其他一些个性特点的趋势。研究表明，有这些趋势的人，可能难以在职场中获得成功。最后，外部的应聘者还完成了一个测量战术推理、战略推理和批判性思考技能的测试。

顺利通过了评估过程并被公司录用的每一位账户经理，都被分配了一组单一的用金额来显示的绩效目标，我们每季度追踪和测量这些目标的实现情况。在选聘了新的账户经理之后的第一个季度里，大约有 100 名经理完成多于 110％的绩效目标。在这里，对与职位相关的胜任力进行全面的评估，帮助公司从根本上实现了财务目标。

9.3 怎么样才算够

所有这些例子，都显示了一定的经济回报。所有的例子都包括了对照职位最重要的胜任力来评估应聘者。但是，对某位应聘者而言，评估要达到怎样的程度，才算是足够的？我们什么时候达到这样的地步：经济回报开始趋于下降，同时，虽然评估的项目越来越多，但却几乎无法了解到新东西？我们可以再次回顾一下图 9-4 中的概括。不过在这里，我还增加了一项客户的元分析研究，它着眼于减少回报的问题。

和图 9-4 一样，图 9-5 的结果来自于一些相同的大型分析研究，但图 9-5 表明，当公司添加了一个次要的评估程序来评估应聘者在普通心理能力时，该评估计划的有效性会增加多少。

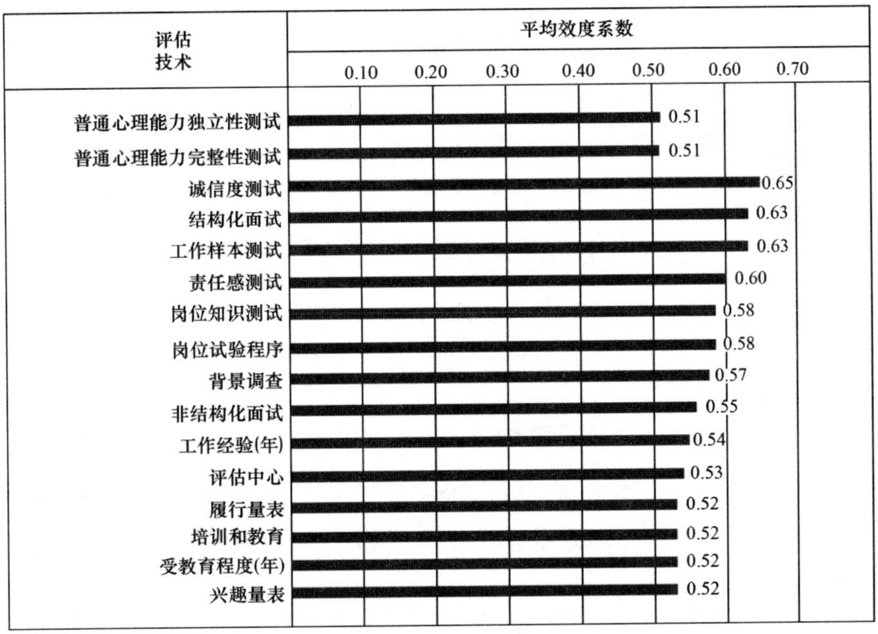

图 9－5　综合的评估方法的平均有效性

当然，这些数据相当狭义地回答了最初的问题。首先，他们运用了只对普通心理能力进行评估的结果，当然，这些结果也非常宝贵。然后，他们通过添加一系列的其他评估媒体，来观察评估过程的有效性到底增大了多少。同样，需要重点关注的是，针对已经综合了数据的绝大部分职位，都体现为入门级的职位，这些职位并非低级职位，而是经过培训后，能使新进员工的业务变得熟练的职位。

包括工作样本、结构化面试、诚信度测试等在内的评估方法，在增加了普通心理能力的评估之后，有效性获得最大的提高。而责任心、岗位知识、推荐人审核信息等较低层面的评估，也带来了更多的经济回报。

不过，在图 9-5 中最为明显的是发现，将对应聘者胜任力的评估，从能力评估（普通心理能力测试）拓展到涉及态度和过去的业绩等方面的评估（面试、个性测试、推荐人审核、工作样本或岗位知识测试等）时，其经济回报的增长幅度最大。这一结果非常明显：更广泛的评估，提高了预测应聘者未来工作绩效的准确性，也带来了更大的经济回报。评估越广泛，从中获得的价值也越大。

尽管图 9-5 中的数据有限，但它们为图 9-1 中介绍的更广泛原则奠定了坚实的基础：应聘者在一系列的胜任力方面，是有差别的，如果这些胜任力是职位所必需的，那就需要综合运用不同的评估工具，对应聘者是否符合职位要求作出最佳的预测。这反过来回到了在实施方案中制定招聘策略时的一个重要环节，这些方案可以带来更好的招聘决策。一旦我们知道招聘策略要追求怎样的经济回报（降低员工流失率，提高生产率，增大销售量，减少事故或伤害，提高客户审核，等等），那么，制定一个具体实施计划，归根结底在于运用评估的学问来回答三个问题。

第一，如图 9-6 所示，要达到目标就要辨别我们需要一些什么样的胜任力。这意味着要辨别那些推动员工提升工作绩效的能力、态度、身体条件、过去的业绩等方面的胜任力。还有一些广泛定义的胜任力，贯穿于我们招聘的大多数或全部职位。还有别的一些胜任力，是针对某些特定职业群体甚至单个职位的。运用类似于在前面章节中探讨过的工具，你可以相对容易地掌握这些胜任力的特性。

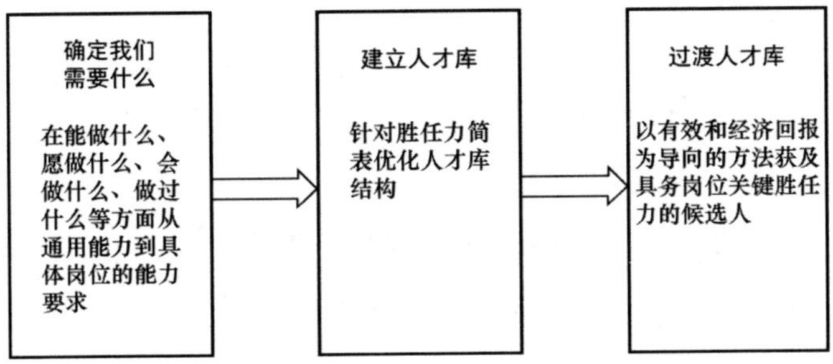

图 9–6　仔细考虑评估过程的设计

第二，我们需要找到至少具备其中一些胜任力的应聘者，并将他们带入到预筛选的过程之中。在这里，搜寻应聘者、做招聘广告、网上搜索，以及一系列的预筛选技术，可以将这些应聘者带入到成本合理的下一步审核之中。

第三，具体的实施方案，要选择一些类型的评估工具来过滤应聘者，以便对他们将来的工作绩效作出最佳的预测。用来推动评估的普通工具，包括能力测试、传记资料或个性测试、面试过程、工作样本或类似的评估训练、推荐人审核等，可以选择用来有针对性地评估应聘者的胜任力，这些胜任力是由类似于这里概括的研究成果和最佳实务信息所确定的，并且是依据它们的管理成本来确定的。还可以选择一些特定的工具来供货方审核或内部作出“自行开发还是购买”的决定。关键在于，有很多的知识可以加以利用。这个过程，不一定是一次性的，用过之后便不能再用，也不一定耗费巨额的资金和成本。

9.4 回到经济回报的估算

制定了能够最大限度获得经济回报的招聘计划，选择其中用于应聘者评估的具体实施方案，有利于公司的决策。现在，让我们回到第5章中介绍过的经济回报估算公式。阐述该公式的著作，可以追溯到20多年以前，其中最优秀的图例，是假想地预测招聘联邦政府员工时，运用的有效评估工具能够带来的经济回报。当前，在劳动力市场中，联邦政府职位已经成为增长最迅猛的细分部门之一。

一年中新招聘员工所带来的净回报 = 招聘计划有效性的提高幅度 × 一年中新招聘员工的数量 × 新招聘员工的平均任职期限 × 绩效最优员工与绩效最差员工在价值上的差异 × 筛选应聘者时的选择性 − 一年中管理该招聘和录用计划所增加的成本

我们在这里不探讨政府部门的人员招聘，而是假设为评估入门级生产线组装工人岗位的应聘者而制定具体实施方案。打个比方，我们雇佣了500名操作人员，每年还要招聘100人来补充流失的员工和满足生产力发展的需要，而且，在这些操作人员离开公司或转到公司内部别的岗位上去之前，将他们留在这些岗位上的时间平均保持为5年。最后，让我们还假设当地的劳动力市场允许我们在两名申请该职位的应聘者中招聘一位，而且劳动力的年平均工资水平为3.25万美元。当然，如果我们处在预测模型之中，而且想要看一看作出不同假设之后有什么影响的话，我们可以对所有这些数据进行调整。

在最简单的层面上，我们可以只是考察应聘者在申请表中注明的拥有相关工作经验的时间，并且预计，平均起来，两位应聘者中有一位拥有足够的工作经验，就可以对他们进行评估。这一过程，根本不需要我们付出任何的管理费用。我们从图 9-4 列出的数据中，提取了涉及岗位工作经验有效性的数据来作为评估指标（效度系数 =0.10），表 9–1 表明，这种方法带来的回报，与随机招聘的员工相比，在五年的时间里产量提高了约 62.2 万美元，而且在这五年之中，每年有 100 位新录用的员工预期仍会从事这项工作。这样算起来，每年每位新录用员工所带来的生产率的提高，刚刚超过 1200 美元。这样的回报不算太高，但是，把岗位工作经验作为一项评估工具，其有效性同样也不高。再说，使用这一工具不需要我们付出管理成本，而且体现在生产率提高方面的回报也接近 4%: 和五年之内要为 100 位新录用员工支付的超过 1600 万美元的工资相比，这样的回报也算不错了。

表 9–1　提高评估有效性时带来的经济回报

评估方法	随机招聘时新录用员工一年内带来的经济回报（美元）	一年内新录用员工带来的经济回报占新员工工资总额的百分比
招聘经验最丰富的人	622350	3.83%
对应聘者进行背景调查	1545875	9.51%
运用能力测试	3163985	19.47%
运用能力和责任感测试	3719100	22.89%
运用上面所有的评估方法，但在每三名员工中挑选最优秀的一名员工加以录用	5113200	31.46%

注　这些数据，是针对一家公司的生产装配工人岗位的，这家公司员工总数 500 人，每年招聘 100 名新员工，每名员工年平均工资总额为 3.25 万美元，新员工平均任职时长为 5 年。

如果运用推荐人审核作为评估工具（效度系数 =0.26），假设对每名应聘者进行审核的费用为 50 美元，那么，五年的经济回报额上升到近 154 万美元，接近在这一时间里支付给 100 名新员工的工资总额的 10%。把推荐人审核作为主要的评估工具，既提高了评估工具的有效性，也带来了更大的投资回报。

如果在评估过程中使用心理能力测试（效度系数 =0.51），成本为每名应聘者 50 美元，用来评估生产装配工人岗位需具备的胜任力（基本的数学功底，阅读理解，感知的速度和准确性，空间可视能力等），在五年时间内，经济回报有望增加到近 316 万美元，现在，几乎占到那一时间内 100 名新员工工资总额的 20%。考虑到我们是否能够用 400 名生产装配工人来做 500 名工人做的事情，经济回报以这样的幅度增长，已经足够了。而且，我们只是在评估过程中增加了一项基本的能力测试而已。

根据图 9-5 中的数据，在心理能力测试之中再加上一项责任心评估，该评估工具为每名应聘者增加了 25 美元的成本，这会使整套评估方法的效度系数达到 0.60。根据在两名应聘者中招聘一名员工的同样的模式，经济回报增加到近 372 万美元，约占到新员工五年内工资总额的 23%。这是迄今为止运用审核过的科学数据研究发现的可以带来的最大经济回报。

正如很多推销员喜欢说的那样："等等，我们的产品，优点还不止这些！"如果当地的劳动力市场允许的话，我们还可以扩大选择范围。我们可以提高门槛，在每三名应聘者中招聘一位最优秀的。表 9-1 中显示的经济回报表明，我们有望使增加的效益上升为511万美元，它们全都是由于提高新录用员工的工作绩效而带来的增长。这样一来，就超过了五年内新员工工资总额的30%。所有这些，都是实施一整套相对简单的评估方法的结果。要记住，管理这些评估项目的成本，已经被扣除了。

当然，表9-1中总结的估算值，运用了普通的研究成果。供货商可能会提供与职位和胜任力要求更加匹配的数据。招聘和绩效方面的工作绩效信息，也许有助于计算过去的做法的有效性。开展一次内部的追踪研究，可以评估不同招聘平台的有效性，并且随着时间的推移，可以用来增加或减少一些评估过程中的要素，以便进一步提高经济回报。

核心在于，市场中有很多的工具和研究数据可以使用，它们有助于构建一个评估过程，并预测你采用这一过程之后能带来怎样的回报。这些信息，也可以在构建整体策略和具体实施方案的时候加以利用。接下来，各公司自身在内部开展的招聘质量评审，可以指导公司作出如何优化评估过程的决策，只要内部的数据开始慢慢浮现，就可以进行这样的评审。

9.5　购买者注意

不过，还是有一个要注意的事项。如第1章中提到的那样，有很多公司的业务一般是不受管制的。在这一领域，还有大量非常专业的、员工素质非常高的、具备财务实力的服务提供商。在这几章里概括的一些示例提到过一些这样的提供商，不过其实还有更多。这些提供商为客户公司提供的工具，可以帮助公司以我在这些例子中证实的方式，产生巨大的经济回报。

不过，也有一些服务提供商推销的工具，几乎没有价值，甚至分文不值。那些工具，如果运用起来，对某些受法律保护的应聘者群体产生了完全不同的影响的话，虽然表面看来没什么问题，但会给公司带来法律风险。甚至更糟糕的是，有些服务提供商的工具根本无法产生回报，也不具备任何的有效性，只是增加了招聘和录用流程的管理和运营成本。从遵守法律和产生回报两方面来看，在评估工具这一领域之中，企业应当向服务提供商提以下 5 个问题。

1. 你们是否有一些专业人员（不是销售人员），可以帮我们记录你们提供的工具的有效性，并帮助我们确定如何更好地使用这一工具？如果有的话，你们以前在什么地方做过这些事？我们可以跟谁联系，以求获得一些参考信息？

2. 有哪些与我们公司背景相同的企业也使用过这一工具？在涉及该工具的平等就业机会法令的影响等方面，你们可以提供一些什么信息？

3. 在你们的客户之中，与我们公司背景相同且使用这一工具的企业中，成交额排前五位的是哪几个？我们怎样联系他们，以便探讨他们已经获得的回报？

4. 你们的工具是否曾受到过人们的质疑，怀疑它违反了法律？如果是那样，最终的结果如何？你们可以提供一些什么样的文件，帮助我们理解那些问题？

5. 你们能不能向我们提供一些技术文件，表明你们的工具遵循了联邦机构的《员工选择程序统一指南》，因而证明你们的工具是有效的，与职位相关的？

所有这些问题，都涉及服务提供商的经验、业绩记录，以及使其工具适合购买者的总体招聘和录用策略的能力，而且要从遵守法律和提高经济回报的角度来满足购买者的需要。这些问题也可以提供一种方法，来衡量服务提供商面对将来可能出现的任何挑战的能力。简而言之，评估工具的提供商，应当能够接受与其他任何产品或服务提供商同样的推荐人审核和评审。来自内部或外部劳务咨询师的意见，也是可以采纳的好主意。

一种需要警惕的销售方法（实际上是个骗局）是，服务提供商总是用你公司绩效最优异员工的例子来管理评估过程，对你承诺评估过程绝对有效。接下来，你开始运用评估过程，提供商则运用这一过程产生的结果来确定你公司新的招聘标准，以便他们提供的工具，将应聘者的情况与你公司中绩效最优异员工的情况匹配上。听起来很有道理，对吗？所有的企业，都希望能够克隆公司里那些绩效最优异的员工。设定了体现这群员工的优异绩效的标准，用它来作为筛选工具，听起来真是一种确实可信的基于数据的方法。

不过，我们忽略了一些东西。如果服务提供商也评估你公司中绩效最低下员工的样本，那他们提供的评估工具也许还是有效的。接下来，他们可能证明自己提供的筛选工具在那些绩效分布图的顶部和底部之间进行了区分。

没过多久，我为一家大型保险公司审核了销售员招聘时的筛选工具。在此之前，伴随着这一筛选工具，面试官经常要求应聘者“简要介绍你的最大优势”的做法，已经持续了好几年。这家公司利用这样的评估工具对数千名应聘者进行了测试。很多通过了测试的人，都被公司录用了。在审核的时候我们发现，使用这一筛选工具，公司那些工作绩效最低下的销售员和那些工作绩效最优异的销售员，都产生了同样的简表。“简要介绍你的最大优势”，的确是一句不错的推销广告词，但是没有任何经济回报可图。这纯粹是浪费钱。

甚至在某些情况下，提供解决方案的服务提供商，并没有真正理解他们提供的评估工具的含义。这听起来似乎不可能，但是，随着现代技术扩展到招聘和录用领域，很多招聘服务提供商，虽然熟练掌握了现代技术，但却没有理解与日常招聘或录用活动如影随形的缺陷。有些服务提供商的确懂一些招聘方面的专业技术，但这些人没有理解人力资源部门可能面临的法律风险，也没有这样的概念：客户使用他们推销的工具时，即使犯下最小的错误，也可能造成上百万美元的损失。

因此，一定要让你的评估过程服务提供商，足够全面地理解了他或她推销的评估工具可能面临怎样的风险。要确保他们的产品和服务中已经植入了风险追踪和风险降低的程序。很多提供商已经做了大量的工作，组织了拥有技术、招聘、筛选、法律等方面专业知识的人员来做这些事情。另外，很多提供商在必须面对法律挑战的时候，也有足够的人员和资金来应对。但有些提供商，不具备这些能力。

9.6 评估是为了准确预测

在设计应聘者评估过程的时候，你已经制定了一个质量控制计划。你依靠科学、最佳实务、业内同行等，确定了应聘者需要具备哪些方面的资质，同时，你对自己公司的持续优化工作也十分自信，你觉得那些胜任力可以将你的公司引向成功。你已经依靠了同样的科学原理和最佳实务，再加上服务提供商的审核，可以确定一些工具包，用以评估你需要的胜任力。这些工具能够有效评估你需要的胜任力，并且评估运用这些工具可以在哪些方面产生实实在在的回报。

一旦你手头已经有了一些评估结果，便可以对你审核的应聘者作出决定了，实际上，这是一种预测。然后，你可以追踪这些决策，以便实施你的质量控制过程，并对你的招聘和录用流程进行调整，以便将来作出更加明智的决策。

我们都会犯错误，希望人们做到十全十美，是不现实的。持续优化的工作同样如此。对那些招聘数量特别大的职位（零售营业员、客户服务员工、生产工人、操作员等），有效的评估过程所产生的回报，即使很少，也会积少成多，给公司带来丰厚的回报。在这方面，评估一些少数的关键胜任力，并且将评估过程的成本控制在较低的水平，就可以获得巨大的经济回报。对那些招聘数量虽少但影响很大的职位（比如关键的技术岗位、创新设计的岗位，或者高级管理人员岗位），即使只犯一次错误，也会带来巨大的风险。在这方面，更广泛地采用多种评估方法，即使成本更高一些，也是必要的。这两种情况，都可以放到第 5 章中介绍的计算经济回报的公式中去测试，帮助你确定采用什么样的评估方法。但现在，我们要确定怎样运用你在招聘流程中提取到的所有这些信息，来作出百万美元的招聘决策了。

第10章 作出价值百万的决策

经对照职位的基本资质条件和胜任力对应聘者进行了评估后，就到了作出明智决策的时候了。本章探讨如何运用在预筛选和评估过程中收集到的信息，作出“录用还是拒绝”的决策，或者决定哪些应聘者不但有可能最值得引进，而且可以让公司面临最小的法律风险。本章还会讨论如何同时使用那些应聘者优势和劣势的相关信息，来拓展思维。最后，本章指出了一些可能会降低或增加法律风险的决策方法，并研究怎样来降低这些风险。

在这一章里，探讨的重点一直围绕怎样综合在招聘流程中已经了解到的一切，即使只招聘少数一些高级职位的人员。我们会继续着重强调你的总体目标：通过运用已经收集到的所有信息，从你作出的招聘决策之中获得最大的回报。

10.1　有效的数据，正确地使用

到这个环节，你已经收集了一些指导招聘决策的信息。嗯，差不多都齐了。如果说招聘流程中的预筛选和评估环节相对较为简单的话，像第 7 章中快餐店的例子那样，那么，你作出的决策，可能是简明直接，甚至是机械化的。如果招聘流程更加复杂，像第 9 章中账户经理和电话销售员的例子那样，那么，你需要一个更加复杂的程序来指导你评审、综合、甚至衡量应聘者的信息，以便作出最佳的决策。

但是，不管公司的招聘和录用计划有多么复杂，在第 2 章中首先介绍的概念，值得我们再提一下，那就是：有效性，也就是与职位的关联性。有效，才能有回报，而且它也支持风险管理。

当你在利用应聘者的信息作出最终招聘决策时，也需要记住有效性这个概念。有效性不仅取决于你选择的那些产生回报和降低风险的工具，它还取决于使用这些工具的方式。

你也许使用了一些工具（比如基本资质列表、测试、面试表格、推荐人审核方法等）来为你提供信息，而且你知道那些信息是有效的。那就是说，知道每一位应聘者在那些能为你提供信息的预筛选和评估工具上的表现，你就可以预测他们将来的工作绩效了。你在综合那些招聘和录用的方法时，会整理、采用，甚至设计一些有证据表明其有效性的工具，因为你发现，如第 5 章和第 9 章中介绍的那样，这些工具的有效性，能够转变成公司的效益。它们越是有效，在招聘和录用流程中能为公司带来的经济回报越多。

从选择基本资质条件，到选择测试、面试协议、工作模拟或推荐人审核的程序，你已经尽自己最大的可能来确保那些工具是有效的，无论是基于对其他公司使用的观察分析，还是通过公司自行开展的对招聘结果的质量控制分析。

但是，错误地运用这些工具产生的信息，实际上会导致招聘和录用流程变得无效。因此，在作出决策之前，要把如何保证这些工具的有效性作为制定百万美元决策的指导原则。你要想清楚，在处理这些信息的时候如何保证有效性不至于消失。还要确定，你的决策方式不会降低那些用来指导招聘流程中搜寻、预筛选、评估应聘者及其他环节的工具的有效性。

我被很多公司邀请作为专家证人，在所有这些任务中，绝大部分的公司都没有对某一特定的招聘或录用工具进行辩护的经验。大多数公司着重于使用这些工具的方式。现在请回想一下食品加工厂对应聘者进行身体条件评估来筛选新员工的例子。这家加工厂发现，在引入评估身体条件的工具之后，工厂新录用的员工受工伤的比率下降了六成。该工具模拟工作岗位对员工身体条件的要求，请应聘者真正地举起与工作岗位要求的重量相同的重物，并搬运工作岗位要求的相同的距离。

然而，这一工具受到了外部机构的质疑，因为它导致女性应聘者面临绝对的劣势。在随后进行的陪审团审判之中，原告认为，在工作中由员工举起和搬运重物的任务，应当由自动化的机械来完成。然而食品加工厂在管理这一测试时，要求应聘者根据自己的能力来模拟工作岗位中搬动重物的要求。

研究表明，参与了这场使用评估工具的模拟测试的应聘者，在搬运重物的时候，步伐比工作岗位要求的要快一些。这一结果，并不一定意味着员工在测试中的表现与他们在工作中的绩效相关联，因为两者之间的步伐并不一致。这看起来不太重要，但对法庭来说并非如此。

最后，法庭引用了在评估时应聘者的表现与员工被录用后在工作中的表现之间的差别，作为作出不利于食品加工厂的判决的理由。尽管有统计数据表明，这一工具的确是有效的，但是，“如何来使用它”已经变成了法律方面的一个重要问题。

同时，不仅只是面临法律的风险，才让你把注意力集中在怎样评审有关应聘者的信息，并将它们综合考虑到最终的决策之中。过度依赖或过于轻视某一特定的评估工具，加上错误地综合不同工具中产生的信息，或者在最终决策中包含那些不可靠的信息（如听从那些训练不合格的面试官或推荐人审核人员的建议等），也可能降低最终招聘决策的有效性。收集到的信息存在的所有这些潜在瑕疵，都会让整个招聘和录用流程的价值受损。那正是你要确保从所有的招聘和录用工具中收集到的应聘者信息，要以一种能够有利于作出最佳决策的方式得到利用的原因。

10.2　综合应聘者信息：基本原则

当你已经确定符合职位的基本资质要求的人员时，就进入了最终的制定百万决策的环节。在招聘流程中，那只是缩小招聘范围的第一个决策。尽管这一决策相当机械，但涉及谁符合职位的基本资质要求，可以为你节省时间，让你不用再去面对那些不符合基本资质要求的人。而对于这些不符合要求的应聘者来说，这个环节就是最终裁决。

不过，也正是从那一刻起，你通过招聘和录用而获得的经济回报，取决于你确定采用哪些思维模式来衡量、综合和使用已经收集到的基本资质信息和评估信息。当然，在创建招聘策略和具体实施方法的时候，你已经仔细考虑过并决定了采用哪些模式。现在，该流程进入了核心的环节。

一种选择是采用所谓“多重障碍”的简单方法来选定应聘者。该方法的替代方案称之为补偿模式。这两种方法，采用了完全不同的视角对我们选中的人才及应聘者进行观察，重点观察他们在履行职责的时候如何平衡他们的优势和劣势。在这两种模式之间选择一种，可能看起来十分简单，但其背后的深意值得关注。该选择传达了我们考虑职位的要求及应聘者的能力的方式。

例如，采用“多重障碍”法来作出最终的招聘决策，遵循如图 10-1 所示的类似途径。事实上，该模式并不是迟迟不作出最终决策；相反，它是在作出一系列的决策，其中的每一个决策，都有可能是最终决策。在该示例中，专业招聘人员用来评估应聘者的不同评估工具，定义了四种障碍。应聘者在每一种评估工具上的表现，决定了哪些人能够走到最后，被公司最终录用。如果应聘者未能清除任何一种障碍，意味着他们被排除在录用的行列之外。

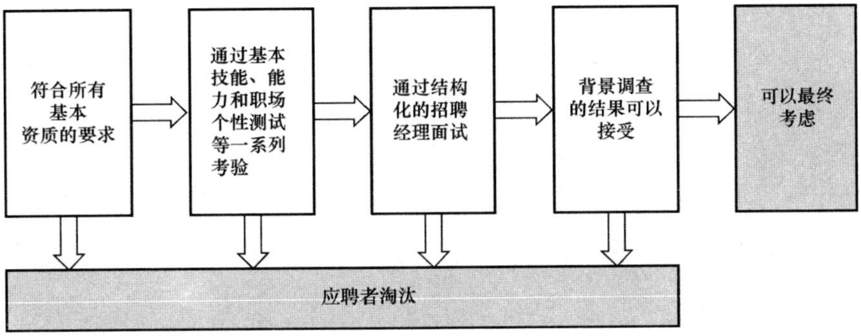

图 10–1　多重障碍的招聘决策如何发挥作用

当招聘流程中每个环节上审核的资质或胜任力相对较为独立时，同时，当每一项资质或胜任力都十分关键，以至于未能越过任何障碍便意味着应聘者今后的工作绩效低下时，多重障碍的模式才能发挥作用。这里的原理是，即使每一位应聘者在某个领域非常有能力，应聘者也可能在别的领域里不够胜任。

多重障碍的模式确定了一个严格的标准。当应聘者的数量相对于欲招聘职位数量而言很大时（即人多岗位少时），该模式及根据其主要特点衍生出来的各种变体，就是有意义的。最后，只有当有明确的证据显示，该职位的应聘者缺乏任何一个环节中评估的胜任力，对其将来成功履行职责将产生明显影响的时候，这个模式才是有意义的。

如果当前的人才市场是买方市场，而且用来评估每一道障碍的工具明显是有效的，那么，多重障碍的方法，可以通过识别出资质条件最好的应聘者而产生回报。所谓资质条件最好的应聘者，是指那些能够成功越过每一道障碍并没有表现出劣势的人。此外，该模式的回报，源于在整个招聘流程中降低了处理每位应聘者所产生的成本。只有当某位应聘者证明自己有足够的资质，值得公司考虑让其进入下一个环节，企业才有可能在招聘和录用流程的每一个环节上为其付出成本。

我曾参与过很多的招聘工作，从招聘低级工作人员到招聘制造业和技术熟练的技术岗位人员。很多企业在筛选新录用员工的时候，曾使用过“多重障碍”的模式。那个时候，劳动力市场为这些岗位提供了很多应聘者，特别是成立大规模创业公司或公司大举扩张的时候，通常有数千名应聘者来应聘几百个职位。我还在专业招聘的过程中运用过“多重障碍”的模式，在这类招聘活动中，我们筛选应聘者的方法，首先着眼于他们的基本资质，然后着眼于特殊的技能和能力，最终进行费用更加高昂的面试或操作模拟评估。

最后，严格说来，高管职位的招聘需要采用“多重障碍”模式。对于这一职位的应聘者，没有哪位董事愿意去监管一位在某个方面资质很差而在另一个方面资质优异的人，也没有哪位招聘经理对那些在某些领域内表现出弱势的应聘者感兴趣。风险实在是太大了。

总之，“多重障碍”的模式很简单，能够招聘到素质很高的人才，而且成本也很划算。这听起来似乎太过美好而显得不现实。但它也可能就有那么好，我随后会解释其中的原因。

“多重障碍”模式的一种替代方法，也就是补偿方法，则对应聘者有不同的看法（图 10-2）。尽管它也要求应聘者符合职位的基本资质条件，但这一方法是对所有应聘者全部进行全面的预筛选和评估。这种方法没有设置障碍。严格来说，这种方法的目的是全方位地观察应聘者。其背后的逻辑是，尽管对胜任力进行评估十分重要，但应聘者在某一方面的劣势，可以用应聘者在其他方面的优势来补偿。因此，最终的招聘决策，应当将每一位应聘者的全面评估结果综合起来考虑，而这一结果，通过他们在招聘流程的所有环节上的表现来展现。

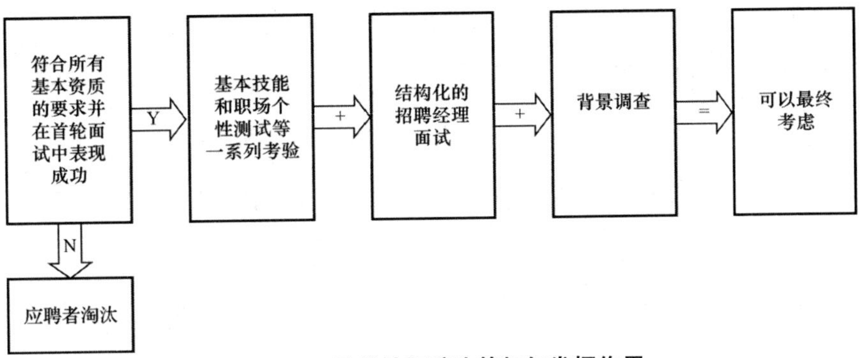

图 10–2　补偿性招聘决策如何发挥作用

对于那些应聘者数量不够多的职位的招聘，而且这些人在组织中的经验已经表明他们既有优势，也有劣势，但两者取得了很好的平衡的时候，补偿模式相比多重障碍模式，可以更加全面地观察每一位应聘者。在某种程度上，多重障碍的方法，并没有全面展示应聘者的情况。它只是相当于为应聘者拍下了一张张的快照，这些快照让我们看到了这些应聘者令人不喜欢的一面。而在补偿模式中，也存在一些问题：额外收集的信息，是不是能够证实我们收集它们的时候值得花这些成本（也就是说，具备有效性）？同时，胜任力补偿的理念，真的能够成立吗？

当法律的监管要求企业不能因为某些应聘者群体在某些方面不够胜任而将他们排除在外的时候，通常采用补偿模式来进行招聘。同样，企业考察了应聘者单项的优势和劣质之后，对他们到底持一种什么样的基本心态，也可能促使公司运用补偿方法来作出招聘决策。事实是，如果用来收集应聘者信息的工具是有效的，因而能够预测他们未来的工作绩效，那么，在某一障碍上表现更差的人，通常也预测了他们的工作绩效更加低下。问题也在于，应聘者的某项特定的劣势，到底需要多大的优势才能补偿，以及在职场中会不会真的出现这种类型的相互补偿?

还有一些版本的招聘方法，将这两种基本的模式结合起来。在某些背景之中，对一些胜任力的评估，可能用来作为一种障碍，而对另外一些胜任力的评估，可能视为一种补偿模式。例如，在招聘技术熟练的学徒时，应聘者是否拥有基本的阅读和数学技能，也许是一种障碍。与此同时，对应聘者相关的培训经历、实际操作经验或与职位相关联的爱好和兴趣的指标，可以视为一种补偿方式，因为在这些因素之中，某个方面的强大优势，可以补偿另一个方面的劣势。

在综合两种方法的时候，确定究竟着重于哪一种方法时，要考虑招聘职位的性质、使用的招聘和录用工具、招聘预算的限制、拒绝那些在招聘流程中某个单一的环节上失败的应聘者是不是可能引起法律风险，以及企业对员工的优势和劣势的基本看法等因素。

事实上，一种经常使用的综合方法是：首先在招聘流程的每一个环节上设立一个相对较低的障碍，以确保那些能通过这一障碍的人至少具备一定的胜任力；实际上，这就是一种“多重障碍”的模式。然后，鉴于已经保证了应聘者至少具有一定的胜任力，并且在每个环节上都排除了相对较少的应聘者，所以，那些依然没被淘汰的人，可以从补偿的角度来看待。通常，对招聘质量的评审，以及内部经济回报的评估，有助于确定这些障碍的高度，以便在节约成本与保证招聘优秀人员而取得的经济回报之间取得最好的平衡。

10.3　设定资质的门槛

不管是采用多重障碍的模式、补偿模式，还是混合模式来形成你的决策过程，可其实还有另一种选择。如果你采用多重障碍的模式，每一个障碍上你打算设定多高的门槛？如果你使用补偿模式，在综合了所有的信息之后，你打算在什么地方设定门槛？如果你采用混合模式，在每个招聘环节上设定相对较低的障碍，并且最后采用综合考虑的方式来挑选应聘者，那么，你在哪些地方设立所有这些门槛？

设定门槛，或者如评估界通常的叫法那样，设定“取舍点”，需要具备判断的智慧，科学的精神，经济的考虑，以及风险的管理。回想一下图3-4对有效性和经济回报是如何相互联系的解释。在这里，我们会对图3-4做一些微调，如图10-3所示，它显示了在借助预筛选或评估工具来测量的应聘者资质上增加取舍点的分数时，也就是说抬高门槛时，与新录用员工预期的工作绩效的提高，会有怎样的关联。

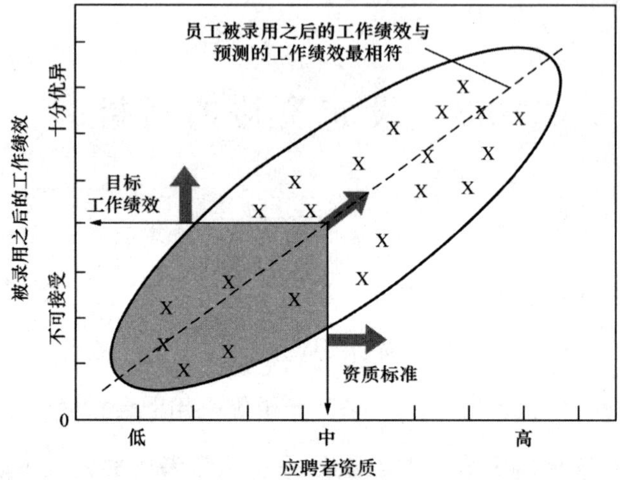

图 10–3　抬高资质门槛提高预期的工作绩效

在图 10-3 中，中间的位置添加了用实线画的朝上和向右的箭头，沿着图中的虚线移动这个箭头，实际上就是抬高了应聘者资质指标的门槛（越向右越高），而且，由于箭头的向右和向上之间是相互关联的，因而也将应聘者的目标工作绩效抬高了一些。简单来说，如果用来预筛选或评估资质的工具是有效的，那么，对应聘者资质标准设定一个更高的门槛，可以使那些被录用的员工产生更优异的工作绩效。

不过，随着门槛的提高，还会出现另一种结果。图 10-4 再三警告：即使是有效的招聘工具，也会产生错误。该图表明，在标有“资质合格标准 1”的位置确定员工资质条件的取舍点，可能会产生同等数量的“假阳性”招聘错误（本以为这些应聘者达到了目标工作绩效水平，但他们没有达到）以及“假阴性”招聘错误（本以为他们达不到目标工作绩效水平，但他们达到了）。如果我们像图 10-4 那样来确定新录用人员的目标工作绩效水平，那么，将应聘者资质的门槛向右滑动，到达“资格合格标准 2”的位置时，就改变了这些错误。现在，我们几乎看不到“假阳性”错误，但看到更多的“假阴性”错误。

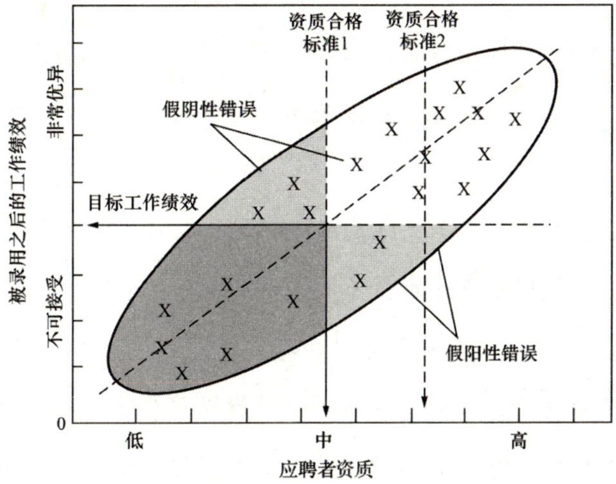

图 10–4　抬高门槛产生的不同类型的错误

如果我们有很多应聘者可供挑选，而且从遵守法律的角度看，抬高了资质门槛不会产生不良的后果，那么，抬高门槛可以保护我们不犯“假阳性”的错误，代价是会犯一些假阴性的错误，也就是说，会把一些应聘者拒之门外。这些人，我们本以为他们达不到目标工作绩效水平，但他们往往能够达到。当然，如果劳动力市场供应偏紧，或者抬高门槛对受法律保护的某些群体产生不利影响，那么，在增加假阴性错误的同时，还会带来法律风险，或者无法招聘到足够的人员来填补岗位空缺。跟别的任何事情一样，这里有一个折中方案。虽然从员工绩效的角度来看，抬高门槛意味着能招聘到绩效更优秀的人才，但一些其他因素，可能限制了我们到底能走多远。

图 10-3 和图 10-4 都表明，运用这些数据可以作出精确的决策，决定在何处设立目标工作绩效水平，在何处设立应聘者资质指标的门槛。在多数情况下，寻找一些涉及这一标准的硬数据，并不是件容易的事情。不过，这两个图展示的普通思维模式，适用于任何一种资质测量指标，无论是像受教育程度之类的基本指标，还是像通过招聘经理的面试而作出的判断之类的复杂指标。

在技术的层面上，很多方法有助于指导这一确定标准的过程。对企业可以采用的设定门槛或取舍点的不同方法感兴趣的读者，可以转而寻求一些技术文献，或者更多地采用可用的有关推理和统计方法的建议。不过，从一般做法的角度看，如今的企业，尤其是私营企业，往往会归纳审核结果、实际做法和供货商研究结果，然后运用少数一些经典的替代方法，来确定招聘时的资质标准。

有些替代方法以一种简单的"通过或不通过"的方式将应聘者进行归类。另外一些则试图保留更多的信息来制定招聘决策，并且通过将应聘者人分为三四个类别的方法，寻求更好的区分方法。几乎没有哪种方法是根据保留存档的预筛选或评估的结果严格地对应聘者进行排名。

不过，在政府部门之中，针对公务员的规则及人才招聘的指导方针，通常要求对应聘者在测试、面试或其他胜任力指标上的表现进行排名。在这种情况下，即使应聘者之间的差别非常微小，也可能会影响他们的排名，进而影响到他们被录用的机会。比如说，在只需要招聘 100 名消防员或执法人员的时候，找来 2 万名应聘者进行测试，是很普遍的。在这里，本打算防止不公平现象的人才招聘，通常意味着应聘者在测试分数上的一分之差，就可能没有机会被录用，而要等待数年之久再参加下一次测试。我们提到过，可以用来评估应聘者的工具，通常都没有准确或可靠到可以作出如此精确的区分的地步。因此，这些系统都面临着众多的挑战，即使它们都设法从人才招聘的角度做一些正确的事情。

在私营企业里，类似于对应聘者的评估结果标以红灯、黄灯、绿灯等“信号灯”的方法，或者甚至就是标以红灯、绿灯两种颜色“信号灯”的方法，使得预筛选和评估工具大行其道。但是，这些方法非常巧妙地避开了决策标准，以便在受到质疑的时候那些标准不支持，或者举行内部的评审，以观察哪些标准真正区分了新录用员工质量方面。

对于中低等级的职位，很多企业设法达到一个简单的目标：将那些资质条件可能预示其在岗位上无法取得成功的应聘者排除在外。请回忆一下第4章里探讨过的例子，其中，企业手下20%的卡车司机，产生了所有事故中80%的事故。那正是许多“红绿灯”或“红黄绿灯”的取舍点得分策略着重关注的理念和结果：将那些绩效低下，让企业付出巨大代价的应聘者拒之门外，而不是通过只招聘最优秀人才实现经济回报最大化。

在第5章我们讨论过，绩效优异的员工给公司创造的效益，比他们拿的工资福利更多，而绩效差的员工，会让企业付出比他们拿的工资更大的代价。这一讨论，在设定门槛的时候已经考虑了进来。在组织中较低级别的岗位上，通常不会通过招聘最优秀的人才来追求完美。相反，他们会致力于将那些一旦录用之后会给工作场所带来不利结果的人排除在外。如图10-5所示，简要地介绍了这种方法。

类似于当代很流行的评估供货商的模式，图 10-5 向我们展示了一个案例，其中，资质条件的门槛，接近于让 50% 的应聘者有望通过评估，达到“绿灯”的评估结果。另外接近 25% 的应聘者，其评估结果建议招聘人员在作出招聘决策的时候谨慎从事，并且被标注为“黄灯”。通常情况下，这类应聘者要在面试、推荐人审核或背景审核中接受更加严格的审核。最后，大约 25% 的应聘者的评估结果，预示着他们将来的绩效是不可接受的，被标注为“红灯”，在招聘和录用流程中被刷了下来。

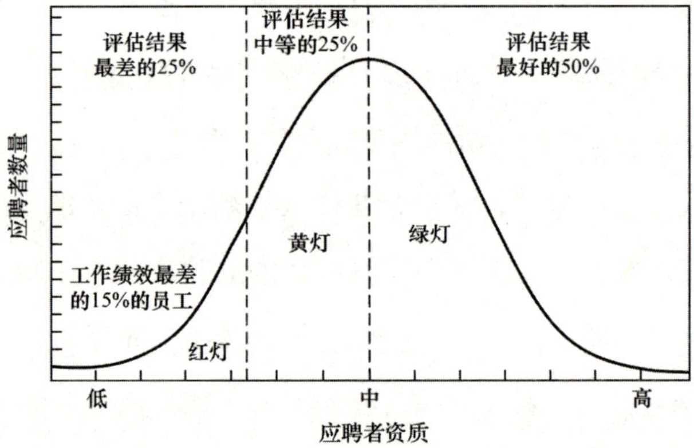

图 10–5　一种假想的在资质标准上“设定门槛”的方法

那些决定将标为“红灯”的应聘者按 15%、20% 或 25% 的比例来分配，还是按更大的百分比来分配的招聘专业人员，会从遵守平等就业机会法律的角度来评审有关数据，包括设定门槛的数据、可以进入招聘流程下一环节的应聘者数据，以及该门槛会不会存在法律风险。在决定将标为“绿灯”的应聘者按 50%、40% 或 30% 的比例，还是按照更大的百分比来分配时，招聘专业人员也采用同样的方法来审核。

关键在于，从招聘流程中获取回报，不一定依赖于非常巧妙地运用应聘者的预筛选和评估数据。将应聘者分为一些基本的小组，并且充满智慧地结合多种工具中产生的结果，才是为公司带来经济回报的关键。用一些追踪和持续优化的工具来定期检查新录用人员的素质，仍然是决定该门槛是不是需要进行调整的重要标准。

10.4 采用有效的原则

综合应聘者的信息，设定资质条件的门槛，创建你自己的综合模型，都要求周密地思考你希望在新录用的员工身上寻求些什么。所有这些，都取决于你视为理想的结果与你可以承受的、你愿意承担的风险之间取得的平衡。

在你仔细思考这些主题的时候，会冒出很多问题。事实上，评估专家的现场研究，明确地告诉我们哪些原则是管用的，哪些结果是可以期望的。不过，如同来自研究和实践中别的通用指导原则一样，需概括各种工具的广泛应用，并与实际工作中的各种情况紧密相关。因此，总的原则就是：通用原则。

我会在这里回顾一些原则，但我会提出警告：所有的企业，都要关注自身的实际情况，以确定各种一般原则是不是适合自己。牢记了这一点，现在介绍一些基本原理。

首先，在其他条件都相等的情形下，类似于“多重障碍”的方法，可以使公司招聘到资质最合格的应聘者，也就是说，招聘到能够长期保持最佳绩效的员工。这种方法要求应聘者在预筛选和评估过程中的每一个环节上都达到标准。在这里，不需要确定应聘者在某一胜任力上的劣势会在多大程度上由他们在别的方面的优势来补偿，你也不可能在这个方面犯错误。尽管这种方法更加机械化，但它更大程度地保证了新招聘员工的素质。

其次，你在每一个障碍上设定的门槛越高，招聘决策能带来的经济回报也就越大。请回忆一下第 5 章和第 9 章中介绍的经济回报的估算公式。尽管用来评估胜任力的各种工具的有效性是使该公式得以成立的前提，但是，选择的比率，也就是说，真正被录用的应聘者的百分比，也对最终结果产生了巨大影响。在其他条件都相等的情况下，设定的门槛越高，被招聘人员录用的应聘者的比率也就越低，因而带给公司的经济回报也越大。

但是，如果推动招聘决策的评估过程成本太高，以至于把你可能获得的经济回报全都冲抵掉了，那你就需要重新考虑了。这种情况通常不会发生。同样，劳动力市场可能不允许你的选择比率超过某个特定的水平。这两种可能性，都对企业采用高选择性的方法来筛选应聘者进行了限制。当然，你可以考虑，是不是将工资报酬水平适当提高，就能使更多经过精挑细选的应聘者被录用后，给公司带来更大的回报，从而抵消你给他支付的更多的工资报酬。毕竟，这是一个系统，要达到目标产出，总会有很多种方式。

第三，如果你采用补偿模式，有些研究人员不赞成使用复杂的策略来衡量有关应聘者胜任力的不同类型的信息。我曾为一家招聘汽车设计工程师的客户制定了预筛选和评估过程。客户希望采用补偿模式，该模式首先根据职位的重要性来衡量每一个职位的胜任力，将 100 分分配到不同的胜任力当中。接着，将每次测量的胜任力的权重，乘以每种评估工具的精确分数。这种加权复合的结果再累计起来，就对应聘者在加权复合的总得分上进行了排名。

没错，有的胜任力也许对成功更为重要，而且我们不应当忽略这一点。不过，有研究表明，相对简单地综合针对各种不同的胜任力而收集的信息，可以预测应聘者将来的绩效，并且有助于制定精心设计的解决方案。在综合评估信息的时候采用一些高度复杂的策略，可能会让你产生准确和可靠的幻觉，但如今的测量工具，通常并不支持那样的幻觉。

第四，如果你使用的工具，让那些受到平等就业机会的法律法规所保护的少数群体或其他群体受到不平等待遇，那么，多重障碍的方法，会对该群体被录用的可能性产生最大的消极影响。除此之外，在招聘流程中的每个环节设定的门槛越高，对这些群体产生的消极影响也就越大。因此，如果你使用的筛选和评估工具让少数群体或其他群体受到不公平的待遇，那么，更高的录用标准对这些群体产生的消极影响更大。这就进入到了风险管理的领域。

正是由于这个原因，所以，本书在前面各章中表明，要用监控和自我审核的工具来追踪我们作出最终招聘决策的方式。始终要追求一种平衡。观察将应聘者信息综合起来的过程如何运作，追踪它所产生的结果，特别注意遵守平等就业机会的法律法规，通过所有这些手段，你都能清楚地掌握你的决策策略是在按计划运行，还是需要作出调整和优化。这也是申请者追踪技术能够带来更大经济回报的领域。追踪那些取舍点的结果，观察它们对各个不同应聘者群体的影响，并且探索一些在招聘流程的决策规则中作为替代方案的“假定式”的情形，从风险管理的角度看，都可以让公司收到丰厚的回报。它们还可以确定那些提高招聘流程经济回报的方法。

10.5 注意消极的个性

迄今为止，我在这里探讨的用来作出最终招聘决策的这些模型，都基于一个共同的理念：越多越好，或者，至少在一定程度上越多意味着越好。接下来，大家觉得够了。受到更多教育和培训，拥有更丰富的经验，增大了应聘者跨越基本资质障碍的机会。在涉及个人是否愿意接受工作条件、工资报酬、出差或搬家的要求等方面的预筛选中，应聘者如果更符合公司的要求，那也就提高了公司进一步考虑他们的可能性。在测试、面试或工作模拟中表现更优异，也提高了最终被成功录用的可能性。在推荐人审核、背景审核等方面表现更出色，或者由内部员工推荐，也增大了被录用的机会。在每个环节上拥有更多被评估的资质，也就提高了赢得公司聘书的机会。

不过，有这么一个方面，“越多越好”的理念是不成立的，而且，在作出招聘决策的时候，这个方面尤其值得注意。在多数情况下，它在筛选过程中十分重要，以至于应当作为评估应聘者的一部分加以考虑。我曾在以前的章节里谈到过这个方面，它与招聘高级管理岗位和领导岗位人员是相关的。在这些岗位人员的招聘流程里，一部分值得高度关注的岗位测试，便是测试他们能不能与直接下属建立起信任的关系。对那些构建和管理与别人的良好关系极为重要的职位上，同样如此。例如，销售、账户管理、留住客户的职位，以及经常要处理人际关系的职位。

如我在第 1 章里提到的那样，研究和实际表明，有关应聘者的某些信息，反而呈现一种“过犹不及”的模式。比如说，应聘者更多地表现出不良行为，更容易怀疑，更容易兴奋或者具备更多与成功背道而驰的个性特点，反而会越糟糕。作出最终的招聘决策，也给了企业最后一个机会来观察类似的这些信息，并且给最终决策增加了风险管理的任务。

首先来介绍一些背景。多年来，有研究一直表明，有些领导岗位的应聘者被录用以后，在相对较短的时间内工作绩效不合格的比率，高得令人震惊。这些研究的对象，涵盖了从一线管理人员到公司 CEO 的各个层级的管理和领导职位。尽管数据可能会变化，但这些趋势表明，至少有一半的管理人员，在接手公司管理岗位的 2 ~ 3 年内，最终趋于失败。有些研究人员甚至发现该数目达到了 2/3。学术研究和公司内部的研究都发现了这样的趋势。这些管理人员失败的原因，包括无法与他人建立和维护有效的关系，特别是与下属的关系。

一家名为“企业执行委员会”的世界领先的最佳实务咨询公司曾开展过一项研究，结果表明，员工敬业精神的强弱，会影响到他们在工作中付出的努力和取得的绩效，也决定着他们会不会在公司中待更长的时间。这项研究还表明，员工敬业精神的强弱，不但取决于上司和高级管理人员在和下属交往时的行为，而且也取决于上司和高管怎样发表演讲，怎样对员工作出的决定，以及如何奖励员工取得的成绩。这些行为，尤其是涉及与下属之间交往的行为，很大程度上决定了员工是不是乐于跟着上司工作。在通常情况下，这些因素还会影响到领导者离开这家公司的时候，员工们怎样给应聘者“盖棺定论”。

大量的研究、文章，以及培育领导力的导师提供的具有指导作用的建议都提到，企业可以采用一些措施来评估公司内的管理人员，辨别他们的劣势，为内部员工素质的提升设置课程等。不过，这些文章和建议都侧重于解决而不是避免那些问题。它们提出了一些想法，来“纠正”那些对前途感到迷茫、认为自己不合群，或者无法达到自己制定的绩效目标的领导者的行为。

一些更有意思的文章，用一种进化的眼光来观察这一主题，假定我们人类在期望上司做的某些事情时，有时候会用进化的思维模式，总希望上司做得更好，有时候则不用这样的思维模式。有人指出，下属在找上司的时候，往往是他们面临不确定、恐惧和风险的时候，因此，他们会听从上司的指导和保证，也会受到上司的教唆。当下属感到心情不错的时候，不太可能去找上司，也不太可能接受上司的指挥和控制。实际上，我们变得不太乐意受到上司行为的影响。

不过，我们在这里并不是着眼于纠正，而是着眼于预防。怎么来预防？首先要理解，在评估管理岗位、高级领导岗位，或者经常要处理人际关系的职位的人选时，我们要做些什么，以确定这些人有没有可能与成功的道路背道而驰，并且有没有可能激发不了他们手下员工的积极性。这取决于寻找一些工具来探索针对某些个性特点的概念，也就是那些“过犹不及”的个性特点。

杜里奇和卡洛两位作者在《为什么 CEO 会失败》(Why CEOs Fail) 一书中简要描述了 11 个方面及相关的行为，另外一些研究人员也发现，这些方面及行为，确实就是领导者身上“过犹不及”的个性特点。尽管不同的咨询师和评估专家用来标注这些个性特点的名称不同，但在《为什么 CEO 会失败》这本书中，有 11 章内容很好地抓住了其中的关键，见表 10-1。

表 10–1　个性特点的阴暗面

名　称	个性特点在工作中的体现
自　负	假设自己才是对的，其他所有人都是错的
好表现	总想吸引别人的注意
反复无常	情绪会在突然之间毫无预兆地改变
过于谨慎	不愿做决策
习惯性的不信任	只关注别人的缺点
性格冷淡	不合群，不与人交流
性情乖张	只把规则当成是可以任意违反的建议
行事古怪	只为了追求与众不同而表现出和别人不同的行为
消极抵抗	保持沉默，让别人误以为同意
完美主义	不管总体结果如何，总想着把所有细节做好
急于取悦于人	总想成为任何人眼中受欢迎的人

资料来源：杜里奇和卡洛合著的《为什么 CEO 会失败：让你最终失败的 11 种行为及控制它们的方法》。

等一等，你可能会说，这好像说的是个性。没错。在很大程度上，个性指的是在某些情形下以一种特定方式来展现行为的倾向或趋势。简单来说，表 10-1 中列举的个性，都是与职位相关的个性。该表格描述了拥有更多这些特性的领导者（从中级管理人员到 CEO）可能在工作中表现出来的行为，特别是在面对压力、不确定性或者接手全新的任务时。这些个性特点，拥有得越多，并不会越好。

这 11 个方面构成了人们行为的方式。它们代表了个人随着时间的推移而学到（或逃避）的行为，是一些人在应对压力甚至面对工作中正常的困难时的标准行为方式。每一种个性，在大多数人的身上都或多或少地得到体现。我们都了解了，而且强化了那些有助于我们应对某些情况的行为。我们往往依赖这些情形，作为当我们面临挑战时的默认方式。

这些策略，定义了个性的阴暗面。与那些“越多越好”的个性光明面（比如责任心、情绪稳定性、善于交际等）不同，个性的阴暗面定义了个性“过犹不及”的一面。很多工具都声称可以帮助人们观察应聘者的阴暗面倾向。基于我们在运用这一方法中的评审结果和经验，我相信“霍根发展调查法”（Hogan Development Survey，HDS）是评估个性阴暗面的一种最有条理的方法。我曾用它来评估领导岗位的应聘者，也评估过那些对构建与维护人际关系来说极端重要的岗位的应聘者。这一工具由应聘者以自我报告的方式来完成，以表明与别人提供的观点之间的相互关联，比如说，如果有机会运用全方位的反馈机制或其他反馈机制来评估某位领导者在工作中的行为的话。HDS 采用的命名法，与杜里奇和卡洛的命名方法不同，但却探讨了相同的个性（表 10-2）。

表 10–2　杜里奇和卡洛的命名与霍根的命名

杜里奇和卡洛的命名	这种行为在工作中的表现	霍根的命名
自负	假设自己才是对的，其他所有人都是错的	大胆
好表现	总想吸引别人的注意力	趣味性强
反复无常	情绪会在突然之间毫无预兆地改变	容易激动

续表

杜里奇和卡洛的命名	这种行为在工作中的表现	霍根的命名
过于谨慎	不愿做决策	谨慎
习惯性的不信任	只关注别人的缺点	多疑
性格冷淡	不合群，不与人交流	保守
性情乖张	只把规则当成是可以任意违反的建议	性情乖张
行事古怪	只为了追求与众不同而表现出和别人不同的行为	富有想象力
消极抵抗	保持沉默，让别人误以为同意	从容不迫
完美主义	不管总体结果如何，总想着把所有细节做好	勤奋细致
急于取悦于人	总想成为任何人眼中受欢迎的人	尽职尽责

资料来源：杜里奇和卡洛合著的《为什么CEO会失败：让你最终失败的11种行为及控制它们的方法》;《霍根发展调查指南》。

我曾使用这一工具及另外两个“霍根评估系统”的工具，一个是霍根个性量表（HPI），是用来测量个性光明面因素的指标；另一个是霍根商业推理量表（HBRI），是用来测量战略和战术推理技能的指标。这两个工具为评估那些监管、管理和高管职位的应聘者打造了一个模型。在表10-3中，该模型既观察应聘者的个性，又观察他们的批判思考技能，当然，也离不开通过背景审核、面试、推荐人审核等收集的信息，以及内部的全方位评估等信息。

表 10–3 用于评估领导者个性特点的模型

智慧动力	个性的光明面	个性的阴暗面
战术推理 战略推理 批判性思维 特定的知识	外向的本质 令人愉快 敬业 情绪的稳定性 容易接受别人的意见	易兴奋 多疑 谨慎 保守 从容不迫 大胆 性情乖张 趣味性强 富有想象力 勤奋细致 尽职尽责

正如表 10-3 中展示的针对模型的细分的 HBRI 和 HPI 的术语那样，这些工具测量的是一些评估起来相对比较简单直接的个性。当某个人在公司中晋升到高级管理层时，这些就变成了大多数必须具备的个性，而且当他们在组织中不断晋升的时候，组织会反复对他们进行筛选。它们是 HDS 测量的个性，即个性的阴暗面，这些个性特点提供了在这些层面上（以及有时候在高级的层面上）最明显的对应聘者的评估。

在组织中的职务和地位慢慢上升，个人也就感觉越来越好，通常会表现出 HDS 预测的这些类型的行为。他们职位的权力允许他们这样做。在评估小到 15 ~ 20 人的管理团队时，我通常发现，HDS 简表在每一个维度上的范围，从绝对的底部一直变化到绝对的顶部。简单来说，几乎没有人对个人在这些指标上异常的高风险行为有所察觉，从而将他们淘汰。也许，这有助于解释为什么高管们的失败率达到 50%。

从“过犹不及”的全新角度来观察，正是来自于类似 HDS 等工具中的应聘者信息的重叠，才能为最终决策添加一些信息。这些信息有助于更全面地观察某些应聘者，这些人虽然在资质上高度合格，但要作为领导者，其日常行为的脱轨会给公司带来风险。无论把这些工具放在招聘和录用流程的最终环节，还是作为所有应聘者评估环节的一部分而与其他工具相结合，招聘决策都在以降低风险的方式来重视这个不同的观察视角。

评估领导力的这些工具快速涌现，一定能产生更多有助于确定它们真实价值的数据。例如，图 10-6 简要介绍的领导岗位的应聘者，不可能调动应聘者的手下员工的工作积极性。

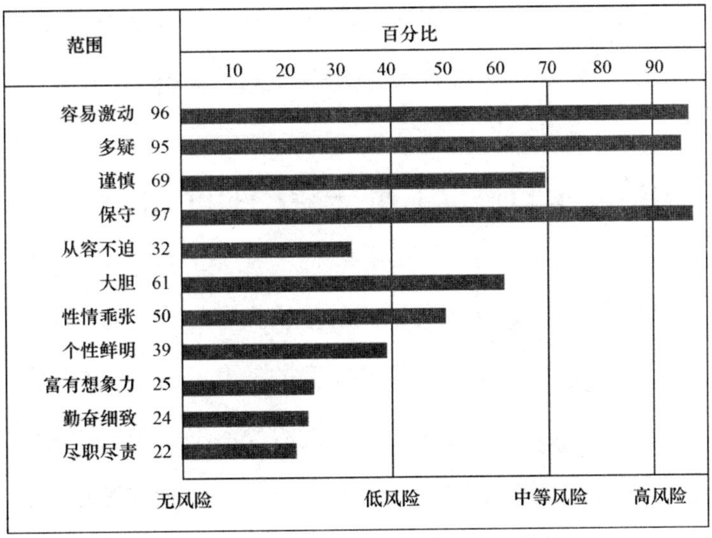

图 10–6　带有阴暗面风险的 HDS 简表

HDS 把容易激动（反复无常）、多疑（习惯性的不信任）和保守（性格冷淡）等阴暗面作为高风险的证据，提出了建议的捷径来解决，但这个简表超越了那些捷径，它表明了应聘者到底是和直接下属合不来，还是和直接下属合作愉快。这些得分体现出来的领导者失败的风险，有利于决策者暂缓作出最终决策，而是责成有关部门进行更深入的推荐人审核，对应聘者以前的工作情况征求全方位的反馈信息（如果可靠的话），以及更深入地进行一对一的面试。毕竟，这也是作出正确决策和降低风险的最后一次机会。员工的职务越高，当发现了类似于例子中的简表时，保证投入的时间和精力就越多，力求作出更加正确的决策。

在评估和应聘者筛选领域的各个方面中，这是最引人关注，也是最新的研究成果。多年来，我们已获知，人的智力和个性是相对独立的。聪明的人不一定潇洒漂亮，丑陋的人不一定愚蠢至极。对个性阴暗面的探索，特别是在招聘的背景之中进行这样的探索，能够快速提高招聘体系的有效性并得到证明，虽然这些体系以前曾忽略了这些方面。

10.6　注重一致性价值

从对基本资质的预筛选，到最终的推荐人审核或个性阴暗面审查，最后的招聘决策，是在我们对收集到的所有的信息及评估结果设定门槛的基础上作出的。同时，我们如何来综合已经收集到的信息，是采用简明易懂的多重障碍模式，采用补偿模式，还是采用混合模式来进行评估，也决定着我们的决策。最后，即使掌握了所有这些数据，但下一章中探讨的考虑事项，即法律风险的问题，还是会影响我们的决策。

有一个因素，可以在如何结合法律方面的考量作出招聘决策的方面引导我们。这个因素与我们在本章中探讨的主题密切相关，那就是如何在招聘决策中体现一致性。我曾在摘要中介绍了各种不同的决策模式，以阐述它们所体现的思想。有一项调查表明，大多数企业不会最纯粹地遵循任何一种策略。本书中分析的模型，有助于引导我们思考决策及为参与招聘和录用流程中的所有的招聘经理提供指导。但他们不会言听计从。在每一项招聘任务中的特定情况，也会影响到如何决策。

重要的是从一致性的角度来考虑取舍点、信息综合模型，以及最终决策标准等主题。我曾参与的很多法律诉讼，跟我们公开的工具、标准或决策标准等毫无关系。促使我们进行法律评审的问题是：为什么这一流程在运用时不一致？为什么要区别对待不同的应聘者？

一致性是降低法律风险的核心。譬如，如果我们在胜任力评估或基本资质评估上设定了一个取舍点，随后为某位特定的应聘者做了降低，那么，降低后的取舍点就成了与该例外相关联的新的取舍点。如果我们采用多重障碍的模式来评估应聘者，但却对某位特定的应聘者在某一个障碍上破了例，那么，这次破例应当确定我们新的做法。我们会在下一章中了解到，区别对待，也就是说，给人以不平等的待遇，是产生法律问题的根源。

当然，特殊情况总是存在的。在招聘流程中发生的事情，不可能事先预测得到。尽管如此，也要提醒大家，要在流程一开始的时候就牢记一系列明确的实施方法，在作出最终决策的时候坚持这些实施方法，而且，在绝对必要的时候，记录下你被迫作出的任何一次破例的决策。不一致是招聘活动中最致命的弱点。下一章，我们会大量地阐述这个问题。事实上，要在你作出最终的价值百万美元的决策之前，仔细地审核招聘流程的一致性。

第 11 章
规避法律风险

我不是律师。但 20 多年来，我一直作为专家证人，参与处理了在招聘或录用活动中涉及种族、性别甚至反向歧视诉讼的事务。我既和诉讼的原告合作过，也和诉讼的被告合作过，既代表过联邦机构，也代表过私营企业主。在这一过程中，我见证了招聘和录用计划中几乎任何一个细节。这些诉讼的案例，有的涉及数万应聘者，耗费了数千万美元的成本。

不过，在写本章的时候，我借用了一位专攻劳动和就业法律的高级律师杰弗里 · 罗斯的思想和经验。杰弗里是 Seyfarth Shaw LLP 公司的合伙人，该公司在美国是最受尊敬的专长于就业法律实务的公司。几年前，我们一同推出了“守法招聘”的计划，这是一个用来指导各类组织招聘实务的审核工具，重点审核组织在制定或评审组织的招聘策略、方法、日常做法时如何降低法律风险。在制定“守法招聘”计划的过程中，我深深体会到，杰弗里对招聘时可能会犯哪些错误，的确洞若观火。

杰弗里帮助制定了这一套简单直接、切合实际的评审程序，用来审核企业在招聘和录用的计划中遵守法律的情况。

在本章中探讨如何降低风险，也许是一件很难的事情。难就难在以在别的专业领域同样的方式去应对招聘领域的风险。我跟很多受到执法部门严格审查的公司合作过，学会了怎样将降低风险与降低恐惧结合起来。

11.1　法律风险的背景

在招聘和录用计划中犯错误，可能会导致公司耗费巨资去应对法律的挑战，如果输了官司，还得面对判决书、在新闻媒体上的负面报道，甚至最终破产。这些，都不是一个 CEO 愿意看到的。

近十年前，吉姆·沙夫和我合著了一本书中的一章内容——“招聘领域的风险管理”。在其中，我们描述了大量的立法史、执法机制，以及法庭对招聘和录用的合法方面作出的裁决。我们还简要描述了联邦机构或个人对企业提起的某些最值得关注的诉讼，并且指出了由法庭作出不利判决或者公司解决法律方面的危机而造成的经济损失。在这里，我会介绍一些法律方面的基本史。对那些刚刚进入这一领域但不想再去看以前的作品中各种细节的新手来说，有必要了解这些历史。

如我和吉姆在 2000 年提出的那样，在招聘和录用过程中，大多数典型的违法案例，都出现在平等就业机会的大背景下。联邦政府和州政府的法律，向有关部门报告的要求，以及很多的政府机构，都在监管着各个组织招聘员工的方式。事实上，联邦政府和州政府的一些机构，要求大多数的企业定期报告他们的招聘行动。政府还会监管那些持有政府合同并受到其他机构管制的企业。

让我说清楚一点：招聘和录用的目的是区分，也就是说，区分有能力做这项工作的人和没能力做这项工作的人，同时，也区分愿做这项工作的人和不愿做这项工作的人。招聘和录用，要让组织获取急需人才，提升工作绩效，保持其竞争力并产生一定的经济回报，以保持正常运营和发展的方式，因此，得在所有的应聘者中进行上述区分。

但是，招聘和录用计划的目的，并不是为了区别对待具有不同个性特点的应聘者，而且那些个性特点与他们将来的工作绩效无关。无疑，这一计划的目的，也不是为了区别对待具有美国的法律划清了底线的那些特点的应聘者，那些特点包括种族、肤色、宗教、性别、年龄、族裔、残障情况、经验丰富的程度，以及在联邦政府的法律、行政命令、州政府的法律及当地法律中引用的其他特点。

招聘和录用活动从一开始就非常复杂。例如，非法歧视可能是由于有意采取的行动而导致的，但也可能是无意中造成的。而且，即使是无意中造成的，这一行动也会给公司带来严重的后果，无论是经济上的，还是别的方面的。保护平等就业机会的法律，阐明了受到特定法律法规保护的那些应聘者群体。

比如，美国1964年颁布的《民权法案》的第7条，明令禁止针对种族、肤色、宗教、性别和族裔的就业歧视。为求简化，我们通常把这些法律法规所保护的应聘者群体称为“受保护群体”。不过，反向歧视同样也会面临法律风险，因此，保护的概念，并不只是少数群体、妇女或那些特定族裔的群体而独有的。所以，这种情况在与合法区分和非法歧视的差别进行对比的时候，使招聘和录用的流程变得复杂起来。

法律风险的来源，也可能是复杂的。应聘者有可能声称他们在找工作的时候受到了与别人不同的待遇，也就是说，应聘者认为他们受到了所谓的差别待遇，这是企业面临的风险。

想想这种情形：一个企业对应聘者进行面试，其结果用来筛选应聘者，但这种面试是以非结构化的方式来进行的，其形式、内容及总体方法，都是没有事先进行组织。这样一来，应聘者很容易声称他或她受到了与其他人不同的待遇，因为面试官采用的一系列问题，一来没有被记录下来，二来可能与职位不相关，三来导致应聘者被拒之门外，只因为应聘者受到了差别待遇。应聘者也许声称，这种不公正的待遇，是由于他或她的身份地位造成的。

还有一些法律风险是，应聘者也许声称他们在招聘流程中一直受到和其他群体不同的影响，因此，他们遭受了差别性影响，有时候也叫不利影响。在这种情况下，企业可能面临集体诉讼，有可能某一个原告群体集中了数千名应聘者，集体对公司提起诉讼。

我在第 2 章中提到过，在招聘和录用这一领域很多的法律法规、规章制度，以及执法机构，都与 1964 年的《民权法案》第 7 条中的规定相联系，该法律在 1991 年进行了修订。有些还与 1990 年制定并在 2008 年修订的《美国残疾人法案》及《就业年龄歧视法案》相关联。根据 1965 年颁布的 11246 号行政命令，美国劳工部有权审查联邦政府承包商及与联邦政府承包商发生业务关系的组织的招聘事务。其他一些联邦、州和当地的法规，也可能会给招聘活动戴上“紧箍咒”，但在这里引用的，已经包含了企业面临的大多数法律方面的问题。

几乎没有哪些组织不受这些法律法规的约束。例如，如果企业是一个政府部门，则受到美国司法部的监管；如果企业是一家员工人数超过 15 人的私营企业，则受到平等就业机会委员会（EEOC）的监管；如果企业是一个持有价值 1 万美元以上的合同的联邦承包商，或者是与那样的联邦承包商发生业务往来的组织，则受到美国劳工部联邦合同遵循项目办公室（OFCCP）的监管。

举例来说，在 2007 年财政年度，EEOC 指出，针对私营企业主的诉讼超过了 83000 件，这是自 1992 年以来的最大诉讼量。同样在这一年，该机构收到的来自企业的赔偿额高达 3.45 亿美元，同比增长了 25% 还多。

2008 年 3 月，OFCCP 发出了近 5000 封要求公司上报招聘工作计划的信函。收到这些信函的企业，会受到该机构对其招聘事务进行的审查。这些信函的发出，意味着对那些与政府部门签订了合同的公司，要进行新的法律评估。在 2008 年财政年度，OFCCP 完成了 4000 多次法律评估，并收缴了企业 6700 万美元的纠正赔偿金；这一数字，超出前两年 5000 万美元的 30% 还多。

但是，与很多人认为的相反，招聘或录用的事务中，公司遭到诉讼的风险，更有可能来自于个人，而不是政府机构。正如吉姆·沙夫和我在 2000 年所指出的那样，当员工仔细观察了就业诉讼的真实趋势时，企业被员工个人聘请的律师提起的诉讼，是被 EEOC 提起的诉讼的 400 多倍。

如今，在个人提起的诉讼中，一切都改变了。诉讼中涉及的法律法规，不同于由政府机构发起的诉讼，如 1866 年的《人权法案》等法律法规。除此之外，个人提起的诉讼，绝大部分原告都指控公司侵权，而不是根据联邦的平等就业机会法律来提起诉讼。在这些情况下，原告的顾问可能会向陪审团提交诉状，寻求法庭判决企业支付不设上限的补偿和惩罚性违约金，甚至通过诉讼拿回律师的报酬。

幸运的是，数十年来企业面临的联邦机构审查、个人诉讼和法庭裁决，为我们如何降低法律风险指明了道路。如我在第 7 章中阐述的那样，在构思整体的招聘和录用策略并制定具体实施方案时，就是开始考虑这些风险的最佳时机。降低法律风险的入门课程就是这样：评审最佳实务，规划、监控和追求持续优化。尽管这样，但事情还是有可能变得糟糕。

11.2　哪些方面可能出现法律问题

据我的观察，在招聘和录用的计划中，出现法律问题的方式主要有四种：在那些招聘或录用活动用于指导员工安置实务的各类组织中，在各类组织运用招聘和录用流程的方法中，在招聘和录用流程产生的结果中，以及组织以前曾做过的事情中。我会对每一个普遍的领域进行探讨，并提供一些有可能降低风险的示例方法。

法律风险的第一个来源与招聘人员在使用招聘和录用流程中的工具有关，这些风险非常广泛，可能包括收集的应聘者信息的类型，在决定录用哪些应聘者时所选用的工具和采信的标准，以及日常的做法。下面这些，是我曾遇到过的一些法律风险。

- 在搜寻应聘者时，没有把少数族裔列入搜寻范围。
- 对应聘者工作经验和受教育程度的标准设置过高。
- 预筛选面试与标准中的不一致。
- 简历审核没有采用一致的标准并存在偏见。
- 用于测量应聘者能力的测试与职位不相关。
- 由于应聘者缺乏可以在入职培训中学到的技能，面试官拒绝录用他们。
- 为身体条件的评估而设置的标准过于苛刻。
- 推荐人审核没有采用一致的标准，而且主观性强。
- 个性测试被用作《美国残疾人法案》禁止的评估。
- 背景审核包括了与职位无关的细节。

这些风险和挑战，可以用招聘和搜寻应聘者的正确方法，选择收集信息的时机，以及构建招聘流程时使用的平台来应对。它们可以用于深入洞悉那些用来提取信息的职位公告板平台的特性，用于在对某一职位感兴趣的应聘者身上提取信息的预筛选调查问卷，或者评估运用的测试或面试，甚至是用于对某一组应聘者简历执行和保存关键字搜索或概念搜索的方法。这属于一个很大类别。

在你采用的方法中如何做好应对这些风险和挑战并限制它们出现的准备，包括要让你的招聘活动与职位相关联。想一想第 2 章中提到的用来展示有效性概念的图。实际上，有效性，就是职位相关性的意思。如果某个企业可以表明，他们使用的工具、方法、做法，能够有效地预测哪些应聘者将来的工作绩效优异，哪些绩效低下，那么，这就达到了与职位相关性的标准。一系列的政府部门的指导和专业指南，帮助企业表明他们的招聘和录用的实施方案达到了这一要求。

重要的是，确保你使用的工具、方法和做法与职位相关联，而不只是减少了法律的风险；它也是获取经济回报的不二法则。使用一组有效的方法，一方面增大了经济回报，一方面降低了法律风险。如果说本章透露了一条重要的信息，那么就是这里了。

法律风险的第二个来源，涉及如何运用招聘和录用计划中产生的信息。以下是一些示例。

- 资质标准的设定，高于当前员工的水平。
- 设定了单一的、不太重要的资质标准，用于将应聘者排除在外。
- 测试中取舍点的分数没有体现已经公布的标准。
- 让应聘者没有机会重新参与测试。
- 基于任务的工作样本评估没有根据职位来进行。
- 将残障应聘者排除在外。
- 面试官未经过培训，而且面试的组织不规范。
- 对应聘者的排名没有体现任何有效性。

这些例子，涉及企业在确定招聘和录用计划的具体实施方案时如何作出选择。怎样来设定资质标准；怎样来综合和衡量应聘者资质信息中的不同部分；是否要求应聘者通过一系列的资质评估环节，在这些环节中，有些人究竟是会在招聘和录用流程（采用多重障碍的方法）的每一个连续环节上被拒绝，还是有机会在招聘和录用流程中所有环节上完成评估（采用补偿方法），等等。所有这些，都可能导致企业因为使用了构成非法歧视的信息而面临法律风险。

除此之外，如果在好几种筛选设备上评估了应聘者，他们的排名究竟以同样的方式从高到低来排名，还是采用单一的“通过－淘汰”方法来排名，以便高于标准的每一位应聘者都被认为有资格被录用？到底这一流程是在很大程度上以数学为依据，还是人们的主观判断在其中发挥了主要作用？所有这些涉及如何运用信息的方案，都可能违反法律。

运用不同的方法可以产生不同的信息，而降低这类由于运用信息的方式而导致的法律风险，也取决于流程中的每个环节与职位的关联性。你越是能够表明采用某种特定的做法、以某种特定的方式、挑选绩效更优秀的员工等都与职位相关联，那你面临的法律风险也越小。

同时，培训、工作经验、技能、能力及用来指导招聘决策的其他信息，其涉及的范围越广，风险也越小。事实上，你越能表明自己运用了有效的工具来考虑该职位所有重要的要求，那么，你的组织就有更多的证据来应对可能面临的法律风险。

这种涉及运用信息的方式的策略越是承认，应聘者信息中的任何一个部分，都不可能完美无缺，而且，越是将这种策略用来全面评估应聘者，你的组织由于过度依赖某一部分信息而惹上官司的风险就越小。就像作出投资决策那样，问问你自己：我手头拥有的信息，是不是真的支持我即将作出的决策？我是不是已经收集到了足够多的信息，使得我能够全面地了解应聘者？

法律风险的第三个来源，与你使用的工具所产生结果及你使用这一工具的不同方式产生的结果有关。事实上，这是应聘者群体通常会提起诉讼的一个重要方面，即差别性影响。在这里，重点从你使用什么样的工具及使用的方式，转向了从平等就业机会的角度来看，这些工具实际上产生了什么样的结果。关注的焦点转向了这些工具会不会导致这种现象的出现：在被公司进一步考虑的应聘者或者被录用的应聘者之中，来自某个特定群体（比如妇女、非洲裔美国人、西班牙裔美国人，等等）的人比起其他群体的人少得多，完全不成比例。

问题是，某种特定的做法，是否使特定的受保护群体通过筛选或评估而进入招聘和录用流程下一个环节的比例，低于该群体申请的比例；是否使得该受保护群体的最终录用的比例更低；或者，是否使得最终被录用的比例，与该受保护群体在劳动力市场上或人才储备库中的比例更低。这个句子有点长，也有点拗口，但其中的每一部分，都有可能是法律风险的来源。在这里，风险通常是以数字来表达的：百分比、比例、期望的招聘率，以及不足的数量等。

当那些在招聘和录用流程的很多环节上都合格的应聘者群体的百分比，与该群体在相关的劳动力市场（无论是当地的、地区的或全国的）上的相对表现进行对比时，或者当最终被录用的某一特定群体的百分比也进行上述对比时，可能带来一些法律风险。如果被考虑的应聘者的数量相对较大，而进入整个招聘和录用流程的人数又只有十几个人的时候，也会出现一些法律上的风险。那样的比较，可能是为某个特定的招聘活动而作出的。它们还可能针对某一特定的时间段而作出，比如每个季度或每年，或者，也可能针对组织中的某一个部门而作出。

企业、执法机构及个人的律师，会采用一系列的统计方法来追踪招聘和录用的结果，以评估某一特定的做法是否出现了问题。联邦机构的《员工选择程序统一指南》中的80%的原则，是一种常用方法，该原则将某一特定的受保护群体（比如女性应聘者），和与之相对的群体（男性应聘者）的成功率进行对比。成功，可能意味着通过一项简历筛选，进入预筛选的面试，在背景调查问卷中达到标准，或者在一次招聘测试、面试或推荐人审核中的表现被人认可。

如果说受保护群体成功的比率，低于与之形成对比的群体成功率的80%，那么，可以认为已经有了该做法对受保护群体产生了不利影响（或者说差别性影响）的证据。例如，如果80%的男性应聘者通过了简历审核，但只有60%的女性应聘者通过这一审核，那么，不利影响的比率，就是用60除以80，也就是0.75，这表明，女性应聘者的成功率，不到男性的80%。这一结果，可以视为歧视女性应聘者的初步证据，它要么是通过你所运用的工具而产生的，要么是由你运用工具的方式而导致的。还有一些别的统计学方法，但它们都根据相同的理念而执行：若某一受保护群体的成功率较低，会发出警告，而显著较低的比例，则意味着公司惹上麻烦了，除非公司可以找到很好的理由（例如，职位相关性）来解释这一结果。

如果招聘和录用流程的结果产生了不利影响，那么，重要的是追根溯源去查找原因。因此，监控招聘和录用流程中的每个部分是不是有产生不利影响，十分重要。1982年，美国最高法院在其对康涅狄格州蒂尔的裁决中明确表示，对不利影响的担心，不仅取决于谁是否被录用的问题，还取决于在整个招聘和录用流程中的任何一个环节上是否对法律保护的某一特定群体产生了差别性影响。如果真有这种影响，企业有责任表明那一环节是与职位相关联的，而且要对照职位要求进行辩护。

例如，假设男性和女性应聘者最终被录用的比例大致相当，即使这样，如果女性应聘者在招聘和录用流程中的某个环节上被拒绝的比例高于男性比例的80%，也可能成为法律风险的来源。简单讲，只要招聘和录用流程的某个环节产生了不利影响，而且该影响无法用职位相关性来解释的话，那么，从遵守法律的角度来看，即使你最终的结果达到了法律规定的要求，也还是不够。

法律风险的第四个潜在的来源，涉及前面阐述过的所有三个来源，那就是，尽管企业密切关注职位的相关性和使用某一特定做法时的方法，但由于存在同样有效但却不利影响较低的替代方法，所以也可能会带来法律的风险。这种替代方法本来可以在作出合法招聘决策的同时，对受保护的群体产生较低的不利影响。

这些法律方面的质疑，是可以反驳的。显然，企业已经采用的做法有很多种替代方法，每种替代方法在很多方面都与他们采用的做法不同。他们怎么可能研究各种可能的替代方法，并确定哪一种既与职位相关联又能将结果的不利影响降至最低呢？这听起来是一项不可能完成的任务。

幸运的是，提出诉讼的一方，需要拿出这种替代做法，并且要出示证据来证明，这种替代做法，对他们所代表的群体同样有效，而且不利影响较小。同样幸运的是，在过去几十年里，业内人士对产生各种不利影响较低、有效性各不相同的种种做法，已经进行了大量的研究。从第8章至第10章阐述了很多这方面的知识，并且探讨了不同的招聘或录用活动可能会对经济回报产生怎样的影响。这几章，还着重强调了将这些理念融入到招聘和录用策略与具体方案中的必要性，以引导某一特定背景下的招聘活动。

当然，针对某方面法律风险的四种一般来源，是相互关联的。如图 11-1 所示，违反《民权法案》第 7 条的招聘做法，有可能也遵循举证义务转移的模式。该图显示了一个由很多单个方法构成的招聘和录用计划，企业采用这一计划来指导其总体的招聘流程。不过，仔细评审之后我们发现，或许由于某位应聘者提起投诉，OFCCP 开展审查，DOJ 进行调查，或者某位原告提起诉讼，所以图中的一种或多种做法，对某一特定的应聘者群体产生了不利影响。

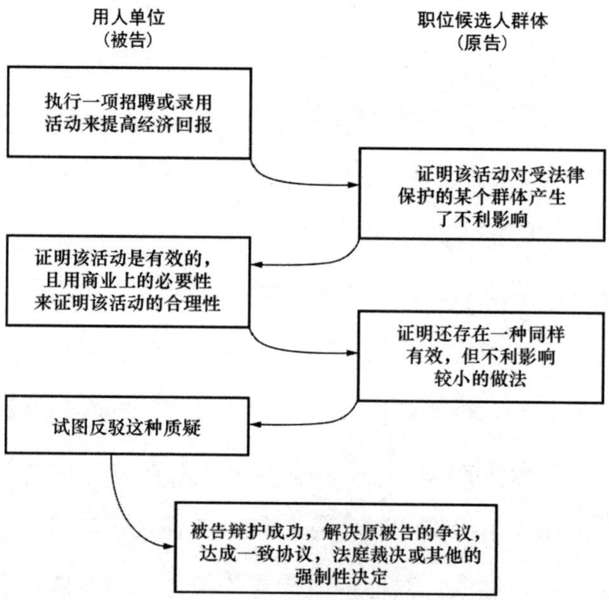

图 11–1 《民权法案》第 7 条对招聘或录用活动产生质疑时的举证义务方规定的转移

如果确实如此，那么为不利影响进行反驳的任务，又回到了企业这一边。他们得提出证据来证明，在某一特定招聘活动中区别对待应聘者的情况，不值得引起社会的足够关注，或者，证明他们的招聘或录用活动所产生的结果，与职位是相关的。企业的反驳，最好是以硬数据为依据。有时候，企业的确可以用一些数据来显示招聘或录用活动与职位相关。有时他们可以这样来辩护：同样的做法已经在类似的招聘背景中表现出了有效性。还有些时候，他们可以指出，研究已表明，这些做法产生了大量在各种背景下普遍存在的、与职位相关联的证据。

最后，企业还可以辩护说，由于被筛选的应聘者太少，甚至无法对招聘方法与职位的相关性进行审核，但目前这种研究正在进行中。对某种特定做法是否与职位相关联而进行支持或质疑的辩论，有很多的依据可以采用，但那些依据必须能证明，采用的招聘和录用的做法，对某个受法律保护的群体产生的不利影响是合理的。

如果企业可以出示某一招聘和录用做法的职位相关性的证据，那么，他们可以继续采用那一做法。由该做法产生的不利影响，本身并不是非法的。法庭将会采信职位相关性的证据，因而作出企业并没有违反法律的判决。如果不是那样，那么，企业有可能被认为违反了法律，受到质疑甚至被提起诉讼，而且，那样的招聘决策可能会产生一系列后果，包括经济处罚，被强制要求录用特定数目的受保护群体成员，以及由法庭或外部机构持续多年监管公司的做法。我曾作为一位外部专家，连续 15 年参与监控某个企业的招聘和录用做法。后来，我决定转行的时候，这项工作由另一位专家接手。

如果提出法律质疑的一方能够证明，尽管企业在招聘时的做法与职位是相关联的，但他们采用的方法，已经产生了超出必要水平的不利影响，那么，这一做法仍然是有缺陷的（图 11-1）。这将我们带回到了专家证人、技术研究及协商的领域。这种可能性，着重强调了在制定招聘和录用的策略、设计该策略的具体实施方案时，要仔细考虑遵守法律的问题。它着重强调了，要清楚地认识那些有助于确定风险水平的方法、工具、监管机构的措施、法庭的裁决等。

如果说别人的质疑是可以反驳的，那么，图 11-1 表明，这个企业已经成功地应对了别人的质疑。如果企业未能成功，或者还处在转嫁举证义务的早期阶段，那么，过去曾探讨过的种种结果，可能会接踵而来。

我们在过去几章的内容中阐述了招聘和录用流程中四个存在法律风险的主要领域。在每一个环节上，都可能存在法律风险。因此，大家可能马上会问出几百个这样的问题："是的，但要是这样，该怎么应对？"问得好。因此，接下来我会以一种非常简练的方式，为大家提供执行招聘和录用流程中所有环节的最佳指南。我的目的并不是要回答所有的问题，而是调动降低风险的思维模式中最重要的元素（读者如对更多详情感兴趣，请访问 www.million-dollarhire.com 网站，并浏览杰弗·罗斯和我制定的旨在指导企业在接下来各个领域中如何遵守法律的《招聘守法指南》）。

11.3 在搜寻和预筛选环节上降低风险

从经济回报的角度来看，在招聘和录用流程中，搜寻和预筛选是最初的环节，其主要目的是确保吸引到足够数量的合格应聘者，而且不会在那些明显不合格的应聘者身上浪费时间和资源。从遵守法律的角度看，这一环节还包括避免采用那些可能无法吸引或永久排除受保护群体的做法，或者，还要避免采用使这些群体成员符合职位资质条件的可能性最小的做法。

在这里，招聘和录用的做法应当致力于确保以下方面。

- 用于表达录用机会的信息，应该准确地描述该职位的基本情况、职位的要求，以及对应聘者资质的期望。
- 对于某位被认为是申请者的应聘者，其必备的最低资质与职位的描述联系起来，并且与当前正在该职位上出色工作的员工的资质相一致。
- 发布招聘广告，在职位公告板上发布信息，利用社会化媒体来搜寻，以及相关的搜寻活动，充分利用各种途径，使之能够面向不同的应聘者群体；致力于追求企业与特定的少数族群、性别群体、残障人士或其他招聘对象之间的紧密联系。
- 标明应聘者递交简历和求职申请的相关程序要求，比如截止时间或公司在接受一般的兴趣表达与申请特定的公开招聘职位方面的政策。
- 对应聘者明确解释关于如何保留他们的简历、申请表和其他材料的政策。
- 对简历数据提取工具和简历搜索技术的使用，能支持基本的职位资质信息，而且，简历搜索工具保存好每一次搜索的参数。
- 对应聘者的简历或者依照基本资质条件而提供的其他材料的筛选，目的是判断哪些人可以被视为公开招聘职位的申请者，因此，该筛选过程应当以已经明确与职位相关联的标准为依据。
- 应聘者群体的组成与公司的反歧视行动招聘计划（如果有的话）进行对比，并且对任何明显的漏洞进行仔细审核，以确定需不需要对招聘和录用的流程进行调整。

- 运用应聘者追踪观察工具来分析由于基本资质要求和预筛选工具的使用可能产生的任何不利影响，并运用应聘者追踪工具来决定，需不需要进一步增加应聘者群体的人数。
- 对那些向公开招聘的职位表达了兴趣的人，展开的后续查询或以打电话方式进行的预筛选面试，应当予以追踪并记录下没有回应的人员信息。

评估招聘和录用流程的这一初始环节的结果，重要的是进行分析，以便将打算进入招聘流程下一环节的申请者群体，与只是表达了兴趣的应聘者群体进行对比，或者根据劳动力市场相关联的种族、性别、肤色及其他组成因素进行对比。如果招聘活动不仅在本地举行，那么，更广泛的对比，并且与公司反歧视行动计划的目标进行比较，也是非常重要的一环。如果已经注意到了不利影响，那么，应当对产生这一影响的因素进行隔离，并且确定它们是否与职位相关联。在这一初始环节上，为了避免不利影响而以一种有针对性的方式将其他应聘者包括进来，也是可以考虑的事情，并且有助于留下反歧视行动的良好记录。

11.4 在评估环节上降低风险

一旦组成并筛选了大致的申请者群体，就该把注意力转到更深入地观察申请者资质上来。从获取经济回报的角度看，这个环节的目标是保证进入招聘和录用流程的申请者的素质。从遵守法律的角度来看，目标是避免那些不必要的不利影响。在这里，招聘和录用活动应当致力于确保以下方面。

- 参与筛选过程的人员（人力资源部门的员工、招聘经理、招聘外包业务提供商，以及其他人）都受过培训，并且知道他们的行动可能会产生怎样的法律风险。
- 制定了明确的策略和程序，以便指导招聘人员如何回答申请者在筛选过程中提出的问题或应对他们的投诉。
- 用来评估申请者资质的工具都与职位相关联，而且要严格管理，以求降低申请者提起诉讼的可能性。
- 合理地根据该工具评估的资质及它们在学会和履行岗位职责方面的相对重要性，对每一种筛选工具进行相应的排序和衡量。
- 对筛选过程中任何按次序排列而作出的“通过－拒绝”的决策，确立了清晰的标准。
- 向参与筛选过程的非人力资源部门的员工提供指导，指导他们如何避免那些可能会导致差别性待遇或差别性影响的事件。
- 对整个申请者评估活动进行监控，以确定招聘和录用流程的某些方面是否对受保护的群体产生了不曾预料的不利影响。
- 给那些有着合理的特殊条件的申请者以一定的机会再度完成评估环节，比如，有的应聘者声明自己一些合理的特殊情况，如生病、误解公司相关信息或缺乏适当的指导，以至于没有完全弄懂自身资质的真实情况等。
- 获取和追踪收集到的有关申请者的所有信息，以便确定和隔离任何与招聘和录用流程相关联的不利影响。
- 采取一些后续措施来监控筛选过程中的各个方面，并进行微小的调整，有可能会使申请者筛选环节继续为公司带来价值，而且降低对受保护群体的不利影响。

和前面的环节一样，追踪和确定招聘和录用流程中评估环节上任何可能产生的不利影响，同样十分重要。是不是某项测试、某一面试过程、某一工作样本任务、某项推荐人审核和背景审核任务，或者其他的某些活动，产生了这样的不利影响？手头上有没有那些活动的职位相关性的可靠证据？不利影响是不是与某个工具隔离开来，或者，不利影响有没有在筛选应聘者中使用的所有不同评估工具中蔓延开来？如果你使用单一的工具，你是否有信心它一定与职位相关联，而且能够经得起外界的评审？如果答案是否定的，就必须进行改变。

11.5 在决策环节上降低风险

只要手头上拥有了申请者的信息，那么，经济回报取决于将假阳性错误（招聘到那些不能成功履行岗位职责的人）和假阴性错误（拒绝了那些本来可以成功履行岗位职责的人）最小化。前一种错误，会降低整体绩效水平，给企业造成损失；后一种错误，会让招聘人员白费工夫，丧失机会。这里的目标是最大限度地招聘那些录用之后能够成功履行岗位职责的人。从遵守法律的角度来看，这里的目标是避免决策策略本身引入的毫无必要的不利影响。在这里，招聘和录用活动应当致力于以下方面。

- 阐述明确的指导方针，指导怎样综合筛选过程中收集到的信息，包括明确阐述怎样设定取舍点的分数和数据综合方法。

- 避免过于偏重招聘和录用流程的任何一个组成部分，使那些相对不太重要的资质也成为决策时的重要考虑。
- 在决策时考虑那些具有最明显的职位相关性证据的筛选过程的各个方面。
- 确定是否需要微调那些在招聘和录用过程中产生的不利影响上造成的，值得明显注意的差别的资质标准。
- 评估重新构建招聘流程的可能性，以确保新创建的流程在降低对受保护群体不利影响的前提下同样有效（即能够产生相同的经济回报）。
- 记录下标准决策策略中任何特例的依据。
- 获取和追踪所有的筛选和决策数据，以便用于随后的经济回报分析，提高回报和降低不利影响。

招聘决策制定方式的刻板性，并不是追求的目标。事实上，使用基本的质量控制方法来对照随后的工作绩效而评估录用和拒绝决策，加上追踪平等就业的机会，可以表明，对招聘和录用流程进行何种相对微小的调整，就能降低法律风险，并可能提高经济回报。

关键在于避免锁定某一种决策策略，也不必认为所有的改变都意味着承认之前的策略是错误的。事实上，负责监管各公司遵守平等就业机会法律情况的机构，鼓励各公司进行自我评估和调整。经过精心调整后的优化，是受到支持的。那样的调整，理论上存在着使被拒绝的申请者成为提起诉讼的原告的潜在风险，但是，善意的调整，可以将遭到惩罚性赔偿的风险降至最低，并且大大减少将来的诉讼量。

11.6 降低法律风险的四条原则

迄今为止阐述过的所有建议，可以归纳为四条降低风险的基本原则。

1．将降低风险的任务，作为创建最初的招聘策略和实施方案的一部分，来推动招聘和录用流程的运行。如果已经制定了招聘策略和实施方案，从一开始就对它们进行审核，识别高风险的元素，并且替换它们。

2．特别注意在法律执行机构和专业标准及法庭裁决中具体阐述的概念：职位相关性。在招聘和录用流程的每一个环节中，都提出这样的问题。这个环节是不是能够给公司带来在岗位上出色完成任务的员工，或者是有关应聘者的信息。我是否能证明其真实性？

3．在谁获得录用及他们被录用之后的绩效如何等方面，追踪招聘和录用流程的结果。事实上，要从质量控制和持续优化的角度来对待招聘和录用流程，从整体上观察招聘和录用计划的有效性。同时，还要追踪该计划在受到各种法律法规保护群体上的最终结果。

4．在必要时对招聘和录用计划进行调整。降低风险，要求从整体上改变招聘和录用计划，以平衡风险与回报。如果一个招聘计划给那些受到法律保护的群体带来了极大的不利影响，即使它能够证明其职位相关性，也是有风险的。可以采取一些措施来探索，如何在降低其不利影响的前提下保持其经济回报。最后，要制定一个丝毫没有不利影响，但同时也无法显示其有效性，或者无法给公司带来经济回报的招聘和录用计划，也是有问题的。这是一种浪费。至少，不要在这样的计划上进行投资。

企业中的任何一个别的部门，都会平衡风险与回报。招聘和录用也不例外，而且，没有哪种方法是百密而无一疏的。在审核新的或当前正在运用的招聘和录用计划时，充分利用就业法律方面的专业人才，是需要成本的，但从年度财务审计的角度来看的话，那些成本是值得的。请懂得就业法律的专家来进行专业评审或审核，可以降低风险。如果你是一位技术爱好者，你会发现，第 5 章中已经展示了经济回报模式中包含的这些成本，而且，该模式可以用来确定，当一位绩效更优异的新员工加入公司时，企业可以在多短的时间内从他或她身上分期收回那些成本。

11.7　别担心，你能做到

看到本章中探讨的种种法律的风险，你也许一直想放弃，决定不再管这些烦人的事务了。你的想法可能是：把这些问题搞得简单一些，避免复杂，不要太仔细地审核应聘者，而且宁可总是谨小慎微一些。

但是，即使是采用这种方法，也不一定能保证你不会陷入官司之中。最近我评审了一个案例，其中，企业运用的做法，其不利影响的比率为 0.95。没有证据表明不利影响达到了 80% 的规则，而且初看上去也没有出现就业歧视的迹象。在评审中我发现，该公司的招聘和录用流程是十分有效的，而且提出投诉的应聘者，实际上已经通过了流程中的那个环节，并且那个环节也由外部机构进行过合法情况的审核。但是，外部机构的质疑仍然在继续。

你制定一种策略，做好各项准备工作，最好是从别人身上学习，并追踪你的结果。在这一过程中，我在前面几章探讨过的经济回报的水平，可能会比你经常对招聘和录用活动进行审核和审计，以及周期性的法律风险所花的成本高出好几倍。在审核中采用的风险管理，对于很多部门都是一样的，无论你是财务部门、IT部门，还是一家上市公司的投资者关系部门。同时，从百万美元的决策中获得的回报，与所有这些部门的努力与贡献，是分不开的。

关键在于，在追求回报的时候不忘降低风险。如果你想要评估是否真正值得这样做，那么，选择一个合理的降低风险的成本估算，将它们代入到第5章中探讨过的经济回报估算公式之中，你就会发现，不需要多重大的法律问题，就能将你从提高招聘和录用质量中好不容易获得的回报，抵消于无形。当你进行合理的分析时，我从来没有看到过这种抵消经济回报的情况，特别是，如果你以持续优化为目标的话；这些内容会在下一章介绍。

第 12 章 保住和增长投资

我们知道，人们辞去一份工作而去找另一份工作，总是伴随着风险。它更像是一场包办婚姻，不像是第一次约会：没有哪一方了解对方的一切，但双方都愿意结婚。

这个时候，好比借助从已被证明极度错误的招聘流程中了解到的事实来预测未来绩效的时候。也好比与新上司的第一次握手确定未来工作基调的时候，无论是更好还是更差。证据是明显的：新录用员工从别的公司跳槽来到你的公司，并没有换工作，只是换了企业，而在最初过渡的几个星期，正是那种过渡期开始的时候。这正是可靠的入职培训流程将新录用的员工团结起来，使他们共同为公司的美好未来而奋斗的时候。

本章探讨不期望发生的员工流失现象的根源，如果没能很好地管理好上面描述的这种过渡，就会产生员工流失现象。本章还关注怎样对已录用员工的工作绩效进行追踪，并开始确定你是否已经作出了真正的价值百万美元的招聘决策。我会探讨一些方法，这些方法用来收集新录用员工在短期内的工作绩效信息并将它们与招聘流程中收集的数据综合起来。

这里的重点是，对招聘活动中出现的任何错误进行分析，并确定将来如何避免它们。其中传达的信息是，即使是一项经过异常精心设计的计划，也可能出错。难就难在发现这些错误，将那些已经出现错误的元素隔离开来，以及探讨错误的原因，并作出调整。

当一家公司开始确定其他任何部门（制造、销售、服务、客户关系等部门）的计划时，部门的领导不会做完之后就不管了。他们会监测结果，寻找机会对过程进行优化，并且不断寻求成本的降低或质量的提高。从经济回报的角度来看待招聘和录用计划，也需要采用同样的方法：持续优化，并使用能够支持持续优化的工具。我们会关注一些例子，来表明这种心态可以怎样融入到招聘计划的策略和实施方案之中。

12.1 决策之后并非万事大吉

本书探讨的重点，始终围绕作出能够产生最大回报——价值百万的招聘和录用决策。我提出了入职这一主题，因为当百万美元的决策作出之后，任务还远没有结束。在某种程度上，招聘并没有随着招聘决策的作出而结束。现在，我们将探讨的重点从吸引、筛选、评估应聘者，转到鼓舞、激励新录用员工上来，并且致力于保住你在招聘和录用活动上的投资。

对所有人而言，每一个招聘决策的作出，应当都是一个好消息。在录用之后员工的表现，取决于该工作的级别，以及职位的独特性，但是，正式录用某位员工的时候，应当是值得庆祝的。企业找到了他们需要的人才来填补这一空缺岗位。新录用员工也找到了自己努力寻找的工作，或者至少是一个值得接受的工作。人力资源部门可以转而开展其他职位的招聘了，而招聘经理也可以开始对新员工进行任职培训了。

招聘人员审核了新录用员工的信息，并描绘了一个让新员工满意的蓝图。在这一过程中他们确定，新录用员工确实是值得花钱招聘的。他们达成了双方都可一致接受的就业协议，无论是通过简单地打个电话来确定的，还是通过对某个复杂的合同展开艰难谈判而确定的。所有这些，都是好消息。但是，还要采用另一种方式来关注招聘决策作出之后的时刻，这个时候，充满了很多不确定性、压力，不知道未来的工作到底会怎样。

在上班的第1天，新录用员工可能对自己的定位非常模糊。他们会问自己：同事们真正对我有什么了解？我真正对同事有什么了解？第一次出现问题的时候，会发生什么？我能从容面对出现的问题，并且以一种符合企业和同事期望的方式来解决问题吗？还是会表现出过去不好的一面呢？企业们会问：我辛辛苦苦花钱招聘来的这个人，会不会在适应这项新工作的期间，在一个新的公司内，面对一位新的上司，成为公司的累赘？

显然，我们已经不再只关注招聘和录用的具体方法，而是登上了新员工入职培训、留住新员工、提升他们的能力的舞台。这些，也是可以用一整本书而不是一章来阐述的主题，但在本书中，至少也要留几页来阐述。这些主题值得我们在这里阐述，因为我们回报的目标之一，就是降低风险。此时，作为一个进入未知环境的新员工，风险是最高的。

在我的职业生涯的早期，有一位同事对企业高级管理人才进行了搜索。他花了几个月的时间，为一家大型软饮料灌瓶机公司寻找新的首席运营官（COO）。最后，一位应聘者通过了筛选、评估、推荐人审核、CEO 和董事会举行的面试等重重关卡，与公司就劳动合同进行了协商。于是，一个价值数百万美元的决策，就这样产生了。

在原计划由 COO 向上司报告的一个星期天早晨，我的那位同事接到公司 CEO 的电话，CEO 问："我们新招的 COO 到哪去了？" 大家非常紧张地找了一阵之后才知道，那位新任的 COO 仔仔细细地想过这份工作之后，改变了主意。尽管他和公司已经协商好，但他最后还是不打算入职了。于是，搜寻新的 COO 的工作，不得不再度展开。

如今，有一门称之为"入职"的完整的学科，专门探讨降低风险的问题。不久以前，所谓入职，意味着为新录用人员提供一些工具来加入公司的福利计划，确定税收额度和扣缴安排，并让企业承担 401k 计划或其他退休储蓄金缴纳的义务，使新员工能够找到休闲时的咖啡馆和女卫生间。它还涉及明确规定一些事情，比如假期安排、上下班时间的规定、支出报告制度，以及旅行制度等。在过去，这些全都是招聘和录用流程中需要用纸质文件来确定的东西。

如今，入职的概念已经拓展，很大程度上注重于在一系列的领域内降低风险。它还涉及通过员工激励制度来产生积极的回报。面对在上一次就业泡沫期间降低员工流失率的需要，以及应对伴随着 80 后、90 后、新千年一代而来的职场忠诚度的重新定义，入职的内涵比以前宽泛得多。今天，很多企业的入职过程，包括一些向员工传达信息、增强员工主动性的活动，这些活动甚至延伸到新员工在公司工作的第一年。

在入职方面这些新的理念和方法，着眼于对员工队伍的主动性、敬业精神和提升绩效进行研究，以寻求最佳做法。在这一主题上，很多著作进行过研究，企业执行委员会这家公司出版的大多数作品，对这方面的研究成果进行了总结。应该说，入职这项工作，有一些极为简明直接的原则来指导。

不久前，我与美国最大的保险和金融服务公司合作，致力于在新员工加入公司的最初几年里降低员工的流失率。那时，我发现了一些基本原则。在寻找某种分析问题的办法时，我们发现，该公司每年都对员工的建议进行一些调查。我们决定从统计学上探讨，几年时间里收集的调查数据中的信息，是否可以预测一些员工的流失现象，这些员工在他们离开公司之前举行的调查中，曾经谈过自己的看法。

进行了大量的统计工作之后，我们发现，员工在接受调查时发表的意见中，有五个方面预测了他们在短时间内离开公司的可能性。所有员工都把关注的焦点放在他们最直接的上司身上。涉及员工是否与他们的上司和谐相处的五个方面是：①在员工需要上司的时候，上司会及时出现；②上司经常与员工沟通；③上司关心员工的福利；④上司关注员工的发展；⑤上司会对员工说真话。就是这些。如果在这五个方面员工给出的评估很低，与他们在短时间内辞职离开公司，关联度极高。

如今，这些理念及其他一些理念，成为了公司新员工入职计划的核心，这些计划旨在调动新员工的积极性，培育敬业精神，提高新员工努力工作的程度，并且提升他们的工作绩效。它们还成了一些推动当前入职计划的工具的核心。这些入职计划的目标，是使得新员工加入组织的时候能够产生一种积极的体验，留下美好的回忆。因此，当今社会的新员工入职，并不是一项单一的活动，而是涉及他们当前正在感受的一系列体验，意味着在企业和新录用员工之间建立起密切的关系。

如我们提到的那样，对新员工入职的关注，很大程度上来自于大量的研究，这些研究侧重于如何调动现有员工的积极性，并不断提升他们的能力。不过，在入职中，员工队伍还包含量那些刚刚和别人产生了摩擦的人。为了展示这些理念与新员工是如何联系在一起的，互联网的职业网站 www.careerbuilder.com 最近贴出了《员工入职的十大戒律》。其中概括的行为，包括明确定义新员工的岗位职责，向同事介绍新员工，确保在新员工到达公司的时候为他们准备了履新时的各种工具和资源，并且确保从新员工上班第 1 天起，上司能与他们进行一对一的谈话。

现代技术也已融入了新员工入职的过程之中，这是大家不用感到惊奇的事情。例如，如今的企业可以利用互联网上可用的入职端口，为新员工奉上一系列的资源，比如 CEO 对新员工表示欢迎，提供一些关于公司的使命、前景和价值观的信息，告诉新员工在公司里有哪些发展机会、培训项目，绩效管理是如何开展的，等等。所有这些，进一步丰富了新员工在招聘流程中的招聘与搜寻环节上第一次感受到的公司的品牌形象。在某些情况下，企业甚至还可以调查一下新员工对招聘流程的反应，以便审查该流程中是否存在一些可能将别的应聘者赶走的障碍。

软件公司已经在将 ATS 的设计及新招聘员工素质的自动化监测等方面的趋势，转到实现员工入职的自动化上面来。有些软件供货商提供的工具，包含一个由调查引导的过程，在其中，新录用员工回答一些类似于在日常的员工满意度调查中问到的问题。不过，这些做法的目的，是为了清晰地认识新员工喜欢接受哪些方面的任务，如何接受指导、获得反馈、与直接上司进行互动，或者打算怎样提升自己的技能。

这些工具有利于产生个性化的入职报告，并且将这些报告的内容与新员工的上司共享，以便创造条件，让双方公开地“握手”。它们有助于清楚地阐明，上司应如何调整自己与新员工交流的方式，以构建一种高效的关系。有时候，同样的这些工具，还指导上司去采用一些自动化的培训辅助工具，帮他们理解某位特定的新员工的简要信息，或者引导上司去了解和应对 80 后、90 后员工给职场带来的一些新趋势和新变化。

那么，所有这些对新员工的关注，能够产生怎样的回报？ www.careerbuilder.com 网站参考了最近一项由 IDC 公司开展的研究。研究指出，美国和英国的企业，每年要耗费 370 亿美元的资金来处理新录用员工产生的一些误解，这些误解涉及对他们新职位的期望、公司的政策、他们的特定岗位职责，或者是上述三个方面的综合。所有这些，都是当今的入职过程要收集的信息。

一家名为 Taleo 的领先的人才管理软件厂商估计，简单的自动化的入职方法，可以在每一位新员工身上产生的投资回报约为 1200 美元。专攻如何留住新员工的公司 TalentKeepers，提供了大量的研究，这些研究表明，当公司使用现代技术来改善新员工与上司之间的关系时，既会降低员工流失率，也会降低成本。

这些研究及做法，大多数就如何将百万美元的招聘决策引入到组织中，提供了三条重要建议。首先，自动化有助于使每一位新员工更方便地运用入职过程，并且扩展了对有关新员工和组织之间相互期望的信息的应用。其次，尽管入职过程强调了整个组织对新员工的兴趣，但关键的环节取决于运用入职过程来建立最重要的关系，即员工与直属上司之间的密切关系。“员工辞去的不是工作，而是企业”的理念，就是入职计划中这些组成部分的核心理念。

最后，入职过程既影响了投资回报中的投资，也影响了其中的回报。告诉新员工公司的期望，怎样来衡量和奖励新员工的工作绩效，并且提升员工队伍的工作积极性（其结果是员工工作更努力，生产率得到提高），入职过程也能提高经济回报。通过降低短期内的员工流失率，可以降低招聘成本。同时，入职过程还会降低由于不满意的新员工在市场中破坏公司的品牌形象而带来的风险。

12.2 新员工的后续培训

作出了价值百万美元的招聘决策之后，我们要做的工作，不只是让新员工产生积极的体验。随着招聘决策的作出和入职过程的展开，有时候，很多人总觉得自己已经“大功告成”了。但在很多情况下，新员工留给上司的任务是日常的监管以及长期的发展。不过，有些人力资源部门把新员工视为他们制造的“产品”。而且，他们会对这项“产品”进行追踪，以了解招聘和录用流程是不是生产出了最佳质量的产品。

在纸质时代，企业的申请者文件与个人文件之间存在着明显的区别。

如今也一样，应聘者的情况，往往是在企业的招聘跟踪系统（ATS）中进行追踪的。企业了解到的有关应聘者的一切，从他们简历的复印件，到预筛选量表评估、测试、面试、推荐人审核及其他指标上的结果，都保存在 ATS 之中。人力资源部门定期审核这些信息和产生的报告，同时在一些标准上的改进，比如招聘所花的时间、每名新员工所耗费的成本、新员工在评估工具上体现出来的素质等，都是通过分析和解释 ATS 中的所有数据而产生的。

一旦公司录用了一个人，入职的过程，通常将有关应聘者的信息从 ATS 平台转入到企业的人力资源信息系统（HRIS）。在这一系统中，有关薪酬、福利、税收、当前的培训及能力提升等事务的信息，会长期保存下来。正是这些系统，往往保留了员工工作绩效的信息，而他们的工作绩效，是由企业采用的绩效管理过程来推动的，不管这一过程到底是怎样的。

尽管如今的 ATS 和 HRIS 数据被整合到更大型的软件解决方案之中，但有些企业采用的解决方案（例如，只包括 ATS 的解决方案），并不支持这种整合。即使是已经安装的软件解决方案，也不会为联系和分析应聘者状态与员工状态之间的信息提供便利的功能。比如，人们往往难以提出这样的问题：在我们的面试评估中得分最高的一半的新员工，在入职后的前半年内，工作绩效到底如何？这个数据保存在两个地方，而且要将它们载入起来来回答这一问题，真的是太麻烦了。

有的工具开始侧重于整合那些从应聘者到新员工，再到员工过渡期间所产生的数据。这些，只是将应聘者的信息（例如，在招聘测试或面试打分上的得分）与新员工在培训和进入新角色的过程中最初表现的信息综合起来的开始。这些工具是直接简明的，其目的在于把每一次招聘决策作为一个主观的价值分析。

12.3 寻找软肋和优化的机会

图 12-1 展示了来自 ATS 中的一个工具，该工具为新录用员工的上司提供了一个预先确定的绩效清单，反映新录用员工在招聘决策作出之后及新员工入职培训之后的绩效情况。该工具是从企业的 ATS 中通过电子邮件系统激发的，请新员工的直接上司填写一些表格，从给出的多项选择中进行选择，并将结果发回到 ATS 之中。在其中，该结果将与招聘和录用过程中了解到的数据进行整合。这种最初的绩效评审，获取了涉及很多方面的信息，从最初的流失事件或重新安排任务，到上司对新员工在培训及在职中是否成功的判断。它还询问了上司在新员工工作的时候发现的优势和劣势，同时还询问了新员工未能达到期望到底有些什么原因。最后，还有一个最基本的问题："你愿不愿意再次聘用这位员工？"

新员工绩效审核表

为了持续优化我们的招聘和录用流程，我们请你对招聘到你部门的一位员工提供反馈。你提供的信息，我们不会告诉那位员工。员工定期的绩效评审、工资审核及其他方面，都不会受到你提供的反馈的影响。我们收集这一信息，只用于评估我们的招聘和录用流程，而且，不会为了其他任何理由而使用。

第一部分——员工信息 员工姓名：约翰·多伊
录用日期：2011 年 5 月 23 日

图 12-1 对新员工进行自动绩效审核的示例（一）

岗位：制造技术人员
身份：你当前是不是这位员工的上司？ □ 是（如果你确定这一选项，请继续进入到第二部分） □ 否（如果你确定这一选项，他是出于什么原因而不再做他或她的上司？） □他或她已经转到别的岗位、部门，或者到了别的地方。 □他或她不再是公司的员工。如果是这样，请说明原因： □自愿辞职 □非自愿终止合同 □临时解雇、裁员或类似的行动 离开公司的有效日期（年月）：________________
如果该员工不再留在公司，请在他或她最后一天留在公司的时候回答下列问题。
第二部分——普通的绩效评估范围
1. 与过去曾招聘的其他员工相比，这位员工在最初的培训中表现如何？ □明显十分优异 □胜过大多数员工 □相差无几 □不如大多数员工 □明显更差
2. 你怎样比较当前这位员工的绩效与过去录用的其他员工的绩效？ □明显十分优异 □胜过大多数员工 □相差无几 □不如大多数员工 □明显更差
3. 这位员工将来是否有潜力担任更高级的职务？ □一定有 □也许有 □不确定 □可能没有 □一定没有

图 12–1　对新员工进行自动绩效审核的示例（二）

4. 你认为下列哪些方面可以描述这位员工的优势： □ 学习和应用岗位知识的能力 □ 能与他人有效合作 □ 遵循策略与程序 □展示良好的工作习惯 □达到素质要求标准 □追求提升自己能力的机会 □意识到并能解决问题
5. 你认为下列哪些方面可以描述这位员工的劣势： □学习和应用岗位知识的能力 □能与他人有效合作 □遵循策略与程序 □展示良好的工作习惯 □达到素质要求标准 □追求提升自己能力的机会 □意识到并能解决问题
6. 对这位员工当前的绩效，选择其中最符合的一项，不论是正面的还是负面的： □在加入我们公司之前具有工作经验 □工作态度和责任心 □在这里获得的培训 □对反馈的回应 □能够迅速学习和提高 □具有与别人合作的技能
7. 如果让你来选择，你愿不愿意再次聘用这位员工？ □一定会 □也许会 □不确定 □可能不会 □一定不会

图 12-1 对新员工进行自动绩效审核的示例（三）

图 12-1 中的细节并不是关键所在。能够以一种预先构思的方式来收集这样的信息，迅速地获取它们，与新员工还是应聘者的时候收集到的数据整合起来，用于后续的绩效考核，这些才是关键所在。特别是，这些信息

能够深入研究那些似乎不太完美的招聘决策，也就是我们在第10章中提到的假阳性错误。

这些数据没有体现全方位的绩效评估，而且，一般也不会反馈到新员工那里。这些数据的目的，纯粹是帮助人力资源部门收集信息，以推动持续优化。很显然，在这封电子邮件发给新员工的上司之前，新员工实际工作的时间长度，可以针对某些工作岗位而预先设定。对电话销售员进行这种试行的评审，可以在一个季度结束的时候进行，而对销售专业人士的评审，可能要等他们入职半年或更长的时间后进行，以便为评估奠定坚实的基础。

最近，我用了这一工具评估118名新录用的制造业员工在试用期结束后的绩效，这些员工是采用新设计的招聘和录用流程录用的。该公司遵循“先临时后转正”的方法来作出招聘决策，而且会解雇那些在试用期间工作绩效不合格的新员工。这一招聘计划十分简单明了：基本的技能测试和招聘经理的面试。它替代了原来类似的“先测试再面试”的方法，对那些方法，管理层已经失去了信心。

目的是回答以下问题。

- 新的计划是否提高了新聘用员工的素质，而且，这种素质的提高，能不能让新员工的上司察觉？
- 假阳性的错误，有没有在过程中导致新录用员工在试用期结束之前就被解雇？
- 对于那样的错误，招聘和录用流程中有哪些缺陷，使得它们最终形成？

最初一批新录用员工的结果，有趣地展示了这种简单的方法在员工被录用后的使用结果（图 12-1）。如图 12-2 所示，16 位新员工，约占 14%，被认为在试用期间犯下了错误而终止劳动合同。根据上司的描述，这群员工中，约有 1/4 的员工跟以前的招聘和录用计划中录用的员工相比，在学会和履行岗位职责方面大致相同。不过，118 名被录用的员工中，58% 的人被评估为“在培训中表现更好”，55% 的人被评估为“比以前招聘的员工绩效更高”。最后，75% 的人，被评定为“一定值得再次招聘”。

上司的绩效评审结果	通过试用期审核（102 人）	未通过试用期审核（16 人）
与过去招聘的员工相比，这位员工在最初的培训期间表现如何？ 5 分　明显优异 4 分　胜过大多数人 3 分　相差无几 2 分　不如大多数人 1 分　明显更差	15% 43% 26% 2% —	14%
你会怎样对比这位员工现在的绩效与过去曾聘用的员工的绩效？ 5 分　明显优异 4 分　胜过大多数人 3 分　相差无几 2 分　不如大多数人 1 分　明显更差	14% 41% 29% 3% —	14%
如果让你来选择，你愿不愿意再次聘用这位员工？ 5 分　一定会 4 分　也许会 3 分　不确定 2 分　可能不会 1 分　一定不会	48% 27% 8% 4%	14%

图 12-2　为一群新录用员工进行后续评估的示例

从这个表中，能了解到什么？首先，14% 的人在试用期期间就被解雇，而用以前的招聘计划录用的员工，超过 25% 的人在试用期期间就被解雇，这样一来，在招聘错误方面已经减少了近一半。要知道，这只是简单地替换了以前的工具箱。小小的改变，能取得这样的结果，已经不错了。第二，新的计划显示了提高新录用人员素质所带来的回报。当前的招聘和录用计划，管理费用比以前的计划都低了一些，而且，通过这一计划招聘的员工，超过一半的新员工被评定为比以前招聘的员工绩效更优异。

但是，这一计划，尽管将错误率降低了近一半，也还在继续犯错误。只是，那已经不是什么值得大惊小怪的事情了。大家可以回想一下第 3 章中关于“提高正确决策的概率”的探讨。在作出招聘决策时，我们总是会犯错误。我们的目标只是减少错误的发生，而不是完全杜绝错误。此外，后续的评估也让我们进一步弄清楚了，我们可以怎样进一步减少错误。对新员工胜任力的额外评估表明，那些在试用期被解雇的人，往往缺乏基本的工作习惯和责任心。他们被上司视为“对工作任务没有兴趣，没有工作动力，不愿去完成任务”。没有哪位上司认为这一群人缺乏履行岗位职责必需的技能，只是认为他们缺乏工作动力。

简而言之，通过新的技能测试，我们已经发现了哪些新员工能够做这项工作。进入到持续优化的过程，我们便可以为这组评估方法添加一个基本的职场个性测试：一项专门针对工作责任心和积极的职业取向的测试。目的在于提高寻找那些愿意做这项工作的人的准确性。

尽管这个例子规模较小，但它展示的基本的质量改进原则和技术，却可以应用到任何规模的例子当中。它例证了新员工绩效评审中追求的详细程度不一定越高越好，只要能够清楚地阐明招聘和录用计划是否达到其目标并减少了招聘错误的发生，就可以了。与减少错误同样重要的是，对于新的招聘和录用计划还忽略了哪些方面，直接上司应当提供好的建议。

同时，这一例子也可以引导人力资源部门进行“假定式”的审视。如果我们对职位的基本资质要求采用更高的标准，会怎样？是不是可以避免一些错误？如果在那一组测试中把门槛设得再高一点，会怎样？是不是可以避免犯错误？如果我们采用一种更加严格的多重障碍方法来作出决策，会怎样？是不是可以不再犯错？

所有这些问题，体现了一种以质量控制为导向的方式，采用这种方式，我们可以进行招聘决策作出之后的后续评估，寻找不断提高经济回报的机会，并为整个系统的优化制定计划。确实，经常能够对新员工当前的情况作出可靠的、稳定的分析总结，必须要集中足够数量的新员工；否则，根据少数员工就作出改变的决定，没有任何意义。记录下结果，寻找总体规律，让结果随着时间的推移而不断累积，就可以为正确的方法确定框架。还要指出的是，这只是典型的持续优化思维在发挥作用的示范。

12.4　检验招聘流程

这一观点已不是什么新鲜事了。从20世纪80年代末开始，摩托罗拉公司的质量工程专家开始设计一种方法来控制制造质量，该方法称为“六西格玛”，重点提出下面这些问题：多高的质量才是足够好的质量？多少缺陷才算是太多了？在那个时候，美国的制造业正面临着海外公司的挑战，尤其是来自环太平洋地区那些国家的公司。这些公司的很多举措，都侧重于改进产品质量，引入更加先进的制造技术并降低运营成本。摩托罗拉公司则重点为所有的运营部门改进质量和提高效率而设定了清晰的标准，并使大多数业务部门留在美国。

六西格玛将质量标准确定为：高于平均水平的 6 个标准差，基本上是说，不会出现错误。随着这一理念的流行，加上咨询企业开始推销六西格玛的培训，以这一理念为基本的培训项目不仅在制造企业中流行起来，还进入那些以服务为导向的组织之中。该理念还引入到了组织的管理领域，比如人力资源部门。各公司甚至创建了一些根据六西格玛原则和做法来培训员工的项目，给受到培训的员工颁发不同等级的证书，最高级的被授予“六西格玛黑带”的荣誉。

为测量招聘决策的质量制定严格的六西玛标准，不切实际。我们可以预测员工的工作绩效，但并不能预测得那么准。一个人被录用之后，有太多的事情可能会发生，从而影响到他或她的成功。不过，有一种普遍的模式在推动着如何随着时间的推移而评审新招聘和录用计划的结果，并且评审它能多好地控制人力资源部门的产品（新录用员工）的质量。在第 3 章，我把这种模式称之为“检验招聘流程及其各个组成部分”的过程。

在致力于降低风险和遵守法律的过程中，很多企业千方百计用一些模型来检验他们的招聘计划，那些模型要在计划开始实施之前就收集信息，以证明新的流程是合适的。我完成了很多项目，在那些项目中，单个的企业，或者是在一个特定行业中由十几家公司组成的财团，对他们招聘的职位要求具备的资质和胜任力进行了分析，并创建了新的预筛选和评估工具，然后在采用这些工具之前进行了检验。

在这些背景下，招聘流程往往包含一些研究成果，这些研究将新的招聘工具应用到公司现有员工身上，假设员工还是一个正在申请他们自己这个岗位的应聘者。对当前在这一职位上工作的员工，可以管理一个新的筛选测试，以便了解这群员工的得分情况。接下来是收集同一名员工的工作绩效的有关信息，并且探测出两组数据（测试得分和工作绩效数据），以便发现类似于第 3 章中我们探讨有效性的时候展示的那种关系。当审核结果表明员工在招聘工具上的表现与他们在工作中的绩效相互关联时，可以说，这些新的工具就得到了检验。

试用新的工具，有一种好方法：观察它们如何运行，利用员工的信息来确定与员工的绩效存在已知联系的资质界限，并详细检查流程管理中的数据。不利的一面是，这要花大量的时间和财力来完成，而且受到一些限制，比如，这是在已录用员工身上进行试验。他们不是真正的应聘者。不过，撇开技术上的复杂性不谈，这是一种可靠的方式，而且与六西格玛在基本质量控制方面存在某些共同之处。

采用当代技术，在小规模的制造企业中引用的并在招聘之后检验员工绩效的评审，与真正的六西格玛越来越像。它建立在真实的数据基础之上，这些数据是从招聘计划的真正产品（新录用员工）中获取的。而且，并不是将新的招聘流程用来“事后描述”现有员工的成功，而是提供了一种真正带有预测性质的评估工具。它是一个例子，例证了六西格玛方法应用到招聘之中可以怎样实现两个主要目标：一是在招聘和录用计划中的每个环节上监测和衡量真正的经济回报，二是使招聘和录用流程符合法律要求。

12.5　优化，永无止境

尽管我在本章中综合了两个不同的主题，但这两个主题所采用的方法，都遵循一个共同的原则：你可以根据数据来作出决策，也可以凭借数据来优化决策。对入职的探讨，强调了从新员工上班的第 1 天起（实际上是在第 1 天之前），就为他们营造一种积极体验，是多么的重要。接着，我们马上转移方向，开始探讨收集、分析和使用有关新员工爱好和态度的数据，可以怎样帮助上司与他们建立密切的关系，调动他们的积极性，并为提高他们的敬业精神、工作绩效创建良好的条件。

尽管已经为新录用员工提供了积极的体验，但是，招聘流程中并没有“大功告成”的时候。只要新员工一加入公司，开始追踪他们的绩效，探寻招聘人员的预测是不是准确，并让他们从自身的错误中学习，都十分重要。正如公司的营业收入目标和利润水平目标每年都会提高一样，招聘和录用计划的各项目标和经济回报目标，也可以不断提高。对招聘和录用流程而言，“没有问题，就不用调整和优化”的时代已经一去不复返了。同样，优秀的计划之间还存在竞争。只要有机会，领导者就要优化他们的项目。那正是使他们在激烈的竞争中处于不败之地的关键。

第 13 章 收获效益

在招聘员工时，公司要投入大笔的资金。会计规则并不会把招聘决策的结果视为债务或资产，但实际上，它们的确是公司的债务或资产。没错，公司可以在任何时候撤销某一个招聘决策，但通常情况下，它不能这样做。只要那一招聘决策没有撤销，那么，公司的投资仍然在继续，而且投入的资金还会不断增加。

不只是招聘一位 CEO 的决策才是价值百万美元的决策。招聘决策作出之后各种费用累加的结果，包括期望的新录用员工任职时长，以及招聘老师、警官、熟练的交易员、销售专家、工程师、一线管理人员和数百个其他岗位的员工，都能轻而易举地变成价值百万美元的决策。

正如招聘会计师时遵循的步骤与采购财务软件时遵循的步骤的例子中着重强调的那样，我们往往会在采购数百万美元的硬件资产时，花大量的时间去考虑。然而，在我们招聘和录用一位新录用员工，而不是采购别的商业资产的时候，所花的时间和精力往往少得多，因而也承担很大的风险。

在本书所有章节中，我们一直强调，要将招聘和录用部门从一个管理部门升格为能够为公司带来经济回报的部门。你已经发现，当如今最优秀的招聘和录用方法付诸实施时，能够在提高生产率、降低成本、提高利润水平等方面为公司带来多么巨大的收益。在整个过程中，你会发现，获取经济回报，不一定需要公司进行大量的研究，运用价格高昂的专业技术，或者花大笔资金采购新技术。本书中探讨的所有这些系统、工具和能力，即使对于中小型的公司，也能采用。

根据我研究过的一些例子和图表，以及引用的众多资料，任何一个企业，在下一次招聘员工之前，都可以尝试着作出价值百万美元的决策。

13.1 百万决策的关键步骤

这本书已经阐述了很多这方面的内容。最后，我将对我一直试图表达的最简单和最重要的理念进行总结，归纳出几个步骤。

13.1.1 第一步：承认事实

人与人是有差异的，这些差异体现在多个方面，而且，这些差异是可以测量的。所有这些差异，会带入到工作场所中，影响到人们的工作绩效。公司在作出百万美元的招聘决策时要做的事情，就源自于这些基本事实。鉴于这些事实，我们预测哪些应聘者更有可能在岗位上取得成功，以及能够在多大程度上取得成功。如果我们预测员工未来的工作绩效相当准确的话，带来的回报也会相当丰厚。

没错，培训和拓展员工的能力，也是有效的举措。人们正式工作以后，会不断完善他们的技能和才干，变得日趋熟练。但事实是，在培训和履行岗位职责方面的工作绩效，有的人比别人优异一些。当我们能够准确地预测哪些应聘者可能比别人工作绩效更优，成本消耗更低的时候，我们就可以作出百万美元的决策。

但是，如果我们拒绝承认这些事实，并且忽略那些证明这些事实的真实研究成果，那么，我们要转移注意力。如果我们认为，只要给所有的应聘者一个机会，他们都能够做好这项工作，那我们就得采用一种提升他们能力的方法。如果是这样，我们的投资必须进入到培训、拓展领域，以便帮助所有员工取得成功。那也不失为一种方法。不过，依我在这一领域30多年的经验，我从来没有见过这种方法跟我们在一开始就引入最优秀的人才一样成功。

13.1.2 第二步：制定计划

不同的招聘和录用工具，所测量的对象各不相同，而且会预测不同的结果。因此，首要的问题是我们在招聘和录用新的人才方面到底想要预测些什么：他们能不能迅速地学会岗位技能、销售技能、管理技能？他们未来的发展潜力如何？会不会在一录用之后就流失？或者是其他的结果？回答这些问题，并且制定能够达到目标的总体策略和具体实施方案，要求制定一个明确的计划。

制定总体策略和具体方案，涉及从本书中归纳的研究中提取的一些信息，以便理解哪些结果是可以预测的，怎样对它们进行最佳预测，以及在作出这些预测的时候会有哪些风险。它还包括一些基础设施的准备。同时，它还涉及运用我们探讨过的经济回报估算工具，对在实施该流程（无论是在内部实施，还是通过外部资源来实施）的时候使用不同的工具，不同程序的选择性，或者不同的成本构成等期望的结果，进行“假定式”的提问。

如果我们承认，更优秀的招聘和录用方法能够带给企业的回报，等于或者大于企业其他任何部门可以带来的回报，那么，我们的策略和方案，需要由高管审查、记录和追踪，正如我们追踪一个新的创业公司，一种新的产品，或者一项战略并购决策的成功指标那样。应当就这一计划的实施情况定期向管理层报告，不仅告诉他们我们打算怎样做，还要告诉他们我们有可能会取得怎样的结果，以及我们做得有多好。

13.1.3　第三步：具备有效性

一个招聘流程，必须寻求那些有关应聘者的信息，而且那些信息应当是有效的，与职位相关的。只有那样的信息才能预测将来。只有那些测量与履行岗位职责相关联的资质和胜任力的工具，才能预测将来的绩效。为应聘者设置的每个障碍，在筛选、评估和决策时使用的每种工具，都必须经受两个问题的考验：这一工具可以提供什么样的信息来预测我们关心的某个结果？有没有更准确的方法来获得那样的信息，或者，有没有更好的方式来运用那样的信息？

几十年来，有效性的概念一直吸引着测量专家的关注。研究如何实现有效性、记录有效性、提高有效性，已经成为一门专业，吸引了大量的人去研究。然而事实上，确保某种招聘和录用活动是有效的，包含了制造企业中用于指导质量控制的同样方法，比如六西格玛，精益生产，以及沿用了数十年之久的类似方法。

如今，企业中用于追踪申请人、新员工和老员工的软件系统，为保证招聘和录用计划中每一个元素都有效（也就是说，质量控制）提供了方法。事实上，如今那些运行着招聘和录用计划的人，可以受益于这种向组织的质量控制领域的延伸，并且获得那些负责指导公司其他部门持续优化的人的帮助。

13.1.4 第四步：引入现代技术

现代技术可以做很多美妙的事情。想象一下，如果 10 年前我们请一位招聘人员去搜索 1 万份与职位描述相匹配的应聘者简历，将每一份简历与该职位的基本资质条件进行比对，并根据它们与职位相符的情况来进行排序，会是怎样的一番情景。再想象一下，如果我们急急忙忙地走进人力资源部门的办公室，请他们对去年一年累计 1 万个经过筛选的应聘者进行分析，根据应聘者所在的业务部门、性别、种族等进行归类。接下来，我们请他们根据每个小组的情况对招聘和录用流程中的各个环节进行细分，同时还要进行不利影响分析。我们对他们说，希望所有这些工作在一上午的时间内完成。那简直会要了他们的命！

如今，通过充分利用招聘软件解决方案，我们可以实现更快、更好、更划算，无论是已经安装了的软件，还是随需所应购买的软件。这些解决方案，能帮我们确定要寻找的应聘者，如何筛选和评估他们，一旦录用之后如何追踪观察他们并记录下所有这些结果，以供持续优化。现如今，假如哪个招聘和录用计划没有引入众多的技术元素，那完全就是浪费时间。

不过，一定要确保我们采用的现代技术不会更多更快地带来错误。仅仅因为某一工具来自某个技术平台，并不一定意味着它就能管用，实现增值或降低风险。随着现代技术融入到招聘整体规划之中，同时，随着以现代技术为基础的工具添加到招聘的具体实施方案之中，我们要着重强调有效性的概念。

每一位供货商提供的产品，都需要进行验证，以证实它是否有效。我们添加到流程中的每一个环节，必须能够符合提高新录用员工素质、降低风险、降低成本的标准。简单来说，我们要对自己选定的技术解决方案进行监控，以确保它们不会使招聘和录用流程产生“更快、更差、风险更大”的结果。

13.1.5 第五步：广泛搜寻，精确筛选

现代技术已经发明了应聘者搜寻的过程。尽管职位公告板仍在流行，但社交网络已将应聘者搜寻的工作带入了一个新的境界。如今，招聘人员可以搜索社交网站，提取那些似乎具备招聘人员正在寻求的素质的人们的简表，并进一步探索他们是否有兴趣申请这份工作。招聘流程已经向很多人公开了，而技术解决方案，使得招聘人员在面对如此众多的应聘者时，能对他们的资料和简历进行读取、评估甚至排名。

尽管如此，搜寻应聘者的过程，首要的任务是定义我们在寻求些什么，

也就是说，要定义我们希望应聘者具备的基本资质条件和胜任力。同时，这一过程要保证我们采用现代技术搜寻而来的东西是与职位相关联的，并以降低法律风险的方式进行整理，同时要定期研究它们产生了什么样的结果。我们要运用自己对有效性的了解来筛选潜在的应聘者，并且保证降低招聘和录用流程中的后续环节的成本，同时提高进入这一流程的应聘者的素质。

如果你对搜寻方法这一词稍感陌生，一定要确保你设计的过程不会将法律风险带了进来。我们在这里介绍的方法和工具都十分新潮，还没有引起法律界的追踪和关注，但他们今后会这样做。在这个方面，你得平衡好风险与回报。

13.1.6　第六步：全面评估

对应聘者进行评估，我们已经干了几十年。过去10年间，在这方面出现的一项进步，是从靠手工收集应聘者的信息，发展为运用软件解决方案等工具来搜寻应聘者。不过，无论是采用手工方式还是采用现代技术，其目的依然没变：在作出价值百万的招聘决策之前，对应聘者进行全面的评估。

尽管评估总是在寻找有关应聘者的知识、能力、技能和经验等方面的信息，但过去10多年来，招聘界越来越关注的是职场个性的因素。有研究表明，个性特点不容易伪造，而且在招聘之前不一定延伸到被禁止的“心理评估”的领域，同时，个性特点还有助于预测应聘者将来在岗位上的工作绩效。个性因素阴暗面的讨论，成为了招聘经理尤其感兴趣的事情，那些要求与他人建立稳固关系的人，也对这个特别感兴趣。

在评估这方面要提出的警示，来自于公司不受监管的特性。对供货商的产品，公司要像对待任何其他产品或服务一样，进行同样的质量控制（有效性）审查。这样的审查以前很难做到，因为需要耗费大量的时间、人力和必需的专业技术。如今，招聘和录用流程中的追踪工具和数据分析工具，使这种审查容易得多。当一家公司遇到了一位业绩更优、成本更低的供应商时，他们会放弃原来的供应商，同样的道理，公司也应当始终做好寻求更好评估解决方案的准备。

13.1.7 第七步：控制风险

这里探讨的建模工具，着重强调了优化应聘者搜寻，更广泛地评估，以及持续优化等环节的经济回报。任何表面上听起来很美好的事情，一定存在着隐性成本。在招聘和录用活动中，隐性成本主要是法律的风险及控制这种风险所产生的成本。这种风险，大多源自于招聘流程中出现的情况，或者招聘的结果，对平等就业机会的理念产生了影响。

当组织制定了招聘和录用的策略与实施方案，并且选好了相应的技术和工具时，就要开始进行风险控制了。没错，这会增加一些成本，但是，由招聘顾问预先对这些策略和实施方案进行审核，有助于避免任何瑕疵和漏洞。一旦存在这些瑕疵和漏洞，可能会让组织不得不接受政府机构的监管，或者被人告上法庭，而在此之前，很少有人发现这些漏洞。那样的审核，还可以确保组织不会忽略已经出台的各种规则和制度。

幸运的是，规则是相当明晰的：确保招聘流程基于职位相关性的理念，用以质量控制为导向的数据来证明招聘流程的结果合法，追踪结果，做到一致，并评估减轻系统的不利影响的方法。同时，确保供货商为招聘流程带来足够的法律方面的专业知识，帮助组织避免法律风险，而不是产生法律风险。

13.1.8　第八步：持续优化

持续优化的理念，似乎没有必要添加到这里来。但对我来说，它是这些步骤中最重要的一个。如果我们打算在一个以经济回报为导向的策略中投资，综合各种方法、工具和技术，建立追踪体系，阐述法律风险，难道我们不应当检验一下我们自己吗？难道我们不想知道，招聘流程运行到第一年结束的时候，是不是有效？到底有多么有效？我们都希望公司的销售、营销、财务和其他部门用一些数据来体现他们的业绩。招聘和录用部门同样应当这样。我们制定的战略规划，应当从一开始就明确我们打算追求的标准，以及我们希望达到的目标。

持续优化，可以告诉我们有没有达到目标，它还向我们表明我们在哪些方面浪费了时间，它让我们在回答法律方面的质疑时有了很好的辩护词，它证明了我们从销售产品中获得的投资回报率。最后，持续优化的方法，可以帮助我们向公司高管提出招聘和录用活动的真正重要性，那就是：经济回报。如果不重点强调持续优化及随之而来的一些标准，那我们对高管只能这样说：“相信我，招聘工作真的有用。”

13.2 只需一次，便可收回投资

这正是百万招聘的全部含义所在。如果我们的目标是通过更好的招聘和录用活动为组织带来回报，那么，首要的问题是：它是否能带来回报？能多快地带来回报？经济回报的数量取决于招聘员工的数量，当前的计划能在多大程度上进行优化，以及重新设计招聘计划的成本有多大，包括外部服务的价格、服务提供商和供货商的产品价格，以及那种新方法需要多少人来执行。

第 5 章中的经济回报模式，可以让你清楚地估算招聘计划能给公司带来的经济回报。把当前正在使用的和新的招聘计划的有效性、选择比率、每招聘一个人的成本、招聘计划最初的分期收回投资等指标的估算值，填入到第 5 章的经济回报估算公式之中，就可以确定提高新录用员工素质所带来的收益，以及什么时候能够冲抵新招聘计划投入运行时的成本。依我的经验，认真分析一下成本和回报的参数，还要把别的一些因素考虑进来，包括在招聘计划中引入现代技术来替代人工方法时可以节约多少人力，以及相应地减少人头数能够多么迅速地产生回报，等等。

除此之外，在为新的招聘体系建模的时候，对当前的做法进行总体评审，通常也可以确定，一些支付给供货商的费用已经不再需要了，因为新的招聘体系将以前从多个不同供货商那里采购的服务捆绑在一起了。同样，技术解决方案经常会进行的升级，也使得与大多数外部服务相关的成本进一步下降。

简单来说，在当前的招聘和录用流程中，需要人工完成的任务越多，那么，新设计的招聘方案就越有可能降低运营成本。如果你相信第5章中的经济回报模型中的估算，那么，我还没有见过重新设计的新的招聘和录用计划不能在第一年收回投资的情况，即使招聘的员工数量不多，也照样能收回。

关键在于，要审视、追踪并持续优化新的计划。有时候，这意味着增加一些能够掌握质量控制方法或至少是基本统计数据的人手。还有些时候，招聘流程中使用的软件平台提供了基本的分析引擎，而用户培训就足以让公司的人掌握这些技能了。

13.3 结语

现在，你掌握了我知道的东西，或者，至少掌握了其中的重要部分。理想的情况是，我已经描述的主题，能够助你一臂之力，帮助你作出百万美元的招聘决策。如果你的组织是一家公司，营业收入和利润至关重要素，那么，我已经描述的东西，可以帮你找到提高营业收入的人才。与此同时，我强调过的各种方法，应当有助于降低每次招聘决策时的成本。我所描述的东西，纯粹是为了提高公司的底线利润，招聘一次，就提高一次。

如果你的组织是一家非营利组织或是政府部门，那么，增加营业收入不是我们探讨的主题。重要的是提供一些招聘和录用活动的最佳实务，使之能够在预算范围内运营，并且建立人才储备库，助推组织迈向成功。在这里，提高生产率并不意味着生产更多的产品或提供更多的服务。它意味着为客户带来更大价值，提供更加有效的客户服务和公众服务，或者对组织的服务对象产生更大的影响。

如果你做的是投资业务，那么，投资回报对你来说极为重要。你要寻求的招聘和录用计划，是能够网罗到最优秀人才，成功控制成本和降低风险的计划。如果你的投资还只处在初期阶段，那么，这样的招聘计划会帮助你的企业不断发展，并确保企业的管理层能够找到和吸引关键人才。

依我的经验，在这个方面，关注人的个性中的阴暗面十分重要。这个建议，无疑对公司和非营利组织来说也很重要，因为在这些组织中，个性的阴暗面会让任何一位领导者失败。但很多早期的风险投资家之所以失败，是因为他们所投资的初创企业的创始人，或者是创始人团队，将太多的个性阴暗面带入了企业之中。在作出招聘决策的时候对初创企业的招聘和录用流程及其领导层进行细致的调查，其重要性完全不亚于投资决策的重要性。从投资者的角度来看，花这些时间和精力，绝对是值得的。（想想那些资金是多么辛苦地挣来的，你就会有所感受了。）

就这样了。我已经回答了一些问题。也许你们还有更多的问题要问。让我们再次回到现代技术吧。我已经创建了一个网站，网址是：www.million-dollarhire.com。如果你们的很多问题我还没有回答，请访问这个网站，并贴出你们的问题。我会回答它们。除此之外，我还提供了一些工具的示例，在网站上进行了探讨，而且还提供了某些供货商和服务提供商的网址链接。另外还有一些链接，是不需要付费就可以直接跳转的。

最重要的是，我有一个请求。有兴趣和我分享自身经历的读者，可以使用这个网站来张贴你们的故事，描述你们管用的招聘计划，介绍某些不管用的计划，并且传播这样一种理念：每次作出价值百万的招聘决策，能够给组织带来足以使组织不断向前发展的经济回报。

现在，去搜寻你们需要的人才吧。你知道该怎么做了。

致谢

很多作者都在书的最后感谢一些给予过帮助的人。但我想感谢的，是一些组织。对那些在我提出和描述本书中的观点、工具和技术时，慷慨地给我合作机会的组织，我要向他们献上最深的谢意。

这些组织出于对提高效益、降低风险、持续优化的重点关注，制定了新的招聘策略和实施方案，推动着招聘活动的顺利开展。组织的名单很长，而且呈现多样化的特点，反映了经济中的方方面面。有些组织曾致力于提出在当时具有突破意义的新方法，如今，这些方法已成为招聘中的标准。

例如，我要感谢摩托罗拉和德克萨斯仪表等一些高科技公司给予的机会，让我们能在他们的公司里设计一些用来提高制造业员工招聘质量的计划，并且准许我们把六西格玛和持续优化的方法带入到招聘之中。我们甚至还将这些招聘体系引向海外，在全球范围内传播。

感谢通用、福特、克莱斯勒、土星汽车等制造公司及他们很多一级供应商的大力支持，这些公司开发了各种方法，不仅用于评估员工的基本技能和能力，而且用于评估团队合作和创造性地解决问题等理念，同时，各公司还提出了招聘流程外包的理念以降低成本，并在需要的时候向生产销售一线提供人才支持。还要感谢西南航空、德尔塔航空、美联航、家得宝等公司，他们发明了一些评估客户服务岗位应聘者的新方法。

感谢塔可钟、必胜客、肯德基、百事和菲多利等食品连锁公司，这些公司要在数千个招聘地点满足各家连锁店的需要，必须想办法找到将各种技术融合起来的方法，并直接简明地以最小的成本来从事招聘活动。甚至当数千名新录用员工加入公司之后，他们还发明了先进的追踪方法来观察招聘活动带来的回报。

还要感谢很多公司的鼎力相助，包括安海斯－布希公司和菲利普·莫里斯公司等，他们创建了用来指导工厂创建、扩张或兼并的招聘计划，也让我们有机会在立陶宛、哈萨克斯坦、土耳其、俄罗斯等国家的分公司里试验各种招聘和录用方法。

感谢一些行业的企业联合会，比如电力公司和保险公司联合会等，这些联营企业提供了有助于创建招聘体系的全行业平台，有利于其成员在这方面节约时间和成本。

感谢美国各地（纽约、芝加哥、洛杉矶等城市）的主要公共服务部门向我介绍了招聘计划设计的各种方法。这些部门，由于受到一些公共服务规则的约束，要接受法律部门的监管，以及应对数十万应聘者，因此必须采用各种创新的方法来应对挑战，这在私营部门是很少能遇到的。

感谢就业法律咨询公司和平等就业机会委员会、劳工部、司法部等联邦机构的支持与帮助，他们让我有机会担任专家证人的职务。在担任这一职务的过程中，我着重将招聘和录用活动，与几乎影响到每一个企业的有关平等就业机会的法律和法规联系起来。在某些问题上，我既与被告合作，又与原告合作，这使我有机会从独特的视角来观察本书中提到的一些问题。

我要感谢的组织和公司还有很多，包括药品制造商、金融和专业服务公司、食品加工企业、石油开采和加工企业、医疗保健服务提供商、博彩公司，等等。他们在招聘活动中一方面着眼于确保实现最低目标，另一方面尝试一些创新的方法，来观察结果到底如何。听说这些组织和公司依然在孜孜不倦地追求以最佳方法、最高效率来从事招聘，这让我感到很欣慰。

作者简介

30 多年来，戴维 · P. 琼斯一直担任组织心理学和人力资源顾问。他毕业于俄亥俄的博林格林州立大学并获得博士学位。像琼斯这样从事咨询职业的人，很少会去创建和发展一家大型企业，但他却这样做了，而且，他利用了这一经历，为《百万招聘》一书提供了很多真实的例子和素材。

琼斯曾创办了 HRStrategies 公司。这是一家业务遍及整个美国和欧洲的人力资源咨询与外包公司，在被怡安咨询公司（世界上最大的人力资源咨询和外包公司）并购之前，被公认为美国发展最快的咨询公司之一。后来，HRStrategies 公司被怡安咨询公司并购后，琼斯转而担任怡安咨询公司的人力资源咨询部门的全球主管。如今，琼斯担任 Growth Ventures 公司的董事会主席，这家公司致力于与初创公司、已创立的公司及政府部门合作，为其提供人力资源咨询服务。

琼斯在这一领域取得的骄人成就，多次被《华尔街日报》、《纽约时报》、《投资人商务日报》、《克瑞恩商业报》，以及其他的报纸杂志报道过。30 多年来，他一直保持旺盛的创业热情。20 世纪 90 年代，他开创性地为员工招聘、应聘者评估及招聘流程外包提供了技术解决方案，并且将它们介绍给美国和国际上的客户。90 年代初期，琼斯就在波罗的海和莫斯科等地设立了办事处，帮助那些进入中东欧和俄罗斯地区的西方公司招揽新的人才。

到目前为止，琼斯为大多数《财富》杂志百强公司设计了招聘和录用计划。他经常担任专家证人，见证一些与就业法律相关的事务，并在就业法律的事务上既与政府部门合作，也与私营的律师事务所合作。琼斯是一位活跃的投资人，经常投资于创业公司。在那些公司里，凭借深厚的法律专业背景，他常常进入董事会任职，帮助公司构建新的管理团队并设计创业招聘计划。

本书的网站 www.million-dollarhire.com，提供了关于琼斯的更多信息，也向读者介绍了他为推动价值百万的招聘决策而创建的一些工具和技术。